파국론에 등을 돌리고

칼럼 1987~2017

파국론에 등을 돌리고

칼럼 1987~2017

이분법을 넘어 우리가 걸어야 할 지루한 성공의 길을 토의하다

최원식 지음

도서출판 다인아트

序

나이가 일흔 살을 넘기던 무렵에 비로소 철이 든 나는 "사람은 제 분수를 알고 거기에 맞춰 살아야 한다"는 옛 어른들의 가르침에 따라 생활하고자 노력해왔다. 그런데 이번에는 그것을 어기게 됐다. 평생을 흠 없이 올곧게 살아오는 가운데 한국 문단의 큰 나무로 자리를 잡은 최원식 교수의 칼럼집에 추천사를 쓰는 일이 어찌 내게 가당한 일이겠는가. 그러나 추천사라기보다는 독후감이야 쓸 수 있지 않겠는가 라는 생각에서 펜을 들었다.

우선 1987년부터 2017년까지 발표한 칼럼들을 읽으면서 나는 타임머신을 타고 지난 30년을 돌이켜 보는 감회에 젖어 들었다. 90개의 칼럼을 모은 것이어서 연결성이 떨어지는 책일 수도 있겠는데, 전혀 그렇지가 않았다. 논평의 대상과 주제가 서로 달랐지만 모두 하나의 흐름을 형성하고 있어서, 나라 안팎으로 격변이 잦았던 30년의 우리 역사가 조각조각으로서가 아니라 하나의 큰 그림 속에 역동적으로 전개되었기에, 때로는 비감 속에서 때로는 감동 속에서 때로는 흥분 속에서 중단 없이 읽어 나갈 수 있었다. "구슬이 서 말이라도 꿰어야 보배다"라는 우리 속담이 말하듯, 90개의 구슬들이 이 한 권의 책으로 꿰이니 글자 그대로 보배가 됐다.

국내외 수많은 지식인들의 논지를 소개하면서도, 글이 현학적이지 않고 물이 흐르듯 쉽게 풀려나가는 것 역시 이 책의 장점들 가운데 하나다. 국어국문학자의 글답게, 흔히 쓰이지 않는 우리 고유의 어휘들 그리고 속담들을 적지 않게 발굴해 활용함으로써 외래어가 지나치게 범람하고 있는 세태를 고려할 때 하나의 교육적인 효과를 거두었다는 생각마저 든다. 전반적으로, 모든 칼럼이 '요란스런 아름다움'이 아닌 '소박한 아름다움'의 글이라고 말하고 싶으며, 국어 공부 그리고 문장 공부를 위해서라도 꼭 읽어보라고 권하고 싶다.

저자가 일관된 논지를 유지한 것도 높은 평가를 받을 만하다. 극단주의와 흑백논리에 대한 경계, 계층 사이의 양극화 및 지역적 편차 확대에 대한 우려, 그리고 저자의 표현으로 '균형감각'과 '환상 없는 이상주의'에 대한 옹호 등이 이 책을 관류하고 있다. 남북관계와 관련해, 궁극적인 '남북연합'을 그리는 저자의 생각은 나의 생각과 일치해 반가웠다.

고향인 인천에 대한 남다른 애정도 물씬 풍긴다. 그러면서도 '토호주의(土豪主義)'에 대한 비판적인 자세는 귀담아 들을 만하다. 책을 읽지 않는, 그래서 특히 인문학적 책이 팔리지 않는 시대적 상황 속에서, 인천의 한 패기 있는 출판사가 이 책의 출판을 맡았다는 사실은 고무적이다.

2018년 4월 9일
국립인천대학교 이사장
김학준

自序

몇 년전부터 김창문金昌文 기자는 문학 책만 말고 칼럼집도 출판하자고 슬쩍 건네곤 했다. 사실 문학 책도 내지 못한 지 여러 해다. 정년 직후 바짝 다그치다가 작가회의 이사장으로 들리는 머리에 중동무이한 셈인지라 그의 권고에 뜨아하기도 한 터였다. 김 기자는 그래도 비키지 않았다. 연구실에 조교로 일할 때부터 내 칼럼의 독자라는 말에 슬그머니 '그럼 한번 해봐' 하는 생각이 들었거니와 칭찬의 힘은 무섭다. 더욱이 내 칼럼들을 많이 저장해 두고 있다는 데 움직였다. 칼럼은 작은 글이라 모으는 게 한 일이다. 과연 김 기자는 한 뭉텅이 출력본을 내게 보내왔다. 일차 선정된 원고들을 통독하면서 주제가 겹치거나 시효가 떨어졌거나 논거가 분명치 않거나 사적이거나 한 글들은 덜었다. 그리고 최종 선택한 글들은 최소한의 교정에 그쳐 원래 발표하던 때의 모양을 가능한 한 살렸다. 이렇게 더하고 빼고 대강의 목록을 만들었더니, 김 기자는 또 금새 부를 나누고 소제목까지 붙여 칼럼집의 기본 꼴을 잡았다. 편집자의 역할을 기꺼이 감당한 제자 덕에 오랜 세월에 걸쳐 어지러이 흩어진 잡문들이 한권의 칼럼집으로 완성되었으니 나는 복인福人일시 분명타.

나는 칼럼니스트가 아니다. 인천仁川에 관한 글들을 모은 『황해에 부는 바람』(다인아트, 2000)이란 산문집을 낸 적이 있지만 이는 일종의 귀향기歸鄕記인 바, 인천론이 부족한 인천, 그리고 지방론이 부족한 한국에서 약간의 의의도 없지 않았을 것이다. 일반 칼럼집이라면 얘기가 다르다. 칼럼이란 시간구속적이다. 웬만한 고수가 아니면 칼럼집 낼 용기를 내기 어렵다. 변명을 하자면 이 책도『황해에 부는 바람』의 속편적 성격이 없지 않다는 점이다. 실제로 이 책의 전반이 일반론이라면 후반은 인천론이다. 그런데 전후반을 가릴 것 없이 입지立地는 인천이다. "내가 생각하고 있는 곳에 내가 존재한다"고 누군가는 말했지만 인천을 얘기할 때는 물론이고 한국, 한반도, 동아시아, 나아가 구미歐美를 말할 때도 인천 시민이라는 자각이 의식적이건 무의식적이건 배어있던 터다. 그러매 이 세상이, 이 나라가, 그리고 인천이 더 자유롭고 더 평등해서 더 우애로운 사회가 되기를 소망하는 한 시민의 눌언訥言으로서 간장 병마개만큼의 쓰임은 있지나 않을까 하는 마음에 감히 출간할 엄두를 내게 된 것이다.

이번에 새삼 확인한 것이지만 나를 이 길로 이끈 첫 신문이『경인일보』다. 1987년 8월부터 12월까지 네 꼭지의 칼럼「광복절과 국치일」,「민족의 대학」,「기전畿甸지역의 재인식」,「대통령선거를 맞으며」를 기고했는데 얼떨결의 데뷔가 화근이다. 그동안 지면을 할애한 경향京鄕의 매체와 얼치기 글들을 읽어주신 독자께 감사한다. 노무현 전 대통령이 떠오른다. 1999년 가을 나는 한 통의 이메일을 받았다.『경향신문』에 칼럼을 연재하던 때다. 마침 군부독재에서 민주주의로 이행하는 과정의 극적 연착륙에 감동해서「인도네시아 정치가 한국보다 낫다」란 좀 자극적인 제목의 글을 기고한 바, 이 칼럼이 눈에 띈 모양이다. 당시 그는 종로구를 포기하고 부산으로 내려가 지역주의의 벽과 부딪치겠다는 '바보'의지를 다지던 중이었다. 내 칼럼이 조금은 위로가 되었던가? 명복을 빈다. 그 인연인지 이광재 전 의원도 이메일을 보내왔다. 「정책판단의 '황금의 척도'」(『한겨레』, 2003.6.16.)가 그 매개다. 안상수 전 인천시장에게는 미안함이 없지 않다. 배다리 고서점가를 관통하는 도로 문제가 급박해서 여론을 일으킬 요량으로 써낸 칼럼 「배다리의 눈물」(『경향신문』, 2009. 6.19.)이 말하자면 공개적 직언 노릇을 하는 바람에 잠깐 시청이 소연했다는 소문에 민망했거니와, 그래도 집행이 유보된 것은 다행이었다. 칼럼 때문에 난생 처음 항의방문을 당하기도 했다. 「사립학교법 개정에 부쳐」(『교수신문』, 2004. 11. 15.)가 말썽이었다. 모 사립대 재단 분들이 예고도 없이 학교로 찾아오는 바람에 당황했던 기억이 새롭다. 활자로 인쇄된 글이란 무섭다. 아무도 모를 것 같은 지면에 발표해도 반듯이 누군가는 기억한다. 칼럼 쓰기를 통해서 공심公心을 가다듬는 자세에 더욱 주의를 기울이게 된 것이 보람의 하나였음이 고맙다.

궁리 끝에 칼럼집 제목을 '파국론에 등을 돌리고'로 정했다. 언제부턴가 내 글에 '지루한 성공'이란 말이 슬그머니 들어왔다. 이 말의 출처는 조지 버나드 쇼George Bernard Shaw(1856~1950)다. 그 대목을 인용하면 다음과 같다.

> 페이비언협회가 파국론자들의 비아냥 속에서 바리케이드에 등을 돌리고 영웅적인 패배보다는 지루한(즉 오랜 시간이 필요한) 성공을 택하기로 마음먹은 것은 1885년이다. (「1908년판 서문」, 『페이비언 사회주의』, 고세훈 역, 아카넷, 2006, 75면.)

의회를 통해서 사회주의를 실현하려는 점진주의를 과감히 선택한

페이비언협회the Fabian Society에 참여한 쇼가 이 협회의 입장을 탁월하게 요약한 대목이다. 이를 약간 응용하여 제목을 삼았다. 어느 정치평론가가 지적했듯이 한국민주주의의 새로운 기원을 연 6월항쟁(1987)은 쿠데타와 혁명을 동시에 폐기하였다. 민주주의를 완성하는 지루한 성공의 길이 있을 뿐이거늘, "불가능한 것에 대한 요구 뒤에 숨어서 실은 아무 일도 하지 않는 것을 정당화하는 불가능론자들 impossibilists"(「역자 서문」, 『페이비언사회주의』, 15~6면에서 재인용.)이 곳곳에 준동한다. 불가능론이란 파국론catastrophism의 내막이니 이젠 보수든 진보든 행동을 돌아보지 않는 큰소리들을 삼가고 축적이 비약이라는 기조에서 우리 사회를 착실히 진전시키는 작업에 힘을 모을 때가 아닐 수 없다. 6월항쟁의 제한된 승리 직후 공교롭게 칼럼의 길에 나선 이래 내가 집중한 주제가 바로 이것이 아니었나 싶다. 모처럼 한반도에 봄이 왔다. 간신히 찾아왔지만 자칫 무산될 수도 있는 이 소중한 기회를 잘 살려주기를 기원하며 이것으로 칼럼 30년에 작별을 고하고 독서인의 길에 한양閒養하리라.

이번에도 다인아트에서 칼럼집을 내는 인연이 미쁘다. 윤미경 대표와 장윤미 실장의 우정에 감사한다. 아, 제자들이 또 있다. 컴퓨터 이전에 발표된 글 몇 편은 류수연 교수가 입력하는 수고를 했고, 외국어 표기를 비롯한 총 교정에는 윤미란 박사가 거들었다고 들었다. 끝에 적어 고마움을 표한다.

2018년 봄에

동이서옥同異書屋에서 송현松絃 삼가 쓰다

차 례

3부 _ 정책판단의 '황금잣대'

4부 _ 기득권층의 개혁부터 먼저

5부 _ 비판적 지역주의로서의 인천학

6부 _ 인천사람, 인천문화

7부 _ 주민자치를 위하여

1부

지금은 야만의 시간을 직시할 때

세월호
— 지금은 야만의 시간을 직시할 때

세월호 앞에서는 모든 말길이 끊어진다. 묵묵히 그분들 곁에서 봉사하는 무명無名의 헌신만이 빛나거늘, 침묵이 예의다. 그럼에도 벌거벗은 대한민국, 이 야만의 시간을 직시하는 것도 살아남은 자의 피할 수 없는 책무일 터.

"다음 생에는 다른 나라에서 만나요." 안산분향소에 붙여진 추모쪽지다. 이를 뉴스에서 처음 발견한 순간 내 가슴은 덜컥 무너졌다. 분향소를 뒤덮은 추모의 노란 포스트잇들이 갑자기 대한민국을 떠나는 거대한 노랑나비떼로 환시幻視하던 것이다.

세월호 앞에서 우리가 돌연한 벙어리로 돌아앉은 데에는 누구도 이 참사의 책임으로부터 자유롭지 않기 때문이다. 크든 작든 우리 안에 세월호를 기르고 있거늘, 지금 누가 누구에게 돌을 던질 수 있단 말인가? 고등학생들의 참변에 나라의 어른들이 다 부끄러워하는 판에, 우리 교원들의 마음이야 가이없다. 더구나 울산에서 대학 신입생들이 변을 당한 게 엊그제가 아닌가? 수학여행 또는 신입생환영회라는 이름

*창비주간논평, 2014.4.30.

아래 이루어지는 대규모 단체여행에 따라다니곤 하는 추문들을 상기할 때, 진즉 이를 개혁하지 못한 관행이 시한폭탄이었던 것이다. 청해진해운은 인천 소재다. 내 사는 고장에 괴물이 활보하고 있었다니 등잔 밑이 어둡다. 그런 줄도 모르고 언젠가는 이 배를 타고 서해를 종단하여 제주에 가리라, 그런 꿈을 꾸기도 했으니, 인천시민들은 고연히 부끄럽다.

어린 희생들 앞에 대한민국 5천만 국민은 목하目下 총참회중이다. 그러나 패전 직후 일본이 내건 "1억 총참회"란 구호가 결과적으로 전범들에게 면죄부를 발행한 꼴이 된 전철을 밟아서는 아니된다. 최근 한국사회 최고의 병폐는 신상필벌信賞必罰이 무너진 것이다. '상을 줄 자에게는 꼭 상을 주고 벌을 줄 자에게는 반듯이 벌을 준다.' 보도에 의하면 청해진해운의 수상실적이 짜하다. 벌 받을 회사가 상을 연속 탔으니, 중앙/지방정부가 사고를 부추겼다고 해도 지나친 말이 아닌 게다. 이러니 이 엄청난 사태가 발생해도 누구 하나 진심으로 사과하지 않고, 어느 누구 충심으로 책임지는 자가 없다. 커녕 정객, 장관, 국장 들이 하루걸러 개콘이다. 무책임의 정치를 견지한 대통령의 책임이 무겁다. 내각에서 무슨 짓을 해도 책임을 물어 사퇴시키기는커녕 감싸고 도니, 이런 내각을 자작自作한 셈이다. 하긴 대통령이 앞장이다. 이름이 무슨 대수라고 행정안전부를 굳이 수억을 낭비하며 안전행정부로 바꾼 끝에, 규제를 강화할 데는 오히려 풀어 이 사단을 불러오고도 모르쇠다. 그렇다고 야당은 책임에서 면제된다는 이야기가 아니다. 해수부가 만들어진 게 문민정부 때이고, 그뒤 국민의정부와 참여정부, 장장 10년에 걸친 집권기간에도 불구하고 해운은 이토록 부패했으니 야당도 정말 손을 얹고 반성해야 마땅하다.

언론의 소나기 보도로 웬만한 건 대강 알려진 바, 이제 책임의 소재는 분명하다. 말이 나왔으니 말이지 언론이야말로 참회해야 한다. 언론이 살아있었다면 저런 회사가 백주에 나다닐 수 있을까? 언론의 재건, 특히 지방언론을 살리는 일이 관건이다. 지방에는 오히려 뜻을 지닌 젊은 언론인들이 적지 않다. 다만 여건이 워낙 열악하다. 지방언론의 재생이 대한민국을 부패로부터 건지는 지름길임을 새기며, 이 참사의 책임을 분명히 하는 것이 총참회를 완성하는 일임을 더욱 명념銘念할 때다.

이 사고가 특별한 것은 얼마든지 방지할 수 있었다는 데 있을 것이다. 그 이전의 비리들에도 불구하고 그날 해운조합 운항관리실에서 출항허가만 내주지 않았어도 참사는 없었다. 설령 사고가 났더라도 선원, 회사, 해경, 해수부, 청와대가 효율적으로 대처했더라면 이런 대형사고로는 번지지 않았을 것이다. 어느 기자의 한탄대로 어쩌면 그 많은 확인·감시 기제들이 어쩌면 곳곳에서 그렇게 작동하지 않을 수 있을지 귀신이 곡할 노릇이다. 사고 이후의 황당한 발걸음, 온 국민을 일거에 무기력상태로 몰아넣은 정부의 무능은 여기서 다시 뇌일 필요도 없다.

1차책임이 선장을 비롯한 선원들에 있음은 물론이다. 가면 갈수록 한심한 작태가 어처구니가 없다. 저 지경으로 '내 배my ship'라는 의식이 실종일 수 있을까? 한국인 특유의 공동체 감각에 이처럼 심각한 장애가 발생했다는 점 하나만으로도 충격적이거니와, 과연 주인을 닮았다. 유병언 일가의 행태는 우리 눈을 의심케 한다. 부패한 자본가, 아니 파렴치한이라고 해도 모자란다. 언제적 세모가, 5공의 망령이, 이처럼 부활하다니. 그나저나 그 작명이 기이하다. 세월호의 한자가 世越號란다. 세상을 넘는다, 배 이름으로는 참으로 상서롭지 못하다. 청해진해운의 최대주주 천해지의 한자가 天海地, 하늘과 바다와 땅이요, 무슨 사진 찍을 때 이름이라는 아해는 야훼로 추정된다니, 말세에 드글대는 가짜 예언자의 종류다. 그러나 더욱 무서운 것은 그의 횡행을 처처에서 방조했을 그 검은 고리들이다. 세월호 선원, 청해진해운, 해운조합, 한국선급, 해경, 항만공사, 항만청, 해수부, 교육부, 안전행정부, 그리고 청와대에 이르기까지의 이 긴 사슬, 이뿐인가, 여당, 야당, 금융권, 지방정부 등등조차 가로놓였으니, 아득한 저 밑바닥에서 아이들이 자지러진 것이다. 그러니 1차책임자 선원들과 회사는 하수인에 불과하고 참사의 진짜 주인은 2차책임자 유씨 일가와 3차책임자 그 배후의 긴 고리들이다. 요컨대 2차책임자를 철저히 수사하여 3차책임자의 구조를 백일하에 밝히는 것이 관건이다.

이번에 새삼 주목하게 된 것이지만, 우리가 여객선을 못 만드는 나라란다. 세계적인 조선강국 대한민국이 퇴역 즈음의 일본 배를 들여와 여객선으로 이용한다? 수출 중심 경제가 국민경제를 왜곡한다는 옛말 그대로다. 연안을 연결하는 여객선을 잘 만든 연후에 그 연장에서 수출용 대형선박 건조로 나아가는 게 정상일진대, 돈 따라 그냥 월반한 꼴이다. 국민의 안전과 연계된 국민경제의 탄탄한 구축을 외면한 박정희개발독재시대의 기제가 지금도 여전한 것인가? 그처럼 민생을 외우고 다니는 정객들중 그 누구도, 과문한 탓인가, 이 문제를 제기한 적이 없다. 박정희의 후예들은 물론이고 박정희 반대자들도 이 근본적 문제를 건너뛰었다. 우리 사회는 이처럼 기초가 부실하다.

아직은 희망을 이야기할 때가 아니다. 미담을 기릴 때도 아니다. 재난 속에서도 도움의 용기를 발휘한 분들의 고결한 도덕성은 추장推奬

해 마땅하지만, 이는 이 재난의 전형이 아니다. 충무공의 승전만 강조하는 일이 임진왜란의 진상, 조정과 군대의 무능으로 인민을 도탄에 빠뜨린 그 끔찍한 7년의 기억을 가리는 일이 되는 것과 멀지 않으매, 지금은 절망의 시간을 견딜 때, 그리하여 그 밑바닥에서 그런 시간만이 허락하는 근본을 다시 생각하는 기도의 때. 어린 나비들이시여, 명목瞑目하소서.

호칭과 민주주의

통진당 대표가 집회에서 대통령을 '박근혜 씨'라고 호칭했다고 여당 원내대변인이 '석고대죄席藁待罪'하라는 논평을 낸 이후, 막말 파문이 한창 번졌다. 21세기 대명천지에 왕조의 '석고대죄'라니, 아닌 밤중에 홍두깨 격이다. 야당 인사들이 '너희도 예전에 막말하지 않았냐' 식으로 대응하는 것도 거북한데, NLL회의록 소동에 대한 민주당의 논평에서 그예 '석고대죄'란 문자까지 튀어나온 건 해도 너무했다. 이러니 여與니 야野니 똑같다는 욕을 먹는 것이다. 그나저나 대통령 이름에 '씨'를 붙여 부를 수 있는 자유가 통용되어야 민주사회고, 좀 기분이 나빠도 참을 수 있어야 집권당의 자격일 것이다. 이게 여당의 금도襟度요 아량이다. 힘센 여당이 약한 야당처럼 굴어서야 체면이 말이 아니다.

그런데 과연 '씨'가 막말인가? 물론 문맥 따라 다르겠지만 원래 '씨氏'는 대접하는 말이다. "성씨가 어찌 됩니까?"라는 물음에 "최씨에요" 하면 실례다. 자기가 자기 성을 일컬을 땐 '씨'가 아니라 '가哥'를 붙여 "최갑니다" 하는 것이 예禮다. 요즘 호칭이 마구잡이여서 그렇지, 이름 전

---

*창비주간논평, 2013.11.20.

체에 '씨'를 붙이는 것은 결코 막말이 아니다.

최근 한국사회의 호칭 인플레이션은 심각하다. 성도 빼고 홑이름만 부르는 것이 일상화한 서양까지 갈 것 없이 가까운 일본을 보자. 한국말처럼 존비법이 발달한 그 나라조차 호칭이 우리보다 민주적이다. 우리로 치면 '씨'에 해당하는 '상さん'이 지금도 일반적이다. 수상도 '아베상' 하면 된다. 예전엔 우리도 '씨' 또는 '형兄'을 붙이는 게 보통이었는데, 언제부턴가 아무나 '선생님'이다. 그래서 한일 지식인들이 만난 자리에서는 약간의 해프닝이 벌어지곤 한다. 일본인들은 한국인에게도 으레 '상'을 붙이다가 한국인들이 자기들에게 '선생'도 모자라 '선생님, 선생님'하는 걸 눈치채고 덩달아 '센세이先生'라고 호칭을 변경하곤 하던 것이다. 일본은 '선생'에 '님様, さま'을 붙이지 않는다. '선생'이 최고다. 우리도 원래 '선생님'보다 '선생'이 훨씬 격이 높았다. '율곡 선생'이라고 하지 누가 '율곡 선생님' 하는가? 무장武將의 경우도, '이순신 장군'이라고 하지 '이순신 장군님'이라고 존티를 내지는 않는다. 임금도 마찬가지다. '세종'을 '세종대왕' 또는 '세종대왕님' 하면 우습다. 특히 '대왕님'은 밝은 임금이기보다는 마계魔界의 보스처럼 들려 더욱 그렇다. 궁중 호칭에 흥미로운 예가 있다. '마마'와 '마마님' 중 누가 높은가? '상감마마' '대비마마' '동궁마마' 등등 지존에게는 '마마'지만, 상궁尙宮은 '마마님'이다. 요컨대 '님'자를 붙이면 한수 아래였다.

'씨'를 사용하는 관행이 그래도 잘 지켜지는 곳은 언론이다. 요즘은 조금 흐트러졌지만, 특히 예전 신문은 예외없이 평등하게 '최원식 씨'라고 지칭했다. 같은 기사 안에 두 번 나올 때는 '최 씨' 또는 '씨'다. 처음에는 낯설었다. 특히 '최 씨'에는 약간의 알레르기도 없지 않았다. 어린 시절 공설운동장에 갈 때면 스피커에서 '운동장 최 씨, 운동장 최 씨,

본부석으로 오세요' 하는 방송이 자주 나와 내심 그 쇠 씨가 누군가 궁금해 하던 기억이 불쑥불쑥 올라왔기 때문이다. 선배기자들이 초임기자들에게 신칙하는 게 두 가지 있단다. 첫째 대통령과 악수할 때라도 절대 고개를 숙이지 말라. 아니 고개를 일부러라도 뒤로 젖히라고 한단다. 정말 최근 한국의 악수는 가관이다. 미리 절하고 나아가, 다시 절하면서 두 손으로 싸쥔 채 황송히 악수하고, 물러나면서 다시 절하니, 어쩌면 이렇게 비굴할까? 자존自尊하면서 평등한 악수예절의 교육이 정말로 급하다. 둘째 결코 '님'자를 붙이지 말라. 그러고 보면 발음하기도 힘든 '대통령님'도 우습다. '대통령 각하'라는 말 자체의 독재를 개혁했지만 뭔가 과도적 조처가 필요했던 김대중정부의 고충은 이해하지만 이제는 그만하면 '님'자를 뗄 때가 되었다. 진짜 위인들은 '선생'마저 떼고 홑이름으로 회자된다. 플라톤은 그냥 플라톤이다. '민낯'처럼 '민이름'이 최고의 경지다.

지금부터라도 호칭의 인플레를 가능한 한 허용하지 않아야 한다. 한번 올라가면 내려가기 힘들다. 그러니 직위 고하를 막론하고 '누구누구 씨'라는 호칭이 어떤 심리적 장애 없이 발화될 수 있도록 우리의 사회적 습관을 조정해 나가는 것이 필요하다. '석고대죄'라는 무시무시한 말을 쉽게 구사하면서 상대의 발언을 억누르려는 유혹은 사실 나라의 미래를 위해서도 유해하다. 자기검열로 표현의 자유가 위축되면 창조는커녕 반反창조의 나락으로 떨어질 것이 뻔하다. 표현의 자유에 기초한 민주주의의 발양이야말로 발랄한 창조의 어머니이기 때문이다. 민주주의로 가는 호칭의 다운사이징을 위하여 대한민국 국민에게 '박근혜 씨'를 허許하라!

조계사 앞의 성탄목

잔인한 겨울이다. 30년 만의 강추위 속에 성탄절마저 얼어붙었다. 철새와 함께 날아온 조류인플루엔자가 얼핏 비치더니 어느새 구제역이 창궐한다. 4대강 사업의 굉음이 지상은 물론이고 하늘의 평화까지 교란했는가? 자연에 가한 인간의 횡포가 부메랑처럼 복수하는 자연으로 되돌아오는 이 무서운 천형天刑의 시대에 혹 방자함은 없었는지 삼가고 또 삼갈 때이건만, 우리 집권층은 어쩌면 그리도 두려움을 모르는지 차라리 딱하기 그지없다.

연평도 사태야말로 잔인했다. 남의 사격훈련에 북이 기습적으로 무차별 포격을 가한 연평도 사태로 군인은 물론이고 민간인이 죽고 다쳤다. 동족의 생명조차 가벼이 여기는 북의 소행에 기가 막히지만, 북의 공격에 제대로 대응하지 못한 한국군이 그를 벌충하려는 듯 전쟁 위험을 무릅쓰고 다시 사격훈련을 개시한 일 또한 적절하다 하기 어렵다. 이번에는 북의 위협이 말로만 그친 게 천만다행이거니와, 그럼에도 '우릴 살게 해줘야지…'하며 말끝을 흐리는 연평주민의 중얼거림이 긴 여

---

*서남뉴스레터, 2010.12.26.

운을 남긴다.

말로만 듣던 치킨게임chicken game을 실감케 한 이 어리석은 경기로부터 벗어날 길은 어디에 있을까? 1950년대에 미국의 젊은이들 사이에서 유행하던 치킨게임이란 두 명의 참가자가 도로의 양끝에서 자신의 차를 몰고 서로 정면을 향해 돌진하다가 충돌 직전 핸들을 먼저 꺾는 사람이 지는 경기를 일컫는단다. 진 자가 치킨(닭=겁쟁이)이다. 마주보고 달리는 두 자동차의 충돌을 막으려면 둘 중 하나는 자동차를 옆으로 빼야한다. 누가 뭐라 해도 이제 남쪽이 형이다. 형 노릇을 제대로 해야 한다. 닭 소리를 듣는달지라도 이 게임에서 동생에게 져주어도 욕할 사람 아무도 없다. 이런 게임에서 이기는 것은 그저 소용小勇에 지나지 않는다. 한번 노해 천하를 평안하게 하는 것이 대용大勇이라고 맹자孟子가 말했던가? 더구나 연평도 사태는 게임이 아니다. 한반도 남북 주민 전체의 생명이 걸린 민족의 사활 문제인 것이다. 지도자는 모름지기 소용이 아니라 대용을 귀히 여겨야 하는 법인데, 남북문제를 기껏 치킨게임처럼 다루어서야 이 험난한 국제정세를 지혜롭게 타고 넘어 어찌 통일사업을 제대로 진척시킬 것인가?

그런데 가만히 생각해 보면 처음에는 남이 치킨이고 두 번째는 북이 치킨이었다. 치킨게임인 듯 사실은 치킨게임이 아니었던 것이다. 남북 사이에, 그리고 한반도를 둘러싼 동아시아적 환경에 전면전으로 갈 위험을 억제할 기제가 미묘하게 작동한 것이다. 고맙다.

물론 연평도 사태는 아직도 불안하다. 이를 근치할 방안은 사실 간단하다. 다시 햇볕정책으로 복귀하면 된다. 그대로 하기 민망하면 새로운 상황에 비추어 수정해서 실시하라. 그동안의 대북압박정책이 효과가 있었다면 더 할 말이 없겠지만, 핵은 핵대로 세습은 세습대로 무력공격은 공격대로, 뭐 하나 달라진 게 없는 북의 현실을 보건대 압박은 실패했다. 바쁠수록 돌아가라는 말씀처럼 서둘지 말고 화해와 협력을 통한 점진적 변화로 나아가는 길밖에 없다. 햇볕정책이란 말 자체를 북이 기피한다는 데서 알 수 있듯, 이 정책의 목적은 북의 변화다. 물론 그와 함께 남도 변할 것이다. 아니 변해야 한다. 얼마전 택시기사로부터 연평도 사태에 대한 무서운 이야기를 들었다. 군대 간 아들 때문에 전쟁이 나서는 안되겠는데, 한편 전쟁이 났으면 하고 바라는 심리도 서민들 사이에 깔려있다는 것이다. 진심으로 전쟁 나길 기다리는 것은 물론 아닐 터이지만, 양극화가 이만큼 사람들을 박탈감에 몰아넣고 있다는 점을 위정자를 비롯한 지식인들이 명심해야 할 것이다. 어떤 부모 밑에 태어났는가가 아니라 그/그녀의 재능과 노력 여하에 따라 그/그녀의 삶의 질이 결정될 수 있다는 우리 사회 특유의 역동성을 다시 살려야 한다. 이 점에서 한국사회를 치료하고 북을 변화로 이끌 햇볕정책이야말로 가장 빠른 길일지도 모른다.

그래서 2010년 겨울은 잔인하지 않다. 연평도 사태가 햇볕정책을 다시 보게 만들었듯이, 구제역 파동은 곳곳에서 연대의 감각을 소생시킨다. 인터넷에 떠도는 파주 축산농 유동일 씨의 「살처분일지」가 마음을 울린다. 자식처럼 기르던 소들을 죽음에 내줘야 하는 농민들과, 직접 살처분을 수행하는 공무원들이 함께 통곡하는 우애를 생생하게 중계하는 이 글은 2010년 최고의 문학이라고 해도 좋다. 그리고 한국불교사상 처음으로 조계사 일주문에 등燈 모양의 성탄목 3그루가 12월 20일 불을 밝혔다. 한국기독교교회협의회 총무와 나란히 점등식을 치른 조계종 총무원장은 "예수의 삶을 본받아 남북갈등으로 인한 불안, 정치권의 혼란으로 인한 상심, 평화와 관용을 위협하는 아집과 독선을 이겨내"자는 축하메시지를 발표했다. 아름답다. 이 마음으로 호랑이해를 보내고 토끼해를 맞이하자. 용궁에서 죽음에 몰렸다 탈출한 영리한 토끼처럼 호랑이해의 위기를 멋지게 극복하는 그런 새해를 위해 건배!

사회적 논의기구에 주목한다

2차 입법전쟁이 최악의 충돌을 면한 것을 그래도 다행스럽다고 여기던 차. 다시 국회가 쟁투 속에 마감되는 모양을 보노라니 절로 한숨이 난다. 여당 출신이면서도 끝내 직권상정을 자제한 국회의장의 충정도 그만 빛을 잃었다. 솔직히 말해서 나는, 비록 여당 우세로 끝났다 할지라도, 우여곡절 끝의 타협 이후 국회가 이젠 그런 대로 대화국면으로 들어서지 않을까, 은근한 기대가 없지 않았다. 기왕 한 고비 넘었으면 주고받는 절충 속에 최선은 아니더라도, 최소한 최악은 피할 수 있지 않을까, 했던 것이다. 나는 역시 책상물림이다.

그런데 이런 순진한(?) 생각이 국민 속에 강력히 존재한다는 점을 새삼 환기하고 싶다. 교황청조차 놀라게 한 추기경에 대한 애도의 물결, 홀연히 나타난 이 새로운 촛불집회가 그 환한 반증의 대표일 터. 제발 싸움 좀 하지 말고 머리를 맞대고 나라 살림살이를 걱정하여 대책을 세우라는 지상명령이 너무나 뚜렷하지 않은가 말이다. 사회초년생의 구직난은 물론이고 이제 실직의 칼바람이 바로 옆에까지 다가오고 있는

* 『시사IN』 78호, 2009.3.14.

요즘, 우리는 누구나 1997년 겨울을 엄습한 그 위기의 계절이 다시 찾아왔음을 실감하는 중이다. 이러매 지난 금융위기를 감당한 김대중정부처럼 이명박 정부의 사명 또한 중차대하다고 아니할 수 없다.

지지 여부를 떠나서 나는 이명박 정부가 성공하기를 바라는 자이다. 그런데 무능은 차치하고 어찌 그리 도량이 좁아 일마다 부딪치는지 뉴스 보기가 겁난다. 보수정권이 개혁정권들의 피로를 걷어내는 작업을 그야말로 효율적으로 해내야 개혁파들도 한양閑養하면서 다시 태어날 궁리를 할 것인데 여당이 속절없이 추락하니 참으로 딱한 일이다. 여당의 좌초가 야당의 갱신에도 나쁜 영향을 미친 탓인지 야당에 대한 국민적 기대도 높다고 하기 어렵다. 야당에 우호적이지 않은 것은 지지율의 정체停滯가 뚜렷이 가리키는 바가 아닌가. 아직도 노무현정부의 실정에 대한 앙금이 가시지 않은 데다가 야당의 위상을 찾기도 전, 성과 없는 대소전투에 휘말린 탓에 상기도 국민적 시선은 따듯하지 않다. 여야를 떠나서 국민들의 정치권 전체에 대한 냉담한 (무)관심에 내몰린 정치권은 그리하여, 사랑받지 못하는 아이들이 그러하듯 더욱 가망없는 다툼 속으로 빠져드는 것인가? 이렇게 가면 안되는 줄 뻔히 알면서, 타협 속에 대안을 마련하는 성숙한 정치에 대한 내밀한 원망에도 불구하고, 파경적 충돌을 향해 어두운 숙명처럼 마주 보고 돌진하는 기관차를 보는 듯 착잡함을 금할 수 없다.

그런데 참으로 안타까운 것은 이 정치적 불행을 저지할 제3의 그 무엇이 우리 사회에 부재한다는 점이다. 중재를 주선할 그 어떤 기구, 그 어떤 제도, 또는 그 어떤 세력도 결여되어 있다. 예전 같으면 시민운동단체들이 그 역할을 일정하게 수행하였다. 알다시피 그들도 지금은 심각한 조정기에 들어선지라 선뜻 나서기도 어렵고 나선들 왕년처럼 역할을 제대로 수행하기도 어려운 국면이다. 또 예전 같으면 난국에 처하면 찾아가 자문을 구하고 때로는 중재도 부탁할 수 있는 원로들이 있었다. 그런데 어느 틈에 우리는 원로 부재의 시대로 들어섰다. 솔직히 말해서 예전에는 '3김'으로 상징되듯이 원로 또는 보스들의 지배가 너무 강해서 문제였다. 그런데 나라의 민주화가 진행되면서 퇴장한 보스들이 진정한 의미의 원로가 되지는 못한 기묘한 과도기에 우리는 처한 것이다. 청 제국을 붕괴시킨 신해혁명(1911)이 결국 군벌들의 난립을 가져왔던 역사적 경험을 상기한다면 우리 사회가 혹 그리 되지 말란 법도 없을 것이란 방정맞은 생각도 드는 것이다. 하루빨리 우리 사회를 가파르게 분단하는 선들을 가로지르는 대화를 조직하는 논의들을 일으키는 일이 종요롭다. 백낙청白樂晴 교수가 최근 제기한 '새로운 거버넌스' 즉 "합리적 보수와 책임있는 진보가 협력하여 폭넓은 중도세력을 형성하면서 정부 및 정치권과 시민사회가 동참하는 일종의 거국체제"를 구성하자는 제안은 때를 맞춘 것이다. 이 점에서 입법전쟁의 와중에서 미디어법을 논의하기 위한 '사회적 논의기구'를 만들기로 합의한 것에 큰 기대를 걸고 싶다. 이에 대해 벌써부터 논란이 거세지만 부디 그런 소승적 태도를 벗어나 우리가 당면한 난국을 넘어설 중지를 모으는 그런 논의의 근사한 출발점이 되었으면 하는 마음 간절하다. 사안별 논의기구들이 자연스럽게 확장되는 과정에서 21세기 한국이 추구할 창발적 모델을 토의하고 합의하는 그런 대토론으로 발전한다면 작히나 좋으랴!

노무현은
이제
'보통명사'다

토요일(5.23), 아마 아침 9시 50분쯤이었을 것이다. 강연 일정도 마쳤고 이젠 가벼운 마음으로 난징南京을 둘러보려는 참이었다. 그날 첫 방문지로 잡은 징하이스靜海寺로 가기 위해 호텔룸을 막 나서려는 차, CCTV에 '노무현 전 대통령 사망'이란 자막이 뜨는 게 아닌가? 눈을 의심하며 채널을 돌려보았지만 다른 곳들에서는 그나마 감감무소식이다. 얼른 내려와 안내자 윤해연(난징대 한국어문학과) 교수를 만나 소식을 물으니 깜짝 놀라며 여기저기 전화를 돌린다. 기념관으로 가는 차 안에서 우리는 노 전 대통령이 자살했다는 비보를 확인했다. 그날따라 난징의 하늘은 흐렸고 간간이 비까지 뿌렸다. 난징대에 방문교수로 와있는 소설가 임철우 형이 상하이上海로 가는 기차에서 전화했다. 이심전심으로 심란한 마음을 달랬다.

명明의 위대한 항해자 정허鄭和를 모신 징하이스가 아편전쟁의 패배로 중국이 맺은 최초의 불평등조약, 난징조약(1842)이 협의된 곳이기도 하다는 비꼬인 운명을 묵상하노라니 난징학살(1937)의 그림자가 새삼

* 『시사IN』 90호, 2009.6.6.

어둡다. 점심 후 욘 라베John Rabe기념관으로 향했다. '중국의 쉰들러'로 애칭되는 라베는 당시 지멘스Siemens 난징대표로서 자신의 사택에 나치깃발을 짐짓 내걸고 학살의 광기로부터 중국인들을 구한 난징안전지대국제위원회The International Committee for Nanjing Safety Zone 주석이었다. 기념관을 참관하며 이 의로운 독일인의 행적과 일기를 발굴한 아이리스 창Iris Chang이라는 중국계 미국인과 해후했다. 난징학살 60주년에 맞춰 『난징의 강간*The Rape of Nanking*』(1997)을 출간, 그 참상을 새로이 알린 그녀는 그러나 2004년 11월 9일, 자신의 차안에서 권총자살로 이승을 하직한다. 36세 꽃다운 나이였다. 난징에서 저지른 일본군의 잔인성을 해명할 길이 보이지 않는다고 절규한 그녀를 죽음으로 몬 게 어찌 협박을 일삼은 일본 우익 탓이기만 할까?

기념관 바깥담 안벽에 전시된 패널에서 나는 또 사람을 발견하였다. 미국선교사 미니 보트린Minnie Vautrin(1886~1941), 사건 당시 진링金陵여자문리학원Ginling Girls' College 교장으로서 만명의 난징여성들을 구원한 '활보살活菩薩'이었다. 일본대사관에 만행의 중지를 무수히 요청했지만 묵살당한 그녀는 오히려 미국대사관으로부터 난징철수를 권고받는다. 그녀는 단호히 응답한다. "이런 순간에 중국을 떠날 수 없다.I can't leave China at such a moment." 그러나 결국 지친 몸으로 1940년 귀국, 이듬해 5월 14일, 태평양전쟁 발발 약 반년전, 인디애나폴리스의 작은 아파트에서 가스 자살로 생을 마감했다. 그녀가 목격한 참상의 환영에 시달리며 더 많은 생명을 구하지 못한 데 대한 자책이 그녀를 자살로 몰아갔으니, 세상은 참으로 공평치 않다. 염치를 모르고 반성을 모르는 자들은 멀쩡히 살아있는데 진정한 화해를 모색하는 의인들은 오히려 죄책감에 죽어가다니, 새삼 사마천司馬遷의 탄식이 절실하다.

'진정 천도天道는 있는가?'

그날 저녁 호텔에 돌아와 TV를 켜니 한국뉴스에 인색한 CCTV들도 노 전 대통령의 죽음을 다투어 보도한다. 놀라운 것은 그 거대한 애도의 물결이다. 그만큼 이명박 정권에 대한 국민적 비판이 엄정하다는 것이고, 또 그만큼 노 전 대통령을 자신의 분신으로 여기는 그런 시민이 많다는 것일 테다. 노무현은 이제 고유명사가 아니라 보통명사다, 가난한 농민의 아들이 대통령에 올랐다는 신분상승서사의 주인공으로서가 아니라 성공 이후에도 여전히 기득권의 해체를 위해 싸웠던, 그리하여 마침내 그 대의에 순절한 투사로서. 그날 하루 한꺼번에 만난 세 죽음에 울울했던 내 마음은 이 거대한 파동으로 한결 진정되었다. 나이와 젠더와 지방을 넘어서, 무엇보다 지지여부를 떠나서 이루어진 이 담대한 통합의 물결로 이제 한국사회가 무엇을 해야할지 새삼 뚜렷해진다. 양극화의 고착에 대한 저항이 핵심이다. 어떤 부모 밑에 태어났는가가 아니라, 그(녀)의 재능과 노력이 그(녀)의 삶, 그 미래의 질을 결정한다는 믿음이 현실이 되는 선순환善循環의 사회를 향해 착실히 전진할 것! 북의 핵실험으로 한반도에 "거북이처럼 괴로운 세월"(박인환)이 다가오고 있다. 이명박정권의 대오각성을 촉구한다. '죽은 공명이 산 중달을 쫓는' 형국이 재현되지 않도록, 그리하여 '한국총통 선종율善終率최저직업'(한국 대통령은 잘 마치는 비율이 가장 낮은 직업이라는 중국의 보도)이란 야유를 듣지 않는 나라가 되기를 기원하는 마음 간절하고 간절하다. 삼가 그의 명복을 빈다.

지방을 살리자

대선 직전 어느 택시기사가 한 말이 새삼 실감난다. "이명박 씨가 되는데 국민들이 고생 좀 할 거에요." 나는 이명박 후보를 대통령으로 선택한 국민의 뜻을 존중한다. 참여정부에 대한 실망으로 다수의 유권자가 이 후보를 밀었다면 참여정부가 잘못한 것이고, 실정失政을 했으면 정권을 내놓는 게 순리다. 요즘은 그런데 마음이 자꾸 외동친다. 이 정권이 개혁정부의 연속집권에서 온 피로를 풀어내는 균형을 잡는 동안, 개혁세력은 엄정한 자기비판을 거쳐 나라의 청사진을 새로 구상하는 성찰의 귀한 시간을 갖는다면 그도 나쁘지 않겠다고 느긋하게 생각한 나의 어리석음이 우세스럽다. 이정권의 회심回心을 위해서도 근본인 국민이 총명해지는 수밖에 없다.

촛불대중의 출현은 약속의 징표다. "아 신화같이/ 나타난 다비데군群들!" 일찍이 신동문辛東門 시인은 이승만 독재정권을 무너뜨린 4월대중을 이렇게 호명한 터인데, 촛불대중은 새로운 상황에 즉해서 진화한 다비데군의 후신일 것이다. 이제 문제는 촛불 이후다. 토의과정에서

---

*창비주간논평, 2008.8.27.

지방자치의 문제가 '이후' 의제의 하나로 추천된 것은 반가운 일이다. 생활정치의 바로 그 마당인 지방자치를 온전히 실천하는 일이야말로 난맥에 빠진 한국정치를 근저에서 구원할 중요 보루의 하나이기 때문이다.

현재 한국의 지방이 빈사상태에 처한 점은 주지하는 터다. 지방 명문대 입학생들도 휴학하고 다시 응시해 서울 소재 대학으로 옮기는 일이 비일비재할 정도라니 서울집중의 우심함을 짐작할 만하다. 이제는 그 폐해가 수도권 도시만이 아니라 지방 대도시들에도 미쳐가고 있는 형편인 바, 도시의 양극화도 사회양극화만큼 발등의 불로 떨어졌다. 다양한 해결책이 추진되기도 했다. 참여정부의 균형발전정책은 대표적인 것이다. 그런데 그 결과는 어떠한가? 선의에도 불구하고 균형발전의 이름 아래 온 지방이 난개발의 현장으로 변모했다. 난개발로 주민들의 오랜 삶의 장소는 파괴되고 그 신기루 같이 솟아난 공간에서 땅부자들이 양산된다. 그 부자님들이 지방자치를 금방망이로 두드려 지방정치로 변신시킨다. 지방정치를 두 손에 쥔 그들은 '말 타면 견마(牽馬) 잡히고 싶다'고 슬슬 중앙정치를 넘본다. 중앙과 지방이 함께 마이다스와 손잡고 나아가는 이 악순환의 고리 속에서 지방은 청사와 의회만 으리으리해질 뿐 주민의 삶은 더욱 팍팍해지는 반어적 상황에 직면하고 마는 것이다. 설령 이를 시정하려는 용기를 가진 시장·군수가 나와도 그들의 교묘한 견제에 부득이 개혁에서 퇴각할 수밖에 없도록 토호연합의 힘은 점점 강화되는 형편이다.

개혁정부의 연속집권에도 불구하고 심화된 도시의 양극화는 사회양극화의 진전과도 평행을 이룬다. 그(녀)가 사는 곳이 그(녀)의 계급 또는 계층을 직간접적으로 드러내는 데에서 보이듯, 사회양극화와 도시의 양극화는 쌍생아에 가깝다. 김대중 전 대통령은 금융위기 사태를 화급히 챙기느라 분배에 소홀해 양극화에 잘 대처하지 못했다고 발언한 적이 있는데, 참여정부 역시 공언한 만큼 분배정의의 실현에 성공적이었다고 생각되지 않는다. 이정권은 '잃어버린 10년' 운운하며 공격하지만 신자유주의가 개혁정부들의 힘을 빌어 자신의 뜻을 관철했다고 볼 측면도 없지 않은 것이 현실이다. 집권에 성공한 개혁세력은 왜 거꾸로 그 발판을 스스로 허물어, 다시 말하면, 손잡고 찾아온 두 양극화의 포위를 자초해 이정권의 출현을 돕는 결과를 초래했는가?

문제의 핵심은 집권 이후에도 개혁세력이 여전히 소수였다는 점에 있다. 물론 선거에서 극적으로 표출된 민심이라는 강력한 뒷배가 있지만 그것은 또 얼마나 비정형적인 것인가? 소수자의 지위로부터 탈출하려는 시도는 당연한 것이고 그중 지방문제를 중요정책으로 든 것 또한 옳았다. 그런데 이미 지적했듯이 정책의 선의는 실행과정에서 배신되었다. 왜? 정책입안자도 알게 모르게 서울 또는 중앙의 시각에 사로잡혀 있었기 때문이다. 지도를 놓고 배분하는 설계자의 자세에 이미 '문명화의 사명'을 의식하는 식민주의의 그림자가 어른거린다고 한다면 지나친 것일까? 한마디로 지방의 실정을 몰랐다. 지방의 보수파들은 중앙정부의 색깔 따라 의상을 갈아입으니, 개혁정부들이 이어져도 그들의 지방지배는 의구하다. 더러 지방의 개혁파가 이 판에 동참하는 데 성공하고, 개중에 집심執心이 강한 일부가 충성스런 반대자로서 그 안에 안착해도 기존 판을 강화하는 데 사역되기 십상이지 판을 바꾸기에는 역부족이다.

패착이 또 있다. 수도권과 지방의 이분법에 근거한 정책추진으로 수도권 주민들을 개혁정부로부터 이반시킨 점이다. 수도권 주민들이야말로, 떡고물도 없지 않지만, 기본적으로는 박탈감에 가장 크게 노출된 부류들인데 허울좋은 수도권이란 수사에 농락당하니 분통이 터질 수밖에 없다. 서울도 그 내부를 잘 살펴야 하듯이 지방도 각기 사정이 다른 것인데 그저 하나로 밀어 보니 정책이 제대로 먹힐 리가 없는 것은 정한 이치다. 이런 켯속으로 온 나라가 서울의 짝퉁이 되는 위업이 달성된 것이다. '독일이 각 영방의 다양성을 잃고 베를린 일색으로 통일된다면 그런 통일에는 반대한다'고 괴테는 일찍이 지적했지만, 서울과 지방을 함께 죽이는 이 끔찍한 획일화를 넘어서 지방문제를 제대로 해결하기 위해서는 기존의 시혜적 또는 선도적 중앙 배분이 아니라 지방자치를 내실화하는 구조적 접근이 종요롭다.

나라정치의 짝퉁으로서 아래로부터 자치를 차단해온 기존의 지방정치에 대한 전면적인 개혁이 이루어져야 한다. 각 지방의 실정을 고려하지 않은 채 기계적으로 배분된 광역과 기초의 장과 의회 제도 가운데 조정할 것은 과감히 조정하고, 명목에 그치는 지방정부의 정치적 중립은 오히려 풀어 정치적 선택을 명확히 하는 것도 필요하다. 그리고 무엇보다 지방정부와 지방의회에 대한 주민접근성이 대폭 완화되는 것이 중요하다. 순환하는 생활정치의 마당으로서 지방자치가 재구축될 때 나라정치도 발라지고 서울과 지방이 함께 자유로운 사회로 상호진화할 것인데, 생활세계의 조리條理를 따라 지방을 밝히는 촛불이 방방곡곡에서 켜들어지기를!

우리는 준비가 되어 있는가

나라 안팎이 어수선하다. 안이야 항용 콩 튀듯 팥 튀듯 했지만 그예 밖까지 번졌다. 미국에서 금융위기 발발이라니 참으로 희한한 세상에 우리는 살고 있다. 막대한 규모의 구제금융을 투입하여 이 위기로부터 탈출하려는 미국정부의 정책 또한 조롱거리다. 10여년 전 금융공황이 홍역처럼 동아시아 전역으로 퍼질 때 IMF의 규제철폐 권고를 거절하고 국가의 시장개입을 통해 독자적 경제회생의 길을 걸은 말레이시아의 마하티르 전 총리가 공개적으로 미국의 이중잣대를 맹비난하고 나선 것이다. 발등에 불 떨어지자 그들이 전도한 신자유주의를 스스로 배신한 부시행정부의 꼴도 꼴이지만, 더욱 놀라운 건 저 아득한 태평양 너머에서 일어난 일이 바로 한국인의 일상생활로 짓쳐든다는 사실이었다. 아, 우리는 이제 정말로 하나인가?

자본의 무한질주가 초래한 사해동포주의四海同胞主義의 부정적 실현을 목격하면서 한국과 미국의 깊숙한 연계를 새삼 깨닫게 한 것이 금번 금융위기이거니와, 그에 앞서 김정일 국방위원장의 건강문제가 불거

*서남통신, 2008.9.25.

진 것도 공교롭다면 공교롭다. 화불단행禍不單行, 나쁜 일은 홀로 다니지 않는다는 옛말이 그르지 않다. 이 사태를 두고 호들갑 떨 거야 없겠지만 그렇다고 그저 바라만 보고 있는 것 또한 하릴없다. 그의 건강설에 대해 극히 신중한 입장을 취하면서도, 특히 핵통제권의 분실을 우려하며 그의 실권을 반기지 않는 모순적인 태도를 보인 미국의 신호는 주목할 만하다. 이는 소비에트연방의 종언에 즈음하여 거의 노골적으로 그 붕괴를 아쉬워 한 뜻밖의 반응을 비친 그때 미국을 연상케 한다. 무릇 권력은 권력을 거의 본능적으로 지지한다. 더구나 그 존재가 절대적일 때 그 효용은 더욱 커질진대 김위원장 이후의 불확실성에 대해 미국이 본능적 공포를 가질 법도 하다. 이 점에서 사태가 더 이상 나쁜 방향으로 진전되지 않은 것은 천만다행이지만 이제는 우리도 여러모로 대비책을 세워 두는 일이 더욱 절실해진다.

국민 또는 시민은 무엇을 준비해야 하는가? 최근 인천시교육청이 실시한 인천의 초중고 학생들을 대상으로 한 설문조사 결과가 발표되었다. 6·25를 누가 일으켰는가에 대한 응답이 특히 흥미롭다. 북한이 많은 것(초등생 68.2%, 중고생 63.8%)은 당연한 턴데, 그 다음 순서가 초등생은 일본(16.8%), 중고생은 미국(11.1%), 러시아(7.0%), 중국(2.8%), 남한(2.4%)으로 가관이다(『경인일보』, 2008.8.22.). 나라들의 다채로움과 '모른다'도 7%니 한마디로 6·25에 대해 거의 무지상태라고 봐도 좋을 것이다. 전쟁 나면 동참하지 않겠다는 응답이 앞장서 싸우겠다는 답을 넘어선 것과 아울러 설문결과에 대해 시교육청은 충격이라고 난리들이지만 이 통계들은 비단 인천의 초중고 학생들에 국한되지는 않을 것이다. 아마도 전국도 비슷할 것이고 대학생들도 크게 어그러지지 않을 것이다. 2001년 1학기 인하대에 〈북한문학의 이해〉라는 강좌를 열었을 때의 일이다. 나는 정말 우스개 삼아 경의선이 어디에서 어디까지 연결된 철도인지를 물었다. 놀랍게도 아무도 대답하지 않았다. 적어도 북한지방에 관한 한 한국교육은 내가 다닌 초등학교 시절보다 후퇴했다. 우리 때는 분단 또는 6·25 이전의 북한지방에 대한 상식이 그런대로 풍부했던 것이다. 나는 그래서 그 강좌를 문학은 젖혀두고 북한에 대한 상식을 넓히는 일로부터 시작했다. 그 하얀 공간에 상식의 지도를 그림으로써 장차 조선민주주의인민공화국에 대한 '인식의 지도그리기'로 이어질 것을 기대했던 것이다. 이번 설문결과를 보면서 나는 북을 남의 상대로 의식하는 정신적 상태를 유지하는 훈련이 남쪽에서 광범히 일어나는 것으로부터 시민적 준비를 시작했으면 하는 간절한 생각이 떠올랐다. 예컨대 6·25에 대해서도 탈이념적으로 상식과 사실에 근거해 그 경과와 결과를 시민적으로 공유하는 상호학습이 종요롭다. 우리 세대가 받은 반공교육이 요즘의 무지보다 낫다고 할 수도 있다. 적대는 우호로 이동할 수 있지만 무지는 운동 자체를 봉쇄하기 때문이다. 이 자율적 훈련을 통해 남한/북한과 북조선/남조선이라는 서로 꺼리는 용어 대신 우리 스스로 남은 한국/북은 조선이라고 부르는 데까지 이르면 남북관계는 결정적 전기를 맞이할 것이다. 이때 종작없는 흡수통일론과 황당한 종북주의를 가로질러 한국과 조선이 하나이면서 둘인 남북연합이라는 대안에 한걸음 성큼 다가갈 터, 한국의 시민들이 먼저 조선에 대한 무서운 무지로부터 해방될 즐겁고 유익한 공부길을 곳곳에 만드는 것이야말로 이 난세를 건너는 가장 실효적 준비가 되지 않을까?

한미FTA 이후의 동아시아

미국산 쇠고기 5.3톤이 4월 23일 오전 인천공항에 도착했다. 광우병 파동으로 수입 금지된 지 3년 5개월 만에 미국쇠고기가 한국 식탁에 드디어 오르게 되는 것이다. 이번 수입은 일종의 견본용이어서 바로 한국시장에서 널리 유통되는 것은 아니지만 아마도 수개월 안에 본격적 상륙이 이루어질 것은 불을 보듯 환한 터다. 이번 재상륙은 물론 한미FTA 협상 타결의 즉각적 발동이 아니다. 그럼에도 그 영향 바깥이라고 단언하기도 어렵다는 점에서 이제 한국사회는 한미FTA의 자장 안으로 빨려들어가는 그 입구에 처해 있음을 상징적으로 보여주는 것이 아닐 수 없다.

정녕 4월은 가장 잔인한 달인가? 한미FTA협상 타결(4.2)로 국론이 갈려 뒤숭숭하기 짝이 없던 4월 16일 버지니아공대에서 총기난사사건이 터졌다. 이 사건이 한국에서 처음 보도되었을 때는 용의자가 중국계라는 설도 흘러나와 '또 불행한 사건이 터졌군!'하고 강 건너 불 보듯 내심 혀를 차는 수준을 넘지 못했다. 그런데 4월 17일 저녁, 마침 2014년

*서남통신, 2007.4.24.

아시안게임 인천 유치가 확정되었다는 소식 직후 그 사건의 용의자가 한국계 조승희라는 점이 알려지면서 버지니아공대사건은 아연 한국사회를 지배하게 된다. 대통령과 주미대사를 비롯한 공식적 차원의 애도와 사과는 물론이고 자발적인 민간 추도모임이 마치 열병처럼 번졌다. 그 효험 덕인지 미국사회는 이 사건을 어디까지나 이민을 잘 돌보지 못한 자신의 책임으로 껴안는 성숙한 자세를 보여주었다. 한미갈등의 새로운 불씨가 될지도 모르겠다는 애초의 예상을 깨고 이 경악할 사건은 오히려 한미 소통에 긍정적으로 기여하는 흥미로운 반어를 보여준 셈이다. 그럼에도 이 표면적인 봉합의 이면을 간과해서는 아니된다. 한국을 뒤덮은 애도의 물결로 이번 총기사건을 미국사회에 대한 진지한 성찰 기회로 삼는 일 또한 휩쓸려가고 말았다. 한미FTA에 대한 도발처럼 보였던 조승희 사건은 결과적으로 그 진정한 하부구조를 깔아주는 뜻밖의 효과를 발휘했으니, 때맞춰 이뤄진 미국산 쇠고기의 재상륙이 어찌 우연이기만 할 것인가.

한미FTA가 정식으로 작동하려면 넘어야 할 난관이 적지 않겠지만, 이미 문턱을 넘었다는 점을 나는 비통하게 접수한다. 노 대통령과 그 추진자들의 의지가 너무나 확고하거니와, 미국 또한 미국으로부터 이탈하여 독자적 권역을 구성하려는 기운이 증대되는 최근 동아시아의 동향에 비추어 볼 때, 한미FTA가 그를 제어하는 결정적 거점으로 되리라는 점을 잘 인식하고 있기 때문이다. 미국을 제외한 동아시아공동체 창설을 촉구하는 리콴유李光耀 전 수상이 버티고 있는 싱가포르는 물론이고 가장 충실한 미국 추종자임에도 FTA에 소극적인 일본을 돌아봐도 탈냉전 이후의 동아시아는 미국의 개입이 용이하지 않은 지역이었다. 아니 미국의 전통적 지배에 도전할 잠재적 역량을 풍부히 갖춘 미래의 대륙이 바로 동아시아가 아니었던가? 이런 판국에 미국이 한국을 얻은 것은 행운 중의 행운이 아닐 수 없다. 민주화가 진전되면서 미국의 우산으로부터 서서히 벗어나 (동)아시아와 소통하는 새로운 도정에 들어선 한국이 돌연 유턴하여 미국의 품에 안긴 셈이기 때문이다. 한국은 동아시아의 굴대다. 이 굴대가 헐거워지면 동아시아라는 바퀴살이 분해될 수도 있음을 감안할 때, 한미FTA는 미국의 보석이 될 공산이 크다. 과연 타결 직후 한국에 FTA제안이 답지한다. 일본도 중국도 EU도 허겁지겁 달려드니 미국은 가만히 앉아서 (동)아시아 내지 세계를 요리할 수 있게 된 셈이다.

더욱 염려되는 것은 한국사회의 흐름이다. 탈냉전 이후 한국사회에는 전통적인 미국추종을 반성하면서 동아시아 속에서 자신의 위상을 재정의하려는 새로운 지향이 동아시아론으로 집약되었다. 미국에 비판적인 동아시아론이 그렇다고 소비에트사회주의 또는 그 아시아적 변형태들을 따르는 것은 물론 아니다. 서양에서 기원한 자본주의와 사회주의를 격렬한 내전으로 겪은 한반도가 그 과정에서 잃어버린 우리 안의 아시아에 혀를 다는 집합적 작업을 통해 자타自他가 함께 구원되는 공생의 기획이 바로 동아시아론이다. 이 흐름을 일거에 돌려놓을 수도 있는 한미FTA는 동아시아론 또는 동아시아연대론에 대한 중대한 도전이다. 진부하지만 위기는 기회다. 설령 한미FTA가 관철되는 사태가 도래하더라도 이제 동아시아론은 끝났다고 한숨만 쉴 일은 결코 아니다. 근대 이전의 한중관계를 상기하라. 한미FTA보다 훨씬 지독한 장기지속 속에서도 한반도는 중국과 일본 사이에서 이렇게 살아있다. 찬성하든 반대하든 한미FTA를 괄호치고 사유와 실천을 전개하는 것은 이제 불가능하다. 차라리 잘된 일인지도 모른다. 미국에 대한 성찰을 괄호치는 동아시아론으로부터 미국을 제대로 대면하는 동아시아론으로, 새로운 사상적 · 실천적 모험이 요구되는 때다.

혁명의 서사, 평화의 서사

최근 평화국가를 주제로 한 토론회에 다녀왔다. 나로서는 처음으로 '평화'를 집중적으로 생각해 본 귀중한 모임인데, 그동안 우리 사회에서 '평화'는 그 중요성에도 불구하고 부차적 의제였다. 어린 시절의 기억을 더듬어보건대, '평화'는 '자유'와 짝을 이루어, 좀 우회적인 반공 포스터에 자주 등장하곤 했다. 이 문맥 속에서 그것은 6·25로 상징되듯이 피를 머금은 평화, 그러니까 평화가 아니다. 평화는 또 다르게 동원되었다, '우리는 한번도 남의 나라를 침략하지 않은 평화민족'이라는 담론으로. 이는 예전 귀에 못이 박히게 외운 '약소민족의 비애'라는 부정적 언사를 희화적으로 전복한 것인데, 우선 사실의 차원에서도 문제가 없지 않지만(예컨대 광개토대왕의 정복전쟁), 우리가 과연 평화를 사랑해서인지 아니면 힘이 없어서 그런지는 더 두고 볼 일이다. 한국이 강국強國으로 올라선 뒤에도 이웃나라들과 사이좋게 지낸다면 비로소 평화민족의 자격이 있는 것이니, 지금으로서는 시험되지 않은 언설에 지나지 않는다. 이처럼 평화란 말은 우리 사회의 주류적 문맥 속에서는

*서남통신, 2007.6.25.

미끄러진 채 사용되어 왔기 때문에 때로는 냉소의 대상으로 전락하기도 했던 것이다.

주류에 반란하는 저항세력에서는 그 대신 구국·투쟁·혁명·운동 등 역동적 계기가 움직이는 말들이 정통의 지위를 차지해 왔다. 대륙과 대양을 잇는 전략적 요충이라는 지정학적 위치로 말미암아 한반도는 자주 제국들의 이익이 각축하는 전장戰場으로 화한 바, 반침략전쟁 및 반제투쟁을 영웅적으로 이끈 구국의 서사가 중심축을 형성한다. 한편으로는 교차하는 외세와 적극적이든 소극적이든 결탁한 우리 안의 권력들에 맞서 유토피아를 꿈꾸는 혁명의 서사가 비등한다. 이 두 서사가 중심축을 구성하는 우리 역사상像 속에서 평화는 적절한 대접을 받지 못했다. 평화에 반대한 것은 아니지만 목전의 급박한 과제를 해결하는 것이 선차적인지라 평화는 경원敬遠당하기 일쑤였다. 죽산竹山 조봉암曺奉岩의 평화통일론은 아마도 유일한 예외일 것이다. 이승만 독재정권은 평화통일론을 친북용공으로 몰아 죽산을 1959년 처형하였으니, '통일'과 결합한 '평화'는 멸공통일이라는 정권안보용 구호가 서슬퍼렇던 1950년대의 현실 속에서는 한 정치가의 목숨을 담보할 만큼 파괴적이었던 것이다.

이처럼 실질적으로는 기피되었던 평화가 최근 한국사회에서 본격적으로 거론되기 시작했다. 민주진영 대신 평화개혁세력이란 말이 회자되기도 한다. 새로운 징후다. 이제 구국과 혁명의 시대는 끝났다는 뜻인가? 그런 뉘앙스로 사용하는 인사들도 없지 않지만 그보다는 이행하는 시대의 넋을 반영하고 있다고 파악하는 게 온당할 것이다. 이는 무엇보다 한국이 주변부에서 반주변부로 상승한 자신감의 자연스런 표출이 아닐까? 개혁정권들의 연속에도 불구하고 양극화로 상징되듯이 아직도 한국민주주의는 형성중이며, 6·15선언 이후에도 남북관계는 여전히 유동적인 상황에서, 구국과 혁명의 과제는 여전히 살아있다. 그럼에도 그것이 지금 우리 사회에서 예전 모습 그대로 유지되고 있다고 보기는 어렵다. 이제 민주주의를 일거에 역전시킬 급격한 반동은 일어나기도, 설령 일어난들 성공하기 어려울 정도로 우리 사회의 민주화는 도도한 대세를 이루었고, 한반도의 통일사업도 일시적인 우여곡절이야 고비마다 도사리고 있겠지만 그 이전으로 복귀하기는 쉽지 않을 전망이다. 바로 이 회색의 과도기에 평화담론이 종이에 물 스미듯 퍼지고 있다는 점에 진실로 주목할 때다.

혁명의 서사가 저항기에 속한다면, 평화의 서사는 건설기의 이야기다. 양자는 연속되면서 비연속이다. 후자는 전자에 경의를 표하면서도 비판적 재구성을 요구한다. 이 지점에서 민주주의에 대한 토크빌Tocqueville의 예리한 판단을 음미하자. "민주제도들은 평등에 대한 정열을 완전히 충족시키지도 못하면서 그 정열을 일깨우고 추어준다. 완전한 평등이 인민의 손 닿는 곳에 있다고 느끼는 순간, 그것은 그들의 손아귀로부터 날아가는데, 그 도주는, 파스칼Pascal이 말했듯이, 영원하다." 민주주의의 진화와 완전한 평등의 실현 사이의 틈새에서 오히려 불화가 부글거리는 이 역설을 어떻게 해결할 것인가? 차이를 지우려는 혁명의 서사와 차이를 인정함으로써 질서를 구축하는 평화의 서사, 양자의 회통이 관건이다. 난세亂世를 돌파하는 간웅奸雄의 결단과 치세治世를 이룩하는 능신能臣의 지혜를 조합하는 능력을 집합적으로 제고함으로써 현재 우리가 직면하고 있는 교착상태를 여하히 해결하느냐가 21세기 한반도의 운명을 가를 것이란 예감에 이마가 차다.

민주와 공화의 상호진화
― 6월항쟁 20주년에 부쳐

20주년을 맞아 6월항쟁이 첫 국가기념일로 되었다. 그럼에도 한국 사회는 목하 지리멸렬이다. 저항의 축으로부터 책임을 나누는 자리로 이동한 이후 한국의 운동은 위기에 함몰했다. 오랜 항쟁의 열매로 출현한 민주정부들의 행진이 오히려 운동을 해체하는 이 반어는 이미 예견된 것이었다. '현명한 실패'속에 단련되었지만 막상 나라를 경영할 실력은 충분치 않은 '허약한 성공'이라는 특성이 정부와 운동 양측을 제약했던 것이다.

이 공백 사이로 뉴라이트new right가 흥기한다. 진보세력의 전유물이었던 운동이 보수로 전이된 이 역전은 솔직히 해학적이다. 아다시피 보수는 운동하지 않는다. 보수는 유연성이 무기이기 때문에 굳이 운동을 조직할 필요가 없다. 그 중심성이 과도하게 경직되면 아래로 약간 숨통을 터놓으면 그뿐이다. 이런 보수가 운동에 나서다니, 이는 거꾸로 보수의 위기를 단적으로 드러내는 것이다.

그렇다고 이를 과소평가하는 것은 사태에 제대로 직면하는 일이 아

---

* 『플랫폼』 4호, 2007.7/8.

니다. 운동으로 표출된 보수의 위기는 운동으로부터 퇴각한 진보의 위기가 불러왔다고 해도 좋다. 현재 뉴라이트에서 활동하는 인사들 가운데는 왕년의 진보세력이 적지 않다. 새로운 상황에 즉하여 운동을 쇄신함으로써 개혁과 통합이라는 두 기둥을 축으로 진보를 재구축하지 못한 취약성으로 말미암아 진보세력은 분열에 분열을 거듭한 것이다. 요컨대 위기의 진보와 위기의 보수는 교착상태의 한국사회에서 배태된 쌍둥이인지도 모른다.

한국사회는 현재 '나쁜 교착상태'(김종엽)에 빠져있다. 전통적 민중운동을 대신하여 약진한 시민운동은 한때 대안으로 각광받았다. 구멍 뚫린 거대담론을 농하는 작풍作風 속에 억압된 작은 이야기들을 호출함으로써 운동 자신을 갱신한 시민운동의 공은 결코 작은 것이 아니다. 그런데 한국의 시민운동은 안착하는 순간, 성공 이후의 문제에 노출되는 기묘한 상황에 봉착하였다. 시민운동 지도자들 일부가 기성 정치권으로 흡수되는 문제는 차치하고라도, 시민 없는 시민운동의 활개 속에 시민단체 또한 이제는 또 하나의 진지로 자리잡은 터다.

이 와중에 애매하게도 6월항쟁이 도마에 오르곤 한다. 한쪽에서는 교착의 근원을 6월항쟁 탓으로 돌리면서 그 극복을 외친다. 6·29선언이라는 신군부의 예방혁명에 말려들어 항쟁을 중단함으로써 진정한 민주화의 실현이 지연되었다는 것이다. 6·29 이후 양김씨의 분열로 결국 노태우 씨가 대통령으로 당선된 것을 상기하면 일리가 없지 않다. 그리고 양김씨의 분열이 지금도 운동 또는 진보 내부의 분열에 일정하게 영향력을 행사하고 있다는 점에서 더욱 그렇다. 그럼에도 6월항쟁의 획기성을 폄하할 수는 없다. 비록 제한된 승리를 거둔 채 중단되었다고 할지라도 항쟁 이후 한국사회에서 민주화의 진전은 이미 거스를 수 없는 대세로 되었던 것이다.

또 한쪽에서는 6월로 돌아가자고 호소한다. '독재타도, 호헌철폐'라는 단순하고도 명쾌한 구호 아래 3·1운동의 재현이라고 해도 지나치지 않은 대중을 결집시킨 6월항쟁은 분열에 허덕이는 진보세력의 현재에서 보면 꿈같은 일이다. 그러나 아무리 간절해도 이는 몽상이다. 우리는 다시 6월로 돌아갈 수 없다. 설령 돌아간들 그것이 6월항쟁을 진정으로 계승하는 일이 될성싶지 않다. 새 술은 새 부대에! 변화한 세상, 달라진 사람들을 곡진히 살피면서 운동의 혈로를 탐색하는 집합적 노력이 요구된다.

먼저 우리 각자가 딛고 사는 삶의 터전으로부터 운동을 아래로부터 재조직하는 작업이 종요롭다. 지구화의 물결 속에 국민국가의 경계 안팎에서 의미있는 변화가 일어나고 있다. 밖으로는 지역화regionalization, 안으로는 지방화localization가 동시에 진행된다. 안팎에서 불어오는 변화의 바람을 자상히 독해하면서 인천이라는 지방과 동아시아라는 지역을 매개하는 중심고리로서 나를 어떻게 발견하여 우리로 들어올릴 것인가, 이것이 문제다. 나 중심의 민주와 우리 중심의 공화가 상호진화하는 과정에서 보수와 진보를 가로지르는 중도가 스스로 드러날 것인데, 그곳에서 나쁜 교착상태에서 벗어날 희망을 찾는 것이 항쟁 20주년을 맞는 보람이 되지 않을까?

젊은이를 살리자

2006년이 저문다. 바야흐로 성찰의 때가 다가오고 있다. 동트는 기상도 장하지만 황혼은 황혼대로 웅숭깊어 사람과 만물이 함께 그리고 각각 자기본질로 회귀하는 드문 기회가 되기도 하거니와, 이 귀한 시간의 도래에도 불구하고 여전한 소란 속에 2006년이 제대로 저물지를 못하니 딱한 일이다. 올해는 공교롭게 애동지다. 애동지 든 해는 나라에 근심이 많다는데 2007년이 벌써부터 걱정이다.

대통령의 발언으로 가뜩이나 팥죽 끓듯 하는 정치권이 소연騷然하다. 나라 권력의 향방을 놓고 벌써부터 '진흙밭의 싸움개' 형국을 짓고 있는 판에, 불에 기름을 부은 격이 되었다. 가난한 집에 제사 돌아오듯 선거는 왜 그리 자주 닥치는지, 세종 임금을 복제할 수 있다면 하는 엉뚱한 공상에 우세스럽다. 현 정치판이 오작동을 그치지 않으니 지역주의가 야금야금 부활하는 조짐을 보이더니만 급기야 이제는 아니 보리라 여겼던 옛 대통령과 구정객이 회동하는가 하면, 전 낙선자까지 이순신 장군의 비장한 어록을 방패로 나서니 우리 장군님이 참으로 불쌍타.

*창비주간논평, 2006.12.17.

죽은 혼들을 하나하나 불러세우는 최근 정치판의 난맥을 보건대, 특히 여당과 청와대의 엄숙한 자기성찰이 그 무엇보다 요구되는 것이다. 그런데 대통령이 의도적이든 비의도적이든 권력투쟁적 쟁론을 야기하는 것은 오늘날 우리 사회가 당면한 어떤 위기를 염두에 둘 때 결코 적절하다고 보기 어렵다.

요즘 한국사회는 예전의 활력을 잃었다. 체감경기의 냉기도 일정하게 작용했겠지만, 꼭 경제에만 돌릴 일은 아니다. 안으로 고요히 정제整齊되어가는 품이 장기불황의 늪에 빠졌던 '잃어버린 10년' 시대의 일본사회를 보는 듯한 것은 나만의 착각일까? 우리 젊은이들의 진로선택의 세태가 그 경향을 단적으로 보여준다고 해도 좋을 것이다.

근대 이후 유구한 전통으로 된 법대·의대 바람이 요즘은 더욱 심해졌다. 의대의 경우, 이제는 한의대와 수의대까지 합쳐 온통 법석이다. 그럼에도 정작 서양의학의 꽃이랄 일반외과는 3D업종으로 몰려 내리막이고 기초의학 분야 특히 해부학은 지원자 기근이 심각한 반면, 외모중시 세태를 딛고 성형외과가 문전성시고 애완동물 붐을 타고 수의사가 인기직종으로 부상하였다.

이과 인재들을 방대한 의대군群이 독점해버린 셈인데, 문과 인재들은 법대가 다 거두어간다. 이제는 비법대생들도 사법시험을 비롯한 각종 고시에 매달리고 있어, 마침내 전대학의 법대화라는 위업 달성을 목전에 둔 형국이다. 이에 더하여 사대·교대 바람이 새로이 불고 있다. 우수한 인재들이 교단에 몰리는 현상은 우리 교육의 미래를 위해 일단 환영할 만한 일이다. 그럼에도 거의 열풍이라고 해도 지나친 말이 아닐 이 풍조의 내면에는 안정의 희구라는 현실주의도 복재伏在하고 있어 마냥 긍정적이지만은 않다.

왜 우리 젊은이들이 패기를 잃었을까? 창조적 도전보다는 직업적 안전을 최우선으로 삼는 이 도저한 현실주의를 질타하는 것은 그를 해결할 현실적 길이 아니다. 청년실업 문제에 깊은 책임을 자각해야 할 자는 기성세대 그 자신이기 때문이다. 무엇이 젊은이들을 그 세대의 명예로운 자부심의 핵심인 창발적 모험의 길을 회피하고 차가운 안전망으로 투신하게 부추기는가?

아무래도 한국사회의 유연성이 현저히 떨어진 것과 무관한 듯싶지 않다. '이랑이 고랑 되고 고랑이 이랑 된다'는 속담이 보여주듯 그동안 한국사회는 교육을 매개로 한 신분이동의 가능성이 비교적 열려 있는 폭이었다. 그런데 최근 들어 특히 IMF사태를 고비로 중간층이 하향분해되면서 이랑과 고랑의 분할이 고착되는 경향이 뚜렷해졌다. 어떤 부모 밑에 태어났는가가 아니라 그의 능력과 노력 여하에 따라 자신의 삶의 질이 결정되는 사회탄력성의 저하가 오히려 민주화 이후 심화된 역설이 홍미롭다.

사회적 유연성의 결과로서 성립한 민주화가 거꾸로 그 모태를 갉아먹는 반어적 상황을 곰곰이 살피건대, 핵심은 개발독재 모형을 제대로 극복하여 새 시대에 걸맞은 새로운 사회모형을 광범한 토론 속에 구축하지 못한 집합적 나태에 있음을 절감하게 된다. 이 지체와 간극 속에 과거의 망령들이 백주에 출몰하여 살아 있는 영혼과 육체를 푸닥거리한다. 단돈 백만원 들고 재벌로 뛰어오르는 보나파르트의 시대가 어느 틈에 끝났음을 온몸으로 눈치챈 젊은이들은 절망으로 삭힌 분노 속에 현실주의로 탈주한 것이다.

청년의 현실주의는 한 사회의 미래를 박탈하는 독이다. 노인이 지배하던 왕조시대에도 젊은 선비의 원기를 소중히 배려했음을 상기할 때,

우리 사회에 만연한 청년의 침묵하는 분노가 찬 체념으로 전락하기 전에 그들의 창조적 도전이 꽃피울 수 있는 전반적 사회개혁에 중지를 모아야 한다.

어린아이에게 팥죽을 먹이지 않는 애동지가 올해 든 것은 아마도 그 경고인지도 모르겠다. 모쪼록 새해에는 만인의 만인에 대한 정치투쟁을 넘어서 모든 대립이 상호진화하여, 젊은이를 살리는 새 사회 건설의 청사진을 마련하는 그런 희망의 대토론이 아래로부터 각계각층에서 조직되기를 간절히 기원한다.

공화共和의 뜻

모든 정당이 참여하는 정책협의회를 구성하자는 민주노동당의 제안을 우리당과 한나라당이 수용했다는 보도가 나온다. 참으로 오랜만에 듣는 나쁘지 않은 정치뉴스다. 진흙밭의 싸움개들 모양, 줄기차게 공방을 계속하며 국민들을 짜증나게 하던 우리 정치가 이제 좀 본령으로 돌아가려는가? 국민을 염려해야 할 정치가 오히려 국민의 염려를 받는 꼴에서 벗어날 일대 계기가 되었으면 하는 바람이 슬그머니 솟는다.

"대한민국은 민주공화국이다." 이 구절은 우리나라의 국체國體와 정체政體를 뚜렷이 밝힌 헌법 제1장 제1조다. 민주화가 더 이상 독재로 회귀하는 불행한 사태가 거의 불가능해진 이제, 공화국의 뜻을 다시 새길 때가 되었다. 인민 또는 국민에 주권을 두는 민주주의는 파당의 정치로 타락할 위험을 항시 지니고 있다. 정당을 뜻하는 party가 부분을 의미하는 part에서 유래했다는 점을 염두에 두면 정당정치란 본디 왕년의 당쟁黨爭과 그리 먼 곳에 있지 아니한 것이다. 정당이 보스 중심으로 운영됨으로써 근대적 제도로서 잘 연마되지 못한 한국에서는 그런

*다산포럼, 2005.2.22.

성격이 더욱 심했던 터다. 노무현정부의 출현은 바로 5·16 이후 무려 반세기 동안 고착된 무쇠뚜껑을 열어버린 사건이다. 박정희·김영삼·김대중으로 대표되는 보스정치의 총퇴장 이후 한국사회는 맘껏 자유를 구가하면서 '만인의 만인에 대한 싸움' 상태로 급속히 빠져들었던 것이다.

이 분열을 치유할 길은 공화에 있다. 그럼에도 한국에서 공화는 이중으로 기피되었다. 북한의 정식 국호는 조선민주주의인민공화국이지만, '공화국' 또는 '인공'으로 약칭되곤 해서 내면화한 반북정서가 공화에 대한 천착을 지연시킨다. 그런데 공화당으로 약칭되곤 한 한국의 민주공화당도 한몫 거든다. 5·16쿠데타로 집권한 이후, 4월혁명을 추억으로 격하하면서 강력한 군부통치를 편 박정희독재와 한몸을 이룬 민주공화당의 망령이 역시 한국에서 공화라는 말에 대한 간과를 부추긴다. 그뿐인가. 미국의 공화당이 있다. 북한을 악의 축으로 지목함으로써 한반도와 그 주변을 유동성의 위기로 몰아가는 부시공화당정부는 한반도 평화구축에 결정적 이정표를 세운 6·15선언을 휴지로 만들고 싶어한다. 한국정부를 윽박지르며 노골적인 반북 캠페인을 벌이는 부시정부 때문에 최근 한국에서 공화라는 말의 인기는 더욱 떨어졌던 것이다. 이처럼 '공화국' 북한이란 존재와, 한때 막강했던 또는 지금도 여전히 강력한 한국과 미국의 공화당들이 던지는 껄끄러운 이미지들이 복합적으로 작용하면서 공화에 대한 우리의 사고를 정지시켜 왔던 것이다.

민주화의 과실로 심화되는 평등주의적 경향성 속에서 이기주의에 기초한 파당주의로만 치닫는 이 사태를 치유할 길은 어디에 있는가? 예전의 독재 또는 보스정치로 돌아가는 것은 바람직하지도 않을 뿐 아니라 가능하지도 않다. 민주주의를 포기하지 않으면서 그 분파성을 극복하고 공공선에 대한 충성을 토대로 국민을 다시 통합하는 공화의 정신을 재건하는 것이 관건이다. 공화국을 지칭하는 republic은 공공적인 것을 뜻하는 public에서 유래했다. 공동체에 대한 충성을 핵으로 삼는 공화국이란 분화의 연쇄를 무한대로 이끌 수도 있는 민주주의를 구원한다. 모쪼록 정책협의회의 구성이 나라 안팎의 도전을 슬기롭게 극복할 국민통합의 기관차 즉 공화의 원리를 새롭게 실현하는 창조적인 실험실로 자리잡기를 기원한다.

2부

중형국가의 길

물고기가 변해 용이 되다

— 2018 판문점 회담에 부쳐

가파르기 짝이 없던 한반도정세가 평창올림픽을 고비로 돌아서 급기야 4·27선언에 도착했다. '완전한 비핵화'를 명기한 '새로운 평화의 시대'를 선포한 데 화답하듯 3천여 명의 국내외 기자들이 구름같이 모인 메인 프레스센터가 장관이다. 남과 북이 미·중은 물론 일본에조차 박대받던 게 바로 엊그젠데, 사람이고 국가고 스스로 모욕한 뒤 남의 모욕을 받는다는 옛말 그대로다. 남북 불화의 틈에서 활개치던 불법 중국어선도 서해 NLL(북방한계선)에서 자취를 감췄단다. 남과 북이 서로 존중하니 온 세상이 우리를 존중한다.

이명박정권 이래 지속된 반북공세로 우리 품을 떠난 한반도문제가 내재화로 회귀하기 시작했다. 장소 덕도 봤다. 이전처럼 평양이었더라면 오고가고 번거로움이 적지 않았을 터인데 판문점板門店에서 회동하니 저절로 간편해서 더 성과적일 수 있었던 것이다. 판문점의 주소가 흥미롭다. 주소가 두 개다. 북한 주소는 황해북도 개성특급시 판문점리고 한국 주소는 경기도 파주시 진서면 어룡리. 원래는 경기도 장단군

---

* 『경인일보』, 2018.4.30.

長湍郡이었다. 장단콩으로 겨우 이름을 알리고 있지만 장단군은 분단체제 최대의 피해자다. 38선으로 군 자체가 남북으로 분할되고 전후에는 거의 전지역이 민간인통제구역으로 묶였으니, 팔자도 기박하다. 그런데 그 어둠 속에서 빛이 돋았다. 휴전회담장이 개성 내봉장來鳳莊에서 널문리로 옮겨오면서(1951.10.) 판문점이 전쟁을 구원한다. 길고 지루한 담판을 거쳐 드디어 1953년 7월 27일 오전 10시 휴전협정이 조인되었다. 비록 불완전할망정 3년에 걸친 참혹한 전쟁이 중지되었다.

판문점이 다시 한반도를 구원한다. 휴전 이후 군사정전위원회 회담장으로 재설정된 채 민간인에게는 거의 망각된 공동경비구역JSA에 빛의 축제가 쏟아졌다. 문재인 대통령과 김정은 국무위원장이 손잡고 그 군사분계선에서 '월남'과 '월북'을 시연함으로써 판문점 이데올로기가 햇볕 아래 드러난 바, 미 CNN이 '누들외교'라고 예찬한 평양냉면까지 거들어 휴전협정 65주년 만에 정전을 종전으로 이끌 4·27선언이 탄생한 것이다. 자신의 고통을 만인의 기쁨으로 주조할 기적을 연출한 판문점 주소가 예사롭지 않다. 어룡리, 물고기가 변해 용이 된다. 우리나라가 어변성룡魚變成龍할 길지가 분명타.

흔히 한국의 경제적 성공을 '라인강의 기적'을 빗대어 '한강의 기적'이라고 일컫기도 하지만 엄중한 군사지역으로 묶여 통행조차 금지된 하구를 지닌 한강은 기실 한 일이 없다. 나는 재작년에야 강화 북단 연미정燕尾亭에 올라 처음으로 임진강과 한강이 합류하는 한강 하구를 보았다. 만시지탄晩時之歎 속에 새삼 고장난 한반도의 허리를 상기했다. 판문점 선언은 그 치유책이다. 특히 "서해 북방한계선 일대를 평화수역"으로 조성하겠다는 조항이 주목된다. 10·4선언(2007)의 '서해평화협력지대'보다 나아간 바, 바로 NLL이 직접 인용되었기 때문이다. 철도와 도로가 이어지는 것과 함께 평화수역이 설치된다면 백령도를 비롯한 서해 5도가 고립된 최전선에서 남북협력의 상징으로 변신할 날도 머지않다. 한강 하구도 기지개를 켤 것이다. 남북연락사무소가 설치될 개성까지 염두에 두면 인천과 경기도는 남북협력의 최고 실험실로 떠오를 터, 악마는 디테일에 숨어있다. 과연 경인지역이 곳곳에 웅크린 악마들을 다스리고 어변성룡할 준비가 되어있는가?

북중국경의 철조망

지지난달 연변의 훈춘을 방문했을 때다. 방천防川 가는 길에 일행은 권하圈河 통상구 입구를 조금 지나, 북의 나진·선봉특구로 직통하는 대교를 보기 위해 어느 조망점에서 내렸다. 80여년 전 일제에 의해 건설된 이 다리는 중의 권하와 북의 원정리를 잇는 것인데, 나진항까지 거리가 53.5㎞란다. 함경북도의 머리부분이 좁은 걸 감안해도 뜻밖에 가깝다. 알다시피 최근 중국은 동해(이번에 다시 확인한 것이지만 중국은 우리의 '동해'를 '일본해'로 부른다. 이 바다의 이름을 둘러싼 한일 다툼에 현재 중국은 일본 편인 것이다.)로 빠지는 출구를 찾는 일에 골몰하고 있다. 두만강 하구에서 동해로 나가는 길목이 방천이라면 권하는 두만강 건너 동해로 가는 육로 최단最短 통로의 목이다. 북중교역의 중심축으로 급히 부상하고 있는 최근 사정을 반영하는 듯 훈춘 시정부는 새 다리를 건설할 계획이거니와, 방천과 권하, 동해안 출구로 가는 두 포인트를 갖춘 훈춘이 창지투(창춘長春—지린吉林—투먼圖們)개발의 창구로 나서고 있는 것이다.

*서남뉴스레터, 2013.8.12.

이러구러 버스에서 내려 권하다리를 비로소 직접 견문하게 되는 설렘으로 조망대로 나아가다가 나는 깜짝 놀랐다. 아니, 한국에서 눈에 익은 철조망이 앞을 가로막는 것이 아닌가. 안내자에게 물으매 이런 철조망이 최근, 압록강 하류에서 두만강 상류까지 거의 촘촘히 들어섰다는 것이다. 북중국경을 지키는 중국군이 지방군에서 중앙군으로 교체되었다는 소식을 들은 게 몇 년 전인데, 이번 철조망 조치는 한걸음 더 나아간 것이다. 물론 북한 쪽에는 철조망이 없다. 이 비대칭성은 북중국경이 주로 중국 쪽에서 점점 엄중해지는 추세를 웅변하는 것이니, 중국이 북한 내지 한반도의 현상변경 가능성을 보다 염두에 두고 있다는 복합적 증표일지도 모른다.

투먼에 처음 왔을 때가 상기도 생생하다. 두만강 건너 북한의 남양을 바라보는 감회야 말할 나위 없지만, 나는 비로소 국경다운 국경을 목격한다는 느낌에 한편 부풀던 것이다. 남한 국민은 나라 안에서는 국경을 본 적이 없다. 삼면이 바다로, 그리고 북쪽은 국경 아닌 국경인 휴전선으로 막혔는데, 민주화 이후 좀 완화되었어도, 한국은 여전히 사면이 철조망과 철책선으로 둘러싸인 외로운 섬에 진배없다. 그러니 국경이 그 양쪽을 가르는 경계라기보다는 양안을 잇는 접촉권역이란 점을 깨닫게 해준 북중국경의 평화는 국경에 대한 나의 관념을 괄목케 한 원점으로 되었던 터다. 그뒤 방문한 방천은 더 인상적이었다. 북한·중국·러시아, 세 나라 국경이 오순도순 모인 방천 역시 지극히 평화로웠다. 물론 중러 국경에는 왕년의 갈등을 상징하듯(중소대립이 절정으로 치닫던 1969년 3월 두 나라는 국경에서 무력충돌한 바 있다.) 울창한 숲속으로 은신한 철책선이 가로지르고 있었지만, 겉으로는 지극히 평온했다. 정말로 강물 같은 평화가 유유하던 것이다. 때마침 러시아 쪽에서 북한 쪽으로 서서히 움직여 스르르 국경을 넘는 기차가 자아내는 풍정이란 얼마나 매혹적이던지. 이번에 다시 방문한 방천도 예전만 못했다. 상업화와 국가화가 손잡고 행진중이었다.

귀국한 뒤 중국이 6·25를 '항미원조전쟁抗美援朝戰爭'이란 이름 대신 '조선전쟁Korean War'으로 부르기 시작했다는 보도를 접했다. 주목할 일이 아닐 수 없다. 이번에 연변에서 들은 이야기가 생각난다. 북에서 핵실험했을 때 연변이 지진난 듯 흔들린 곳이 적지 않았다는 이야기다. 뭐라 해도 친북적인 연변동포들이 북핵에 대한 반대를 뚜렷이 세운다는 느낌이다. 소련이 중국의 핵기술 이전을 거절한 것이 중소대립의 시작이라는 분석을 참고컨대 북핵도 유사한 후과後果를 낼지도 모르거니와, 최근 내한한 중국 지식인들이 중국에 나쁜 영향을 미칠 한반도의 분열과 혼란보다는 이 지역에 근본적 평화를 가져올 한반도 통일을 지지한다고 한 발언도 외교수사만은 아닌 듯하다. 확실히 북중관계가 보통국가관계로 이동중임을 짐작하겠다. 이런 진화가 꼭 나쁜 것만은 아니다. 특수보다 보통이 좋다. 사실 동북아의 문제는 한국·북한·중국·일본, 이 네 나라의 관계들이 너무나 특수해서, 또는 특수하게 여겨서, 발생하는 측면도 없지 않기 때문이다. 그렇다고 북중관계가 변모중이란 점을 아전인수我田引水로 과장하여 북을 밀어붙이는 노릇 또한 한심한 일이다. 아무리 북중관계가 예전 같지 않아진다 하더라도 중국이 반북으로 돌아서지 않을 것이란 예측은 대세다. 북중국경의 철조망이 지니는 복합적 정치성을 깊이 음미할진대, 이 미묘한 때의 이 미묘한 국면을 활용하여 남북관계의 악순환을 끊을 절호의 기회로 삼는 것이 지금 우리에게 요구되는 현실주의이자 이상주의임을 삼가 새기며, '철조망 너머'의 세상을 묵상한다.

‘한중 인문유대’ 관견

예서제서 ‘인문유대’ 이야기가 들린다. 한 · 중이 공유하는 문화자산을 기반으로 한 민간교류를 심화함으로써 수교 20주년(2012)을 즈음하여 오히려 경색된 한중관계를 타개할 열쇳말로 떠오른 인문유대는 외손뼉이 아니라는 점이 우선 주목된다. 전문한 바에 의하면 한국에서 먼저 제안하고 중국이 화답하는 과정을 거쳤다는데, 애초에는 ‘인문동맹’이었다는 것이다. ‘한중 인문동맹’? 이는 사실 과하다. 인간 또는 사회의 지극한 밝음을 지향하는 인문의 이상을 상기할 때, 정치 · 군사적 측면이 우선되는 동맹은 인문과 상호배제적이기조차 하다. 하여튼 대화를 통해 두 나라가 ‘한중 인문유대’에 합의한 점은 새로운 20년을 향해 출범하는 한중관계의 미쁜 바탕을 마련한 것으로 평가해도 좋겠다.

이명박 정권의 한미동맹 일변도가 한중관계의 악화를 야기한 점은 널리 인정될 바, 중국언론이 ‘정냉경열’政冷經熱(경제는 뜨거운데 정치는 차갑다.)이라고 비판해도 할 말이 많지 않다. 최근 한중관계를 요약하고 있는 이 말을 좀 더 직설적으로 풀면, 한국이 장사는 중국에서 하면서

*창비주간논평, 2013.9.25.

정치·군사는 미국과 짝짜꿍한다는 것이다. 이 이중성은, 무슨 현학적인 정치외교이론을 끌어다 붙일 것도 없이, 한마디로 부끄럽다. 한미동맹과 한중관계의 조화라는 박근혜정부의 외교목표 아래 제출된 한중 인문유대는 이 점만으로도 염치의 회복이라고 할진댄, 요는 인문유대가 단지 수사修辭로 떨어지지 않도록, 나아가 '동맹'을 교정할 실질적 기틀로서 작동할 수 있도록, 그 안팎을 자상히 살필 일이다.

연변대 동포학자의 지적이 떠오른다. 내실화의 요구로 제기된 인문유대가 제대로 자리잡기 위해서는 그 장애요소들에 대한 냉철한 분석이 이루어져야 한다는 것이다. 돌아보건대 두 나라 사이에는 역사문제를 비롯해서 탈북, 북핵, 혐한嫌韓 등등, '공자왈 맹자왈'의 인문으로 쉽게 가릴 수 없는 지뢰밭이 널려있는 형편이다. 교류가 확대되면 관계도 저절로 좋아지리라는 기능주의에 대해, 핵심은 역시 정치가 풀려야 한다는 신기능주의가 대립한다는 정치학의 훈수를 감안하면, 인문유대가 인문주의라는 기능주의로 한정되는 것에 대한 경계가 절실하다. 그 거대한 베이징올림픽(2008)의 모토가 '녹색올림픽' '과학올림픽'과 함께 '인문올림픽'인 점을 감안하면 중국의 '인문'이 가리키는 바가 혹 대국의 꿈에 봉헌된 일종의 장식이 아닐까 하는 의구심이 들기도 하던 것이다.

인문유대가 그저 '정냉경열'의 문화버전으로 떨어지는 것을 막기 위해서도 정치협상이 반듯이 요구되거니와, 그렇다고 정치협상으로부터 시작하자는 것은 물론 아니다. 난제를 앞세우는 것은 깨자는 것과 다름없기 때문이다. 민제民際적 교류를 축으로 삼는 낮은 단계의 유대로 시작해서 어느 정도 신뢰가 축적되면 정치협상을 가동하는 게 순리가 아닐까 싶다. 이러구러 양자를 병행하다가, 구극에는 한중 인민이 정치적

이상을 함께 실천하는 높은 단계의 유대로 나아가면 금상첨화錦上添花가 따로 없을 터이다.

그렇다면 낮은 단계의 인문유대를 인문주의가 아니라 옳은 정치로 가는 출발로 삼을 공리公理는 무엇인가? 문화유산의 공동성에 기초한다는 상식을 존중하되 그보다는 차이에 더욱 주목하면서 유대를 추구하는 방향이 어떨까 싶다. "학습의 적은 자기만족"이라는 마오 쩌둥毛澤東의 말을 빌 것도 없이, 공동성의 발견은 한중 사이에서는 특히 오해와 제휴할 자기만족에 그치기 십상이다. 한중 사이에는 너무나 많은 공동성, 공통성, 동일성이 존재한다. 이 목록을 지루하게 확인하는 것은 재미도 적을뿐더러 영접해야 할 타자성을 지우는 어리석음을 범하기 쉬운 일이 될 터인데, 공동성이 아니라 차이를 교류의 축으로 삼는 발상의 전환이 종요롭다. 물론 그 차이는 왕년의 식민주의와는 절연한다. 배타와 지배의 구실이 아니라 상호이해로 인도하는 차이, 그리하여 발견 자체가 상호무지를 확인하는 기쁨이 되는 그런 차이야말로 어떤 분쟁에도 불구하고 한중관계를 반석으로 받칠 민제적 화해의 지렛대로 될 것이다.

인문유대를, 확인해야 할 과거가 아니라 함께 창조할 미래로 투기投企할 때 한중관계가 특수의 딜레마에서 벗어나 비로소 보통의 지평으로 들어올려지겠거니와, 그때 인문유대가 중·미만 중시하는 대국외교, 북을 포위하는 반북연대, 일본을 배제한 반일연맹, 그리고 무엇보다 남북관계 및 국내정치의 실패를 보전補塡하는 대체제로 전락하는 것을 막을 창조적 도구로 될 터이다. 내치를 보호하는 게 외교다. 한국인의 중국관을 심화하는 과정에서 우리를 다시 볼 계기가 될 한중 인문유대의 구극 역시 한국사회가 남북관계의 진전을 바탕으로 더 자유롭고 더 평등하고 더 우애로운 공동체로 진화하는 데 있을진대, 과거가 우리의 현재/미래를 간섭하게 허용하지 말자.

2012년을 보내며

대만의 총통선거(1.14)로 시작된 2012년의 지구정치가 한국의 대선(12.19)으로 막을 내렸다. 처음과 마지막이 모두 여당의 승리로 귀결된 점이 상징하듯, 올해의 정치는 보수가 대세다. 물론 미국 대선(11.6)에서 민주당이 승리한 바지만 이는 교체라기보다는 승계에 가깝거니와, 이 점에서 사회당이 17년 만에 정권을 탈환한 프랑스 대선(5.6)이 진정한 의미의 권력교체라고 하겠다. 예상 밖의 지구민심地球民心이 아닐 수 없다.

돌이켜 보건대 작년은 격동기였다. '아랍의 봄'으로 시작하여 동일본 대지진을 거쳐 월가점령시위라는 '미국의 가을'로 굽이치는가 하더니, 어느 틈에 김정일金正日 위원장의 죽음(12.17)으로 엄습한 '평양의 겨울'로 마감한 2011년은 마치 전야前夜와 같았다. 그래서 무려 60개국에서 치러질 선거가 기다리고 있던 올해는 무언가 획기적인 정치 변화가 도래하지 않을까 하는 전망을 지니게 됨이 자연스러웠다. 결과는 개혁 진보의 패퇴다.

---

*서남뉴스레터, 2012.12.26.

동북아시아로 좁히면 더욱 기이하다. 태자당太子黨의 전성기라고 할까. 총선(6.28)에서 민주당이 승리함으로써 수평적 권력교체에 성공한 몽골을 제외하고, 지역정치는 마치 왕조의 부활인 양, 2세/3세의 활갯짓이다. 일찍이 김정은金正恩이 권력을 승계한 북한을 필두로, 중국에서는 시진핑習近平이 총서기에 오르고(11.15), 일본은 총선에서 압승(12.16)한 자민당 총재 아베 신조安倍晉三가 차기 총리를 예약한 상태고, 한국에서는 아시다시피 박근혜朴槿惠 후보가 승리하였다(12.19).

태자당이란 상해파上海派·공청파共青派와 함께 중국의 과두지배블럭을 구성하는 한 축으로, 혁명원로의 자제그룹이다. 공신의 후예인 태자당과 자수성가한 공청파의 경쟁을 기본으로 하는 중국공산당의 정치는 조선왕조로 치면 훈구파勳舊派와 사림파士林派의 대립에 비길 수 있는데, 일종의 조정역을 맡은 상해파의 존재로 3파가 균형을 취하는 점이 절묘하다. 이번에 최고권력에 오른 시진핑은 시중쉰習仲勳(1913~2002)의 아들이다. 1926년 공산주의청년단(공청단)에 가입한 후 줄곧 혁명에 헌신한 시중쉰의 삶은 파란만장했다. 중화인민공화국 출범(1949) 이후 국무원 부총리(1959) 등의 요직을 거쳤으나, 1962년 반당분자로 숙청, 다시 문화대혁명으로 투옥, 고난의 세월을 보냈다. 문화대혁명의 종언으로 복권된 그는 1978년부터 광둥성廣東省에서 봉직하며 개방론을 취함으로써 덩샤오핑鄧小平(1904~97)시대의 물꼬를 텄다. 그리하여 1981년 중앙 정치로 화려하게 복귀한 시중쉰은 전인대 상무위 부위원장(1988)을 비롯한 직책을 두루 역임하는 만년을 누렸던 것이다. 물론 아버지의 정치적 부침에 따라 곤란을 겪지 않은 것은 아니로되 8대 혁명원로의 아들 시진핑은 태자당 중의 태자당이다.

그런데 공교롭게도 동북아 네 나라의 최고지도자가 모두 태자당이다. 김정은 국방위원회 위원장과 박근혜 당선인의 아버지가 누구인지는 굳이 말할 필요도 없거니와, 아베 신조 총재의 집안도 뜨르르하다. A급 전범으로 전후 보수정치를 이끈 기시 노부스케岸信介(1896~1987) 총리가 외조부요, 외상을 지낸 아베 신타로安倍晉太郎(1924~1991)가 아버지니, 집안의 혜택이 듬뿍이다. 아버지의 비서로 정치에 입문, 아버지의 지역구, 야마구치현山口縣(옛 조슈번長州藩)의 시모노세키下關를 물려받은 다선의원으로 이제 두번째 총리에 오를 아베 총재는 그래서 역경을 모른다. 그의 이름에 든 '신晉'은 다카스기 신사쿠高杉晉作(1839~67)에 대한 경의의 표현인데, 막부에 의해 처형당한 요시다 쇼인吉田松陰(1830~59)의 고제로 스승의 뒤를 이어 토막討幕운동에 나섰다가 메이지유신明治維新(1868) 직전에 병사한 다카스기는 뛰어난 지사지만, 서양의 충격 속에서 일본을 구원하기 위해서는 이웃을 침략해서라도 일본을 세울 수밖에 없다는 국가주의가 병통이다.

폐일언하고 2012년에 출현한 태자당의 동북아는 무엇을 가리키는 것인가? 어느 부모 아래 태어났는가가 아니라 자신의 능력과 노력에 따라 삶의 질이 결정된다는 근대적 공리에 반해 양극화의 극적인 표징이라 할 정치적 독점이 집합적으로 드러난 점에서 이 현상은 긍정적이지 않다. 왕조시대에도 젊은 선비의 예기銳氣는 일부러라도 키웠다고 하는데 젊은이들의 낙심이 더욱 커질까 걱정이다. 그런데 다시 생각해보면 태자당의 집합적 출현이야말로 위기의 표현이라는 점에서 아마도 자기구원을 위해서도 대외적 충돌보다는 대내적 개혁에 더 힘쓰리라는 전망도 가능할지 모른다. 사실 태자당도 처음부터 태자당이 아니거니와, 동북아 각 나라들이 직면한 위기의 출구를 마련하기 위해서도 양극화 또는 정치적 독점은 해체해 마땅한 터이다. 아마도 이것이 태자당에 맡겨진 역사적 임무일진대, 아베 총재가 독도獨島와 조어도釣魚島 문제에 대해 유화적 제스처를 한국과 중국에 보이는 것이 그 희미한 단초인가? 임진왜란 발발 7주갑(420년)을 맞이하면서 분란에 빠진 동아시아의 2012년이 저문다. 태자당의 동북아가 오히려 점진적 내부개혁을 통해 나라와 지역을 함께 살리는 탈태자당 사회의 출현을 촉진하는 곳으로 진화하기를 비는 마음 간절하다.

분란 속의 동북아시아

조어도釣魚島 분쟁으로 중국의 반일감정이 악화일로다. 현지 일본기업, 일본인학교, 그리고 심지어 일식당조차 휴업하는 일이 속출하는 모양이다. 더구나 국치일(9월 18일)까지 겹쳤다. 류탸오거우柳條溝 사건을 조작해 만주사변을 일으킨 일본군의 침략 81주년을 맞아 반일시위는 더욱 타올랐다. 선양瀋陽에 있는 9·18기념관도 최근 관람객이 급증하고 있다는 소식이고 보면 이번 사태는 정부끼리 티격태격하다가 냉각기를 두고 가닥을 잡는 이전의 관행을 넘는 수준이다. 대륙뿐 아니다. 대만臺灣정부가 조어도 주권을 상징하는 우표를 발행하기로 결정했다는 보도에 이어, 대만 주재 일본대표부 건물이 페인트 공격을 당했다는 소식이다. 일본에 상대적으로 온건한 대만의 입장을 염두에 둘 때, 분쟁이 양안을 일층 결합시키고 있는 점에 유의할 일이다. 마침내 일본 우익들도 나선다. 후쿠오카福岡 중국 총영사관에 연막탄이 투척되고 수도에서도 반중시위가 발생했다.

중일수교 40주년을 맞이하는 해에 일어난 이 심란한 갈등을 야기한

*서남뉴스레터, 2012.9.25.

조어도란 도대체 무엇인가? 5개의 무인도와 3개의 도초島礁로 구성된 조어도는 중국 이름으로는 댜오위다오, 일본 이름으로는 센카쿠尖閣, 대만과 오키나와沖縄 사이에 위치한 군도群島다. 청일전쟁을 마감하는 시모노세끼下關조약(1895)으로 요동반도·대만과 함께 일본에 할양되었다가, 샌프란시스코강화조약(1951)에서는 모호한 채 1953년에야 미국의 신탁통치 아래 포섭되었다. 이러구러 미국의 오키나와 반환(1972)과 함께 일본에 귀속, 현재 일본이 실효적으로 지배하고 있는 것은 주지하는 터다. 조어도는 본래 무인도이기 때문에 오키나와의 일부인지, 또는 대만 부속도서島嶼인지가 불명확한 바, 일본의 대만 영유領有에 의해 대만과 오키나와의 경계가 모호해진 점이 화근이다. 알다시피 오키나와는 원래 류큐琉球왕국이다. 시마즈번島津藩의 침략(1609)으로 그 지배 아래 들어간 류큐는 한편 청淸에도 조공하는 처지여서 말하자면 양속적兩屬的이었다. 이 모호성은 '대만출병臺灣出兵'으로 통칭되는 모란사사건牡丹社事件(1874)으로 보다 명확해진다. 류큐국의 표류 관민들을 대만 주민들이 살해한 사건을 빙자하여 청으로 하여금 류큐에 대한 종주권을 부인하고 나아가 류큐가 일본의 속국임을 인정케 하려는 일본의 군사적 위협이 이 사건의 핵심이다. 협정 후 청은 류큐의 중국 귀속을 견지했지만, 이미 힘의 균형이 기운 상태인지라 메이지明治정부가 1879년 류큐를 오키나와현으로 처분했어도 속수무책이었다. 이런 상황에서 1895년 류큐의 이웃 대만도 일본의 판도로 편입되면서 조어도의 귀속문제 역시 유야무야 된 셈이다.(黃昭堂, 『台灣總督府』, 東京: 教育社, 47~9면.)

조어도 분쟁의 책임은 나변에 있는가? 청이 대만을 영유한 시대에 그 주변의 섬들에 대한 관계를 명확히 하지 못한 책임은 분명히 있을 터이다. 그러나 류큐도 대만도 조어도도, 물론 독자적인 해양생활권임에도 불구하고, 일본보다는 중국과 가깝다는 점을 상기할 때, 일본의 팽창주의로부터 이 분쟁이 기원했다는 점은 부인할 수 없다. 전쟁으로 할양되었다면 전후에는 당연히 돌려주는 것이 도리가 아닐까? 일본과 함께 미국도 책임을 면할 수 없다. 그 부속섬이 명확한 바도 아닌데 조어도를 오키나와에 끼워 일본에 돌려주는 바람에 분쟁의 불씨를 살려둔 셈이니까 말이다. 건드리면 건드릴수록 일본에 유리할 게 없을 조어도 갈등을 확산한 일본정부의 태도를 요해하기 힘들다. 일본의 (극)우파들을 적절히 제어하며 중간을 애써 잡아나가던 민주당 정부가 조어도 국유화 조치를 취한 것은 중국에 대한 명백한 도발이 아닐 수 없다. 더구나 조어도의 가치가 점점 높아지는 즈음이 아닌가? 황금어장이요, 석유를 비롯한 해저광물자원의 보고요, 중동 석유수송로의 길목이기도 한 조어도는 중국과 미국/일본이 대치하는 제국의 교차로임에랴.

과연 임진년壬辰年은 임진년인가 보다. 올해는 '임진왜란壬辰倭亂'(1592) 발발 7주갑을 맞는 해다. 한중수교 20주년에 중일수교 40주년까지 겹쳐 잘하면 동아시아의 평화를 심을 좋은 계기가 될 수도 있겠다는 연초의 희망은 점점 퇴색한다. 한중수교 20주년도 정부간 갈등으로 가리우더니, 중일수교 40주년은 조어도로 날아가고, 한일관계도 독도獨島 분쟁으로 최악이다. 조어도와 독도에 가려 소강상태지만 강한 러시아를 내세우며 아시아 복귀를 기도하는 푸틴 이후 러일관계도 북방섬문제로 갈등중이다. 동아시아가 임진년처럼 대분란에 휩싸였다. 그 동안 쌓았던 한중일 세 나라 사이의 우정이 일시적일 망정 상처받게 된 일이 아프다. 더욱 나쁜 점은 이런 갈등들이 각 나라 안에서 진행되던 개혁의 기운을 꺾는 데 이바지한다는 것이다. 가령 일본만 해도 '아지사이水菊혁명'으로 불릴 정도로 거대한 반원전시위가 세상을 놀라게 한 바, 이는 일본의 희망으로 그치는 것이 아니다. 그런데 한국, 러시아, 중국과의 갈등이 1%도 안되는 일본의 배외주의자들을 오히려 홍기시키는 역할을 할 수 있다는 점에 주목해야 한다. 동아시아의 평화에 크게 이바지할 아지사이혁명의 순항을 위해서도 중국과 한국에서 다시 불붙은 반일감정에 대한 냉철한 판단이 요구된다. 중국의 반일 시위가 한 고비를 넘었다니 다행이다. 참으로 책임은 무겁고 길은 멀다.

'힘내요, 일본!'의 뜻

재난이란 얼마나 실존적인가! 3월 11일(금) 오후 2시 46분 센다이仙台시 앞바다를 진앙으로 한 규모 9.0의 대진재大震災로 일본 도후쿠東北지방, 그중에서도 태평양 연안의 이와테현岩手縣, 미야기현宮城縣, 그리고 후쿠시마현福島縣이 초토화焦土化되었다. 말이 9.0이지, 1995년 1월을 강타한 한신阪神대지진이 7.2였음을 상기할 때, 이번 지진 앞에서는 말길마저 끊어진다. 지진의 여파로 원전이 훼손되어 그 위협이 도후쿠는 물론 간토關東지방에 두루 미쳐 이바라키茨城, 사이타마埼玉, 지바千葉을 돌아 수도 도쿄東京까지 아우르는 형국이니 국외자의 눈길마저 얼어붙는다. 일상의 평화를, 사실은 약간의 불화조차도 그 평화를 돋보이게 하는 것이거니와, 단숨에 파괴한 이런 천재지변은 예기치 못한 사태들을 불러오기 마련이지만, 국경이 시나브로 흐릿해지는 기적 또한 그중에서도 눈에 띄는 일일 것이다. 전전에는 그 제국주의의 최대 피해자로서 식민지 또는 반식민지로 굴종했고, 전후에는 근본적 반성을 유예한 그 후계국가와 크고 작은 갈등에 휘말리던 한국과 북한, 심지어 중

---

*서남뉴스레터, 2011.3.25.

국조차 이 엄청난 재앙 앞에서 일본에 대한 묵은 감정을 내려놓고 일본 시민들을 응원한다. 대진재에 관한 나쁜 추억을 지닌 한국 시민들의 적극적인 대응은, 일본도 놀라고 한국 스스로는 더욱 놀라는 일대 사건이 아닐 수 없다.

잠깐 간토關東대진재 때를 상기하자. 1923년 9월 1일(토) 오전 11시 58분, 사가미만相模湾을 진앙으로 한 규모 7.9의 지진이 도쿄를 비롯하여 가나가와神奈川, 시즈오카静岡, 야마나시山梨, 지바, 사이타마, 이바라키를 엄습하여 사망 10만여, 행방불명 4만여라는 엄청난 인명피해를 끼쳤다. 더구나 도쿄에서는 대화재가 발생하여 9월 3일 새벽까지 번지는 바람에 공포는 더욱 확산되었다. 무엇보다 수도가 강타당한 두려움에 일본정부가 진재 다음날 선포한 계엄령까지 겹치면서 우리로서는 잊을 수 없는 학살사건이 발생하였으니, 불과 10여일 만에 7천명에 가까운 재일 조선인이 체제위협자로 간주되어 자경단自警團 등에 의해 무참히 살해되었다. 일시적 공황 상태일망정 일본 민간인들의 주도로 자행된 이 사건은, 진재의 혼란을 빙자하여 일본 헌병에 의해 잔인하게 살해된 아나키스트 오스기 사카에大杉榮의 죽음과 함께, '다이쇼大正데모크라시'의 후퇴를 이미 예고하였던 것이다.

아마도 이번 대진재 또한 일본사회에 작지 않은 변화를 불러올 터이다. 혹자는, 폐허에서 걸어나온 '모던일본'이 파시즘으로 진군한 1923년의 간토대진재를 떠올리며, 또 혹자는 한신대진재 두달 뒤 출근으로 붐비는 도쿄 지하철에 독가스를 뿌려 12명이 사망하고 5천여명이 부상한 옴진리교의 망령에 떨며, 불길한 예감을 고백하기도 한다. 세상이 밝아져서 이젠 파시즘의 부활은 용납되기 어려울 듯하지만, 후자의 경우 가능성이 없지도 않다. 멀쩡한 사람들이 종말론에 빠져 평범한 시민들을 태연히 살해한 옴진리교 사건만큼 일본사회의 불온한 내면을 드러낸 바는 찾기 어려운데, 이게 꼭 일본에만 한정되는 것은 아니다. 최근 한국기독교계에도 극단론적 경향이 증가일로에 있다는 풍문이고 보면, 아시아서구주의의 한 시대가 종언을 향해 급속히 달려가는 미묘한 국면에 처해 있는 것은 아닌지, 하는 엉뚱한 생각도 들던 것이다. 원자력 안전기술 세계 최고를 자랑한 일본이 바로 그 때문에 깊은 공포에 휩싸인 오늘의 상황은 근본적 변환을 사유할 정신개벽의 때가 왔음을 고지한다. 일찍이 타골은 "자연법칙을 통달한 서양의 과학 덕분에 인류는 물질의 어두운 지하감옥으로부터 자유로워졌다"고 높이 평가하면서도 바로 그 때문에 서양의 집단지식이 끼칠 파괴성에 높은 경종을 울린 바 있다. 일본은 서양을 배워 어떤 데서는 외려 서양보다 앞서나갔다. 이 학습효과로 한국과 중국을 비롯한 아시아 나라들이 앞다퉈 서구주의의 우등생 일본을 본받았다. 이제 동아시아가 세계의 변방에서 막 탈각하는가 싶더니, 그 핵심에서 문제가 폭발했다. 서구주의를 바로 폐기하자는 것은 물론 아니다. 현재의 상황을 찬찬히 따져 취할 것은 취하고 버릴 것은 버리되, 더 근본적 차원을 심사숙고하는, 다시 말하면 개량과 개벽을 함께 사유할 바로 그때가 아닐 수 없다. '힘내라, 일본!'은 따라서 일본의 안전과 복구를 기원하는 간절한 응원인 동시에, 서양의 전위로서 아시아를 타자화하는 일본이 아니라 아시아와 함께 새 세상을 꿈꾸는 새 일본의 탄생을 촉구하는 큰 격려일 테다. 대재앙 앞에 동북아시아가 모처럼 분쟁을 접은 이 소중한 시간 속에서 세계형성의 새로운 원리에 대한 상호학습과 협동적 실천이 익어갈 수 있다면 일본의 복이요 아시아의 천복이요 온세상의 만복일 것이다. "간바레, 니혼!"

중형국가의 국제적 공헌

개성 실무회담이 파국으로 치닫지 않은 게 그래도 다행이다 싶으면서도 한편 한숨이 나오는 것을 어쩌지 못한다. 이 지경이 되도록 실타래를 엉클어놓은 이명박정부도 한심하지만 남한은 안중에 두지 않은 채 미국만 바라고 벼랑끝 전술을 끝없이 구사한 북의 태도도 한탄스럽기는 마찬가지다. 왜 우리는 이 모양인가? 얼마전 다녀온 난징의 메이링궁美齡宮이 떠오른다. 장제스蔣介石 부인 쑹메이링의 이름을 따서 붙인 이 오래된 별장(1931년 건립)에는 그녀에 대한 예찬으로 가득하다. 공산당이 지배하는 나라에서 국민당 정부 퍼스트 레이디의 업적을 이처럼 생생히 보고 들을 줄이야! 그녀의 일생을 재구성한 다큐필름 돌리는 방에 앉아 나는 적과 동지의 이분법으로부터 관대한 중국의 유구한 전통을 생각했다. 평양에서 남의 지도자를 기리는 다큐를 무심히 볼 날은 언제일까? 그 역은 또 언제인가? 약자의 위치로 떨어진 북이 경직되는 것은 이해하지 못할 바 아니로대 이미 우위에 오른 남한에서도 소위 색깔논쟁이 여전히 난무하는 걸 보면 솔직히 중국이 부럽기도 하다. 적

---

*서남포럼 뉴스레터, 2009.6.25.

과, 동지의 이분법이 부활하고 남북관계가 다시 경화되는 과정에서 아뿔싸! "한반도문제가 한반도를 떠나고 있는 중이다."(이일영)

유엔 안보리의 대북제재결의안이 만장일치로 채택된 데 이어, 다음 달에는 미·중·일 3자 정책대화가 워싱턴에서 열린다는 보도다. 북에 대해 각별하면서도 혹 미국과 손잡지 않을까 내심 우려하는 중국이 미국과 함께 제재에 동참한 것은 유의할 대목이다. 그렇다고 북·중관계가 최대의 위기를 맞았다고 호들갑떨 일은 물론 아니지만, 결의안에서 손발을 맞춘 중국과 미국이 이어서 3자회담으로 진화하는 걸 보면 결의안 이전의 북·중관계와는 일정한 차이를 보일 것은 거의 분명하다 하겠다. 서로서로 의심하는 세 대국이 웬일로 "둘만 참여하던 파티에서 셋이 참여하는 협상"의 한 테이블에 모여앉는가? 확실히 한반도, 좁게는 북의 운명에 관한 깊숙한 얘기가 오갈 것이다. 대한제국이 지도에서 지워지던 백년 전의 재판(再版)이 될지 모른다고 과도한 상상을 구사할 일은 물론 아니다. 한국이 배제된 것이 썩 유쾌하지는 않음에도 다시 생각하면 미·중·일 세 나라의 협력이 한반도의 운명에 꼭 나쁜 영향만 미치리라고는 여겨지지 않기 때문이다. 3이 황금분할이기도 하지만 한반도의 남과 북이 왕년의 졸卒은 아니란 점을 감안하면 이 국면을 대담하게 활용하는 지혜가 요구된다. 요컨대 남과 북, 아니 우리가 먼저, 할 나름을 찾는 것이 종요롭다.

안팎의 우환 속에 진행되는, 한반도문제에 대한 한반도의 배제를 극복할 길은 어디에 있는가? 라틴아메리카 중심의 70년대 제3세계론을 수정하면서 출현한 동아시아론을 이제 다시 제3세계적 의식 아래 재구성할 시점인데, 다시 말하면, 미·중·일만 바라보는 우리의 시선을 잠깐 거두고 좁혀서는 동아시아, 넓게는 아시아를 다시 볼 필요가 있다.

한때 어깨를 나란히하고 아시아국가 자본주의 불임론을 깬 '네 마리의 용'(한국, 대만, 홍콩, 싱가폴), 그리고 반목을 그치지 않는 동북아 3나라(한 · 중 · 일)를 고맙게도 초청하여 지역협력의 가정교사 노릇을 마다하지 않는 동남아시아국가연합(ASEAN; 인도네시아, 태국, 필리핀, 말레이시아, 싱가폴, 베트남, 브루나이, 미얀마, 라오스, 캄보디아)은 그 가운데서도 핵심이 아닐 수 없다. 대국과 소국의 중간에 서서 침묵당한 소국들의 입장에 성심으로 다가선다면 이야말로 중형국가의 보람이 아닐 수 없다. 금번 금융위기로 가뜩이나 심각한 아시아의 빈부격차가 더 격화되었다 한다. 나라 안에서도 빈부격차가 결국 나라 전체의 발전을 가로막듯이 지역 안의 국가들 사이의 빈부격차도 지역의 공동번영을 저해하리라는 점에 한국이 주목할 필요가 있을 것이다. 더구나 그 나라들에서 한국의 역할에 기대를 거는 기운도 적지 않다면 더욱이나 그렇다. 한국은 북을 잊고 싶어도 잊을 수가 없다. 평화공존을 근본에서 저지하는 남북의 격차 심화문제를 치유하기 위해서도 역내 문제에 대한 더욱 적극적 관여가 요구되거니와, 이것이야말로 남을 돕는 것이 나를 돕는 것의 한 표본이 될 터이다. 중형국가에 걸맞은 국제적 공헌 모델을 동아시아 또는 아시아에서 알맞춤하게 찾아 실천하는 길을 제대로 닦는다면 한반도 문제의 탈한반도화라는 최근의 답답한 흐름을 저지하면서 이 사활적 문제에 대한 우리의 관여를 차츰차츰 높일 가능성이 커질 것이다.

싱가폴에서 해후한 한반도평화론

싱가폴에서 부러운 것 가운데 하나가 동남아연구소ISEAS: Institute of Southeast Asian Studies다. 지난 2월 중순, 신윤환 교수의 안내로 아이씨즈를 둘러보고 감탄을 금치 못했던 것인데, 싱가폴국립대NUS: National University of Singapore 캠퍼스를 구경한 뒤끝이라 더욱 그랬는지도 모르겠다. NUS의 도서관도 멋지지만 탁 트인 장소에 다양한 음식을 싸게 제공하는 많은 가게들이 경쟁하는 학생식당 또한 일품이었다. 한 업체가 독점한 한국 대학들의 구내식당과는 천양지차天壤之差다. 한국의 대학 관계자들이 수도 없이 NUS를 방문했을 터인데 어째 이 좋은 제도는 도입하지 않는 걸까? 나의 한탄에 신 교수는 재단 이사장님들께서 보아야지 소용없다고 농담 비슷이 응수한다. 학생식당에서 시원한 과일주스를 마신 뒤 찾아간 아이씨즈에서 나는 한국의 연구소들을 떠올리지 않을 수 없었다. 아이씨즈가 대학 부설 연구소가 아니라, 싱가폴정부와 싱가폴국립대가 주축이 되어 이끄는 독립기구임을 일깨워준 신 교수의 위로 아닌 위로가 왜 위로가 되지는 않는 걸까? 1968년 설립

*서남통신, 2008.3.10.

이래, 이제 아이씨즈는 안전보장, 경제발전, 정치·사회적 변화 등 현대 동남아시아가 당면한 다양한 주제를 토론하는 세계적인 지역연구센터로 성장했다.

아이씨즈를 떠나면서 우리는 구내서점에 들렀다. 한켠에 낯익은 얼굴들을 표지로 한 소책자들이 죽 진열되어 있는데, 김대중 전 대통령의 사진이 눈에 뛰어든다. 타향에선 고향 까마귀만 봐도 반갑다지 않은가. 제목은 '한반도의 평화와 동아시아'. 들춰보니 DJ가 2000년 11월, '싱가폴강연the Singapore Lecture'에서 행한 연설문을 아이씨즈에서 다음해 출간한 것이다. 나는 싱가폴에 머무는 틈틈이 이 소책자를 흥미진진하게 읽었다.

개회사는 리시엔룽李顯龍 부총리(현재는 총리), 아다시피 그는 리콴유李光耀 전 총리의 아들이니 일종의 세습인 셈이다. 그런데 연설문은 이런 선입관을 불식시키기에 충분히 훌륭했다. 그는 DJ가 이 포럼에 초청된 최초의 남한 지도자라는 점을 먼저 부각한다. 아다시피 이 강연이 이루어진 2000년은 6·15남북정상회담의 개최와 뒤이은 노벨평화상 수상으로 DJ와 한국의 위상이 국제적으로 상승한 해이다. 그런데 그는 DJ의 정치적 경륜보다는 1997년 겨울, 한국을 엄습한 IMF사태를 치유한 경제개혁, 즉 "정부, 은행들, 그리고 재벌들 사이의 긴밀한 관계들에 기초한 남한의 기존 경제발전 모델"의 파산을 치유한 구조조정에 더 중점을 두어 소개한다. 이를 바탕으로 한반도 주변 4강을 설득, 남북의 긴장을 해소할 평화의 이정표를 세운 DJ에게 경의를 표하면서 한반도의 평화가 어떻게 동아시아의 공영共榮에 영향을 미칠지, DJ의 연설을 청하는 것으로 개회사를 마무리한다.

이어지는 DJ의 강연 또한 '국민의 정부' 출범(1998) 후 6·15에 이르기까지 '햇볕정책'의 진전을 일목요연하게 정리한 일류의 연설이다. 이 주제에 무심한 외국인들뿐만 아니라 절실한 당사자인 한국인에게도 아주 유익한 읽을거리인데, 그는 우선 햇볕정책의 3원칙을 다시 확인한다. 첫째 남한은 북한의 어떤 군사적 도발도 용납하지 않는다, 둘째 남한은 북한을 흡수통일하는 어떤 시도도 하지 않는다, 셋째 남북한은 평화적 공존과 평화적 교류를 위해 힘써야 한다. 그런데 이 정책에 대해 북한은 처음부터 좀체 의구심을 버리지 않았다는 것이다. 그는 북한이 베를린선언을 계기로 변화하기 시작했다고 밝힌다. 2000년 3월 베를린자유대학에서 햇볕정책 3원칙을 다시 천명하는 한편, 서독이 동독을 합병하는 통일을 원치 않는다고 강조했다는 것이다. 독일식 통일의 상징이랄 베를린을 택해 다른 통일을 호소한 노련한 지혜가 돋보이는 대목이다. 이 선언 이후 남북관계는 순항, 드디어 6·15에 도착한 바, 남의 남북연합과 북의 느슨한 연방제의 유사성에 주목하여 극적인 합의에 이른 것은 이미 잘 알려진 터이다. 남북관계의 진전과 함께 그는 그를 뒷받침할 국제적 후원 획득을 위한 외교에 주력, 미국과 일본에 대한 설득을 필두로 중국, 러시아, 유럽, 그리고 동남아로 확장한 과정을 요령있게 설명한다. 그리하여 한반도의 평화와 번영이 동아시아의 평화와 번영과 불가분리라는 점을 역설하면서 싱가폴을 비롯한 동아시아인들의 지원을 호소하는 것으로 연설을 마무리하는 것이다.

싱가폴에서 DJ의 한반도평화론을 만난 것은 기쁘지만 부끄러운 일이기도 하다. 부시의 등장으로 이후 남북의 행보는 갈지자를 면치 못한 바, 남탓만 할 일은 아니다. DJ가 토론에서 밝혔듯이, 남북협력의 결정적 기초는 양측 모두 마음 속 깊이 공멸을 면할 평화를 절실히 바라고 있다는 믿음이다. 이것이야말로 동아시아의 화약고 한반도를 평화트랙으로 이끄는 원동력이라는 점을 봄눈이 어지러운 이 시절에 다시금 새기고 싶다.

일본을 어떻게 도울까
— 독도 사태를 보며

일본정부가, 모처럼 잔잔한 동아시아의 호수에 돌을 던졌다. 7월 14일 문부과학성은 중학교 사회과 새 학습지도요령 해설서에 독도獨島 영유권 분란을 기재하기로 결정함으로써 한일신시대를 선언한 한국정부로서는 믿는 도끼에 발등 찍힌 꼴을 면치 못하게 되었다. 사실 아시아 이웃과의 불화不和를 사양하지 않았던 전임 총리들과 다른 자세를 보인 후쿠다 야스오福田康夫 신임 총리에 대해 한국에서도 은근한 기대가 없지 않았다. 후쿠다 총리 취임 이후 한일관계는 오랜만에 평화를 누리기도 했던 터인데, 그는 극적인 반전의 돌팔매를 선택하고 말았다. 도대체 왜 그런 무리수를 둔 것일까? 외교는 내치內治의 연장이란 말을 빌 것도 없이 이는 일본 국내정치가 봉착한 어떤 위기에서 비어져 나왔기 십상이다. "단기적으로는 '지지율 떠받치기'라는 분석이 유력하다. 가뜩이나 지지율이 바닥을 기는 상황에서 우익세력의 집단적인 반발을 사 국정장악력을 완전히 상실하는 위험을 피하기 위해 한국과의 관계악화를 감수했다는 해석이다."(『동아일보』, 2008.7.15. 천광암 주일특파원)

*서남통신, 2008.7.24.

지금 와 생각하니 지난 6월 11일 일본 참의원에서 민주당이 제출한 총리 문책 결의안이 통과된 것이 이번 사태를 야기한 화근이었던가 보다. 법적 구속력이야 없지만 헌정사상 초유의 일이라는 상징성이 추락하는 지지율과 겹쳐 기어코 이런 거사로 나타난 것이라는 점에서 차라리 안쓰럽기조차 하다.

일본정부는 그래도 한국을 배려하노라 애썼다고 변명한다. 실제로 그 표현이 너무 온건하다고 일본 우익들의 비판도 받는 모양인데, 잠깐 해설서 그 부분을 보자. "북방영토는 우리나라 고유의 영토이지만 현재 러시아연방에 의해 불법 점거되어 있기 때문에 그 반환을 요구하고 있는 것 등에 대해 적확하게 다룰 필요가 있다. 또한 우리나라와 한국과의 사이에 다케시마竹島를 둘러싸고 주장에 차이가 있다는 점 등도 언급하여, 북방영토와 마찬가지로 우리나라의 영토·영역에 관해 이해를 심화시키는 것도 필요하다."(『동아일보』, 2008.7.15.) 독도를 일본 영토로 명토박지는 않았으니 그나마 다행이라는 말인가? 이 대목의 중심은 확실히 북방영토분쟁이다. 쿠릴열도千島列島 Kuril Islands 남쪽 네 섬, 즉 에토로후擇捉 Iturup, 구나시리國後 Kunashir, 시코탄色丹 Shikotan, 하보마이齒舞 Khabomai를 가리키는 북방영토는 2차대전 후 소련이 점령한 뒤 현재 러시아가 실효적으로 지배하고 있는 섬들이다. 원래 아이누의 땅이라는 점은 차치하더라도 이 네 섬의 사정은 독도와는 비교할 수 없이 복잡하다. 그럼에도 이곳에 독도를 슬그머니 끼워넣은 것은 떳떳함과는 거리가 먼 태도다. 이렇게 교묘히 우회하면서 실제로는 독도문제를 북방영토와 거의 동격으로 올려놓는 일본정부의 꾀 아닌 꾀에 한국여론이 더욱 끓어올랐던 것이다.

독도사태가 일파만파一波萬波로 번져간다. 한국과 일본, 두 정부의 힘겨루기가 전개되는 것과 함께 두 나라의 시민들도 오프라인과 온라인 두 전선 모두에서 전투로 돌입한다. 급기야 한일 두 나라 밖으로 불똥이 튄다. 당장 러시아가 강력한 항의를 제기한 것은 당연한 일인데, 중국도 짐짓 쾌재를 부른다는 것이다. "중국이 공격 소재로 사용할 수 있는 논리를 일본이 스스로 제공해 주었기 때문이다."(『동아일보』, 2008.7.17. 하종대 베이징특파원) 아다시피 중국/대만과 일본은 미군이 1972년 오키나와沖繩를 일본에 반환하면서 함께 넘겨준 댜오위다오釣魚島(일본이름 尖閣列島) 영유권을 둘러싸고 갈등 중이다. 일본이 실효적으로 지배하고 있는 센가쿠열도를 중국이 일본을 따라 중국령이라고 명기하더라도 일본이 할 말이 적을 것이다. 자기 꾀에 자기가 넘어가는 격이 아닐 수 없다.

새삼 이시바시 단잔石橋湛山(1884~1973)이 떠오른다. 일찍이 1921년, 일본을 파멸로 몰아갈 대국의 환상에서 깨어나 식민지전폐론植民地全廢論에 입각해 "학대받는 자의 맹주"로 거듭나자는 급진적 주장을 펼친 그의 소국주의론을 경청했다면, 일본이 전범국가가 될 길을 회피했을 터인데 안타까운 일이다. 그뿐인가, 눈치 보며 이웃나라들과 영토분쟁이나 하는 쩨쩨한 지금의 일본이 아니라 "자유해방의 세계적 맹주"로 존중받는 지도국의 반열에 우뚝했을 것이다. 일본의 확전과정에서 잉태된 분쟁지역들에 구차히 집착하지 말고 전쟁에 대한 반성을 모든 분쟁영토에 대한 깨끗한 포기를 선언하는 것으로 실천한다면 아마 일본과 구원舊怨이 가장 많은 한국이 그 일에 앞장설 것을 나는 믿는다. 일본이 이처럼 근사한 길로 나아갈 수 있도록 한국이 어떻게 도울 수 있을지 중지를 모아보자!

동북공정과 남북연합

최근 한국은 뜻밖의 일격으로 안팎곱사등이 신세가 됐다. 중국의 동북공정, 이름도 낯선 이 도깨비 방망이에 휘둘려 정신을 차리지 못한다. 수교 이후 너무나 잘 나가던 한중관계였기에 그 충격은 더욱 크지 않을 수 없다. 1·4후퇴 때, 얼어붙은 산하에 인해전술로 출몰한 '중공군'의 이미지로 고착된 중국을 염두에 둘 때, 1992년 한중수교를 전후하여 단숨에 우의를 회복한 속도는 가히 눈부신 것이었다. 그동안의 단절을 조롱이라도 하는 양, 한국에는 중국열풍이 몰아쳤다. 왕년의 모화파慕華派가 다시 등장하는 것이 아닌가 싶을 정도로 그 바람은 거셌다. 특히 부시의 등장 이후 남북관계의 순항을 염원하는 한국으로서는 미국과 일본의 반북적 태도를 제어하며 중재자의 역할을 맡아나선 중국에 대해 각별한 미쁨을 지닐 것은 너무나 자연스럽기에 일말의 우려에도 불구하고 이 흐름을 일종의 대세로 수긍하였던 터다. 이런 차에 중국이 동북공정을 막무가내로 들이미는 일련의 행태 앞에서 한국은 그야말로 '믿는 도끼에 발등 찍힌' 꼴을 면치 못한 채, 손발이 어지러울 뿐

* 『한겨레21』 524호, 2004.8.26.

이다.

도대체 중국은 갑자기 왜 이런 무리수를 두는 것일까? 이미 2002년에 동북공정을 발주했다고 하니 '갑자기'는 중국이 아니라 뒤늦게 발견해 허둥거리는 우리에 더 해당될 터이다. 한중수교 10주년을 맞이하는 2002년을 동북공정으로 은밀히 화답한 중국도 대단(?)하거니와, 매사에 급격한 쏠림으로 요동치는 한국사회의 비대칭성이 더욱 문제다. 우리 자신이 빌미를 제공한 측면이 없지 않다. 빗장을 연 초기, 중국의 현실을 목격한 한국여행자들이 졸부의 깜냥으로 중국을 깔보고 동북지방을 헤집고 다니며 '만주는 우리 땅!'이라고 외쳐댔으니, 참으로 부끄러운 일이 아닐 수 없다. 그러나 일부 철부지 한국인들의 언동을 기화로 동북공정을 탱크처럼 관철하는 중국의 태도가 변호될 수는 없다. 중국은 일본과 미국을 닮으려는가? 식민지지배를 옹호하는 단속적斷續的인 망언의 행렬로 한국인의 마음을 저 밑바닥에서부터 할퀴는 일본 우익들의 내숭, 그리고 일제의 후계자임을 굳이 숨기지 않는 미국 국가주의자들의 오만-사실 한중수교 이후 몰아친 중국열풍에는 미국과 일본에 대한 한국인의 실망이 큰 몫을 하였던 터다. 최근 사태로 한국사회 안에 중국에 대한 실망이 밑으로부터 급속히 확산되고 있다. '혹시나 했더니 역시나' 중국도 일본·미국과 오십보백보五十步百步라는 때늦은 탄식이 무겁다.

지금 중국은 동북3성(지린성·랴오닝성·헤이룽장성)에 대한 대규모 재단장(리모델링)사업에 몰두하고 있다. 옛 만주국의 영역에 속하는 이 거대하고 비옥한 평원지대가, 특히 상하이를 비롯한 강남해안지역의 비약적인 발전을 축으로 삼는 개혁개방 이후 낙후한 내륙으로 정체되어 왔던 것은 이미 주지하는 바이다. 사실 중화인민공화국 성립(1949) 초기에는 동북지방이 사회주의공업화의 견인차 역할을 맡았다. '만주국' 시절의 인프라를 활용할 이점도 없지 않았지만 소련과 북한이 모두 잘 나가는 시절인지라 그 파이프라인인 동북지방이 선도적이었던 것이다. 아다시피 중국의 초기 공업화는 소련의 경험을 바탕으로 소련의 강력한 원조 속에 진행되었다. 그런데 미국의 봉쇄정책이란 조건 속에 1957년 세계공산당대회를 즈음하여 평화공존노선을 채택한 소련공산당과 대립하면서 중국공산당은 자력갱생노선에 입각한 대약진운동으로 달려나갔다. 대약진운동의 좌절이 중국을 오히려 이념적인 것에 대한 과잉으로 인도하면서 마침내 1960년대 중반부터 10여 년에 걸친 문화대혁명의 광풍에 휩싸였다. 이 와중에서 소련을 축으로 하는 20세기 사회주의 전체가 안으로 쇠퇴하면서 동북지방도 침체의 길을 걷게 된 터다. 1978년 이후 대전환기를 통과하면서 최근 중국은 다시 눈부신 발전을 거듭하고 있는 데 반하여, 동북지방은 낙후한 농업지역으로 방치되었던 것이다. 여기에는 당 중앙의 약간은 무의식적 방관도 없지 않았던 것 같다.

중국 역대 한족왕조는 주로 북방유목민족들이 거처해온 이 지역을 새외塞外 즉 중국의 바깥으로 여겨왔다. 더구나 마지막 왕조 청은 자신들의 기원지인 이 지역을 봉금으로 묶어 그 외부성을 강화했다. 바로 이 약한 고리를 취해 일제는 이 지역에 만주국을 둠으로써 새외의 성격이 심화되기에 이르렀던 것이다. 중국에 있어서 만주는 일종의 콤플렉스다. 중국에서 기피해야 할 용어가 셋이라고 한다. 첫째는 지나, 이는 일제가 중국이란 용어 대신에 만든 것인데 은연중에 중국에 대한 경멸이 묻어 있기 때문이다. 둘째는 양쯔강, 이는 서양인들이 장강長江에 붙인 식민주의적 이름이기 때문이다.(그런데 요즘은 이에 대한 금기는 좀 완화된 듯싶다. 중국인들도 양쯔강이란 용어를 더러 사용하기 때문이다.) 셋째가 만주, 이는 주로 일제가 세운 만주국 때문인데, 중국인들은 만주국을 지칭할 때 반듯이 '위僞만주국'(즉 가짜 만주국 또는 괴뢰 만주국)이라 칭한다. 만주란 용어에 대한 중국의 예민한 반응은 이 지역의 이중성을 중국 스스로 의식하고 있음을 반영하는 것이다. 중국의 입장에서는 만주가 2차대전 후 수복한 중국의 영토 즉 동북지방이지만, 이 지역을 거처로 삼아온 수많은 소수민족의 입장에서는 지배자가 일본에서 중국으로 교체된 것이라고 볼 수도 있다. 이 때문에 중국은 동북을 중국 안에 두면서도 한편으로는 그 바깥으로 두는 기묘한 착잡함을 보인다. 이는 청에 대한 중국의 이중성과도 연락된다. 중국인들은 청을 한족에 대한 정복왕조로 격렬히 비판하면서도 중국의 판도를 최대로 넓힌 청의 위대한 정복활동에 대해 숨길 수 없는 경의를 보내기도 하는 것이다.

동북지방에 대해 약간은 의도적 방관을 취한 전통적 태도에서 벗어나 중국은 왜 최근 동북공정으로 고삐를 바짝 죄는 것일까? 동북공정은 여전히 새외적 성격을 지닌 동북지방을 확고하게 중국의 안으로 편입하는 작업이다. 안으로 다지는 작업이란 바깥의 경계를 재조정한다는 것을 뜻할진대, 중국을 이 방향으로 저돌하게 한 바람은 어디에서 불어오는가? 동북공정이 고구려를 들고 나오는 데서 명백해지듯이, 바람은 한반도에서 불어오는 것이다. 한반도의 정세에 대한 중국의 판단에 무언가 변화가 있다는 얘기다. 아다시피 중국은 한반도 정세의 급격한 변동 즉 남 또는 북에 의한 통일이 아니라 현상유지를 희망한다. 혹시나 한반도에서 6·25 또는 그에 준하는 사태가 발생해 그에 말려드는 위험을 한사코 피하고자 한다. 개혁개방 이후 쌓아온 경제발전의 기조를 견지하기 위해서는 다시 미국과 전쟁하게 되는 도박판에서 이탈하는 것이 결정적 전제일진대, 중국이 한반도의 전쟁 발발을 방지하려는 방편으로 제안된 6자회담에 적극적인 것이 바로 이 이유일 것이다.

중국은 최근 북한과 접한 국경 즉 두만강·압록강 연안에 기존의 변방부대를 빼고 중앙 통제의 전투부대를 배치하였다. 동북공정과 무관하다고 보기 어려운 이 조치 역시 한반도 정세에 대한 중국의 판단이 개재되어 있는 듯하다. 가능한 한 한반도의 현상유지를 꾀하되 다른 진전에도 대비하는 다중 포석일 터인데, 그 대비책으로 낙후한 동북을 개혁개방의 궤도 속에 확고하게 중국 안으로 포섭하는 전략이 채택된 것이다. 더구나 최근 러시아가 부상한다. 소련 해체 이후 쇠퇴일로를 걷던 러시아가 최근 경제부흥 속에 유럽과 아시아의 가교를 자처하며 동아시아에 대한 영향력을 회복하려고 다각적 노력을 기울이고 있다. 한중일을 상호경쟁케 하는 송유관, 가스관 그리고 철도 연결문제는 대표적인 것이다. 또한 미국의 동향도 심상치 않다. 북핵위기 속에 제기된 주한미군 재배치가 결국 동북아시아에서 말래카해협에 이르는 긴 해안선에 대한 새로운 대응이라는 점은 중국을 자극한다. 중국은 바로 이런 정세를 감안하면서 북한·러시아와 접경한 데다 강력한 모국을 지닌 조선족의 주 거점인 동북지방을 우선 챙기게 된 것이 아닐까?

이 모든 요란한 대응의 핵에 한반도가 자리한다. 남과 북의 분단을 빌미로 이루어지는 주변 4강의 충돌을 근본적으로 해소하기 위해서는 평화통일로 가는 남과 북의 창조적 연합이 필수적이다. 주변정세의 용틀임에 대한 이해를 남북이 공유하면서 이 신뢰를 바탕으로 주변 4강을 성심으로 달래서 남북연합을 구축하는 것이 동아시아론의 알파요 오메가일 터인데, 참으로 갈 길이 멀다.

9·11테러 이후의 한반도

세계의 눈과 귀가 아프가니스탄 사태에 쏠려있다. '침략자의 무덤'이라고 알려진 아프간, 일찍이 19세기에는 대영제국의 군대를 전멸시키고, 최근에는 소련의 개입을 물리친 아프간에서 의외로 미국은 쉽게 탈레반정권을 괴멸시켰다.

9·11테러가 발생했을 때와 벌써 격세지감隔世之感이다. 세계무역센터가 두 대의 비행기공격에 의해 폭삭 주저앉는 그 비현실적 현실 앞에서 우리는 망연자실茫然自失했다. 어느 작가의 경험담은 단연 압권이다. 전날 과음하고 일찍 잠에 떨어졌다가 밤중에 깨어 거실로 나와 TV를 켰더니 웬 건물로 비행기들이 충돌하고 사람들은 아비규환阿鼻叫喚을 짓는 장면이 나와 '이노마들이 와 비디오 보고 빼놓지도 않았노?' 했더란다. 자녀들이 보던 그렇고 그런 할리우드영화인 줄 알았다는 얘기다. 가상현실 속에서 난무하던 이미지들이 아주 가볍게 '실재의 사막'으로 이동해간 이 충격적 사태 앞에서 우리는 9·11테러가 21세기를 일거에 컴컴한 불확실성으로 끌고 들어가는 백경白鯨인 양 전율했다.

* 『국제신문』, 2002.1.1.

미국 역사에서 처음으로 미국 본토가 공격받는 장면을 실제상황으로 목격하게 되다니! 20세기를 지배했던 제국의 붕괴가 아주 먼 이야기는 아닌 양도 싶었던 것이다.

이와 함께, 오사마 빈 라덴과 그의 조직 알 카에다와 그들을 보호하고 있는 아프가니스탄의 탈레반정권에 대한 관심은 폭증하였다. 20년간 격렬한 내전의 불길에 휩싸여 있었으면서도 세계 여론의 주목으로부터 거의 완벽하게 차단된 아프가니스탄에 대한 무지가 파열하는 비등점을 통과하면서, 세계사를 장식해온 위대한 정복자들과 그들이 건설한 위대한 제국들의 군대를 파멸에 몰아넣음으로써 불기不羈의 독립정신을 구가한 이 '변방'의 놀라운 독자성에 대한 외경이 싹터올랐다. 특히 남하하는 소련과 그를 저지하는 미국, 이 두 세력의 충돌과정에서 돌출한 소련의 아프간전쟁이 다시금 주목되었다. 미국의 유도(?) 아래 아프가니스탄을 침공, 10년간의 전쟁 끝에 패배한 소련은 결국 그 여파속에 해체의 비운을 맞이하게 되었으니, 20세기 사회주의실험의 종언이 바로 아프가니스탄전쟁으로부터 비롯되었다는 점이 더욱 놀랍다.

그런데 경악과 경이의 순간들이 지나가면서 사태는 역전되기 시작하였다. 미친 듯이 백경을 쫓는 에이허브선장처럼 부시행정부는 아프간을 공격하였다. 반소전쟁 때의 미국의 동지들, 오사마 빈 라덴과 탈레반정권은 일거에 '악의 화신'으로 몰렸다. 너무나 잘 준비된 미국의 공격에 '침략자의 무덤'이라는 오랜 명성도 허무하게 아프간의 탈레반정권은 붕괴하고 오사마는 헌팅파티의 한낱 목표물로 전락하였다. 이 뜻밖의 이른 몰락에 대한 실망으로 탈레반의 취약성이 더욱 부각되었다. 아다시피 실크로드의 교차점에 위치한 아프간은 그 위치의 정치성으로 말미암아 이슬람적 관용의 모범을 보여왔다. 더구나 그 종족구성의 다양성이 관용을 더욱 부추겼으니, 유목민족 특유의 부족집회, 즉 지르가Jirga의 존재는 종요롭다. 근대 아프간 건국도 1747년 칸다하르에서 개최된 지르가에서 국왕을 선출함으로써 이루어졌으니, 지르가는 몽골의 쿠릴타이나 신라新羅의 화백和白처럼 고도의 자치를 생명으로 삼았던 터다. 그런데 학생운동세력의 첫 집권으로 기록될 탈레반정권은 역대 아프간정부의 관용과 자치에 대한 존중을 전복하였다. 부족자치의 전통을 훼손하면서 급진성을 강화해온 탈레반의 반여성정책은 악명높다. 아프간 교육계와 의료계의 7할을 여성이 담당했는데 탈레반이 집권하면서 이들을 내쫓는 바람에 아프간의 교육과 의료가 마비에 빠졌다고 하니, 이미 민심이 이반한 것이다. 탈레반 붕괴의 내적 요인이 없다고 할 수 없다. 요컨대 미국 헤게모니의 지속적 약화의 중대한 지표로 여겨졌던 9·11테러는 탈냉전시대 이후 일극권력으로 등극한 미국의 힘을 현상적으로는 오히려 강화하는 데 결정적 기여를 한 셈이 되고 말았던 것이다. 역시 테러는 정도가 아니다.

아프간에서 승리한 이후 미국은 기세등등하다. 그들이 멋대로 작성한 '불량국가' 리스트를 들고 세계를 향해 소리친다. 아니나 다를까, 며칠 전 신문에 아프간에서 북의 무기가 노획되고 그 요원들이 활동한 흔적이 발견됐다는 보도가 나왔다. 미 국무부는, 아직은 북과 탈레반 또는 알 카에다와의 직접적 연결을 단정할 수 없다는 점잖은(?) 논평을 내보내는 한편, 북이 대화의 테이블로 빨리 나올 것을 촉구하였다. 북에 대해 미국이 화전양면和戰兩面의 전술을 구사하는 현 상황에서 과연 한반도의 운명은 어디로 향하고 있는가?

보도에 따르면, 한국경제는 9·11테러의 영향을 가장 적게 받은 예라고 한다. 아다시피 미국경제는 부시가 등장하자마자 때맞춰 호황에서 불황으로 함몰하였고, 전쟁으로 말미암은 군수산업의 일시적 호황도 경기침체를 구원하지 못할 것이라는 게 지배적인 관측이다. 왜냐하면 최근 미국경제의 침체는 90년대 미국호황을 견인했던 제조업 수익성 회복과 금융시장의 거품이 소진되면서 발생한 구조적 문제이기 때문이다(로버트 브레너, 『창작과비평』 2001년 겨울호, 423면.). 미국경제의 직접적 영향 아래 있는 한국경제가 이만큼의 자율성을 보인 것과 함께 더 놀라운 것은 남북관계의 경색이 테러의 충격에 비할 때 아주 심각한 수준은 아니라는 사실이다. 예전같으면 이런 사태가 발생하는 즉시 남북관계는 즉각 적대로 돌아섰을 터인데, 그만큼 한국사회가 성숙한 것이라고 나는 보고싶다. 9·11테러에 대해 한국국민들이 보여준 비교적 냉정한 거리는 매우 인상적이었다. 한국국민들이 언제부터 이처럼 반미로 되었냐고 미국교포들이 개탄했다는 얘기를 심심치 않게 들었다. 이는 반미적 태도의 표출이라기보다 우리 눈으로 세상을 보고자 하는 집합적 성숙의 징표가 아닐까? 9·11테러가 막무가내로 이스라엘을 편들면서 이슬람문명을 폄하해온 미국의 자업자득이라는 측면을 꿰뚫어 보면서 한국사회는 이슬람에 대한 우리의 무지를 부끄러워했다. 아마도 9·11테러는 한국에서 이슬람이해의 한 획기가 될 것이다. 이처럼 세계를 보는 시각의 확대와 심화가 환호와 환멸 사이에서 요동하던 남북관계의 불안정성을 제어하는 데 큰몫을 하였으니, 6·15선언 이후 쌓아온 남북 사이의 신뢰가 9·11테러와 같은 충격에도 불구하고 선언 이전으로 남북관계를 환원시키지 않을 만큼, 역전을 허용하지 않는 한국사회의 성숙이 든든하다고 하겠다.

그런데 정작 국내정치는 한국사회의 경제·사회·문화 부문의 성취를 일거에 전복할 불량폭탄이다. 국민의 정부도 문민정부의 앞바퀴를 그대로 밟고 있는 중이다. 통일시대를 이끌 한국정치는 대통합의 길로부터 이탈하여 눈먼 분열을 거듭하면서 부패의 늪에서 허덕인다. 21세기의 입구에서 이 무슨 상서롭지 못한 일인가? 그러나 지금은 정치 탓만 할 때가 아니다. 그 나라 정치의 수준은 그 나라 국민의 수준을 반영한다는 점을 다시금 새기면서 우리들 하나하나가 엄정한 자기비판 속에 새로워져야 한다. 도산島山의 일갈이 절실하다. "그대는 나라를 사랑하는가? 그러면 먼저 그대 스스로 인물이 되라!"

2002년, 새해가 밝았다. 올해는 21세기 한반도의 운명을 가늠할 대형 행사들, 지자제선거와 대선 같은 국내정치행사와, 월드컵과 아시안게임 같은 국제체육행사가 접종接踵하는 해이다. 고질적 서울집중을 막고 나라의 힘을 균형적으로 분담할 능력을 갖춘 지방 지도자들과, 진정한 지방화야말로 테러 이후 급히 유동성으로 함몰한 21세기에 대처할 첩경이라는 점을 요해하는 국민통합적 지도자를 잘 가려뽑아서, 통일시대를 추동할 굳건한 터전으로서 한국사회를 재구축하는 작업이 요긴하다. 이 힘을 바탕으로 한일 월드컵 공동개최와 부산아시안게임을 근사하게 치러낼 때, 테러사태가 한반도에 미칠 좋지 못한 파장을 최소화하면서 한국은 세계 4강의 관리대상이 아니라 동아시아의 균형추로서 20세기의 간난한 한국사로부터 진정으로 탈각할 바탕이 마련될 수 있을 것이다. 낙관론이야말로 진정한 도덕적 용기다. 새해 아침 우리 모두 대회심大回心의 때가 다가왔음을 묵상하는 것으로 복된 인사를 삼기를!

아베가 만난 인도인들

일본총리 아베 신조安倍晋三가 8월 22일, '두 대양의 결합'이라는 제목의 인도의회연설을 통해 인도·호주·미국·일본, 4개국 유대 강화를 역설하는 기염을 토했단다. 중국을 포위하는 이 4각연대 제창으로 사임 압박에서 탈출하려는 속셈은 너무나 뻔한 것인데, 인도 방문의 마지막 일정으로 라다비노드 팔의 아들과 수바시 찬드라 보스의 조카를 만났다는 사실이 흥미롭다. 수도 뉴델리에서 1,140㎞나 떨어진 콜카타(옛 캘커타), 바쁜 일정을 쪼개 비행기로 두 시간이나 날아가 만난 그들은 도대체 누구인가?

라다비노드 팔Radhabinod Pal(1886~1967)은 동경전범재판의 판사였다. 1946년부터 48년까지 열린 동경재판은 냉전의 도래를 대비한 불철저한 심판으로 비판되곤 하는데, 천황의 책임을 불문에 부친 것은 상징적이다. 기소된 전범들도 극히 제한적인 터에 그나마 A급 전범 가운데도 전격 석방되기도 했으니, 아베총리의 외조부 기시 노부스께岸信介는 대표적 인물이다. 그런데 팔은 이 유화적인 재판부 가운데서도 파

*서남통신, 2007.8.25.

격이라고 할 소수의견을 제출한 특이한 판사였다. 미국이 일본에 전쟁을 도발해서 일본이 응전하지 않을 수 없었다는 입장을 견지한 그는 따라서 동경재판이 평화에 기여할 공정한 심판이 아니라 법의 의상을 걸친 복수로 떨어졌다고 비판하면서 전범 모두의 무죄석방을 주장했다. 그리하여 일본점령 미군사령부에 의해 출판 금지된 그의 판결문은 영국과 미국에서도 출판이 허가되지 못했다. 이 독특한 경력으로 그는 일본 우익의 영웅이 되었다. 1966년 일본 천황으로부터 훈장을 탄 그는 2005년 야스쿠니靖國에 모셔진다. 야스쿠니신사에 그의 공적비가 세워진 것이다.

영국의 오랜 고삐로부터의 인도의 해방을 열렬히 꿈꾼 나머지 일본의 대동아공영권 선전에 진지하게 공명한 팔은 수바시 찬드라 보스 Subhash Chandra Bose(1897~1945)의 지지자다. 아베가 팔의 아들을 만난 자리에 보스의 조카가 동석했다는데 보스야말로 인도독립운동의 숨은 흐름을 보여준다. 간디의 비폭력자치운동을 비판하면서 인도의 즉각적 독립을 주장한 그는 2차대전이 발발하자 아프가니스탄과 소련을 거치는 천신만고의 여정 끝에 독일로 가 나치와 협력하여 인도를 해방할 계획을 모색했던 특이한 혁명가였다. 나치의 소련 침공으로 그 계획의 실현이 어려워지자 차선으로 일본과 협력하여 인도를 해방할 새 계획을 추진했으니, 주축국 군대에 포로로 잡힌 인도군을 주축으로 구성된 인도국민군INA: Indian National Army을 재조직한 그는 일본군과 함께 미얀마전투와 임팔전투를 이끌었다. 대영제국과의 힘겨운 투쟁 속에서 영국과 싸우는 주축국들을 이용하여 인도의 독립을 쟁취하려는 그의 현실정치는 결국 좌절했다. 일본이 항복한 뒤 그의 죽음조차 망각되었다. 영국이 가장 두려워한 보스는 간디와 네루로 이어지는 노선이 주류로 된 독립 인도에서도 철저히 지워졌는데, 팔은 바로 잊혀진 영웅 보스의 유지遺志를 동경재판에서 실천한 것이다.

나는 보스와 팔을 친일파로 매도하고 싶지는 않다. 인도의 독립을 위해 전술적으로 대영제국에 도전한 군국일본을 이용하고자 한 그들은 나라의 독립을 포기한 조선의 친일파와는 맥락을 달리하고 있기 때문이다. 그러나 일본과 인도의 연대라는 명분을 빙자한 이 만남을 통해 군국일본의 망령을 현재로 호출하는 아베의 우회적 술수에 대해서는 통탄을 금할 수 없다. 솔직히 아베가 총리 취임 직후 중국과 한국을 방문했을 때 동북아에 낭비적 갈등을 조장한 고이즈미와 차별적 행보를 걷지 않을까, 기대하는 바 없지 않았지만, 이번 사건을 보며 이제 일본에 총리교체가 아니라 정권교체가 임박했다는 일각의 주장에 고개를 끄덕이게 된다. 그런데 중국 견제에 몰두한 나머지 고이즈미와 아베의 접근을 환영하는 인도가 혹 보스의 전철을 반복할까 우려된다. 어제의 갈등을 넘어 동아시아의 내일을 함께 개척하는 대승의 길에 나서려는 한국과 중국, 그들 국민감정에 자민당의 일본이 어떤 상처를 주었는지 고려한다면 인도와 일본의 가교로서 팔을 찬양하는 만모한 싱 인도 총리의 발언은 실망스럽다. 더구나 인도는 한때 비동맹회의를 이끌었던 제3세계의 축이 아니었던가?

오키나와의 교훈

요즘 오키나와沖縄가 봉기 중이다. 11월 8일, 기노완宜野灣시 해변공원 야외극장에서 열린, 미군기지 이전을 반대하는 집회에 무려 2만1천명의 오키나와 주민들이 운집했다고 한다. 섬 중부 기노완시 중심에 위치한 미 해병대 항공기지 후텐마普天間비행장을 섬 북부 나고名護시 헤노코邊野古해변으로 이전하는 문제에 대한 반대의사가 오바마 미 대통령의 첫 아시아 순방을 앞두고 극적으로 표출된 것이다. 11.8 집회는 지난 8.30 총선의 연장이기도 하다. 선거구 2명과 비례구 1명의 중의원을 뽑는 오키나와 선거에서 새 기지 건설을 용납하지 않겠다고 공약한 민주당 후보들이 3명의 자민당 현역 의원들을 누르고 모두 당선된 총선 결과까지 감안하면, 이 섬에 부는 반反기지 바람의 강도를 짐작할 만하다.

태풍의 길목에 자리한 오키나와를 찾은 것은 재작년 2월이다. 이 아름다운 산호초 섬에서 처음 맛본 혼란은 오키나와라는 지명의 중첩이다. 오키나와는 우선 현縣의 이름이다. 1879년 메이지정부는 류큐琉

*『시사IN』 114호, 2009.11.19.

球왕국을 일본의 최남단 현으로 편입하는 이른바 류큐처분을 자행했다. 이때 일본정부는 류큐 대신에 오키나와를 선택했다. 이 이름은 사키시마先島제도와 함께 이 현을 구성하는 오키나와 제도諸島에도 붙어 있다. 오키나와 제도의 중심섬이 바로 오키나와다. 혼동을 피하기 위해 오키나와 본섬本島이라고 부른다. 아, 하나 더 있다. 이 본섬에 오키나와시가 있는 것이다. 그런데 오키나와시를 이 섬의 중심으로 오해하면 안된다. 알다시피 오키나와의 현청 소재지는 본섬 남부에 있는 나하那覇시다. 메이지정부는 도대체 왜 오키나와를 곳곳에 붙인 걸까? 이제 류큐는 일본의 '식민지' 오키나와라는 점을 안팎에 각인하려는 일종의 세뇌에 가까운 시도일 가능성이 높다. 이러니 오키나와의 시민운동이 중개무역으로 번성한 독립왕국의 옛 이름 류큐를 회복하려는 것은 당연한 일일 터이다.

이름을 정리하고 나니 비로소 이 섬을 압박하는 자물통이 보였다. 조선이 일본 대륙침략의 북쪽 관문이라면 류큐는 그 남쪽 관문이다. 메이지유신 이후 류큐를 접수한 일본은 청일전쟁 뒤, 바로 옆의 대만을 식민지로 거두는 한편, 조선에 대한 장악력을 높임으로써 대륙으로 가는 남북 길들을 정비했다. 북쪽길이 더욱 깊숙이 대륙을 파고들자 류큐는 태평양전쟁으로 가는 일본 남진정책의 기지 노릇에 충실했다. 미국은 일본이 남진한 길을 거슬러 오르면서 일본을 마침내 항복시켰다. 그 항복 직전 벌어진 오키나와전투는 그야말로 불의 지옥에 방불했다. 이 전투 직후 항복한 천황은 천황제 보존을 위해 직접 오키나와를 미국의 식민지로 공여했다. 미국은 오키나와를 '극동' 최대의 미 공군기지 가데나嘉手納비행장을 비롯한 요새들로 무장된 무서운 섬으로 만들어 버렸다. 1972년 일본에 반환된 이후에도 미군기지는 의구했으니, 공포와 광기의 집단자살이라는 참혹한 형태로 전쟁을 겪은 오키나와에서 평화는 절실한 비원悲願이 아닐 수 없다.

지금도 기지이전 반대투쟁의 현장 헤노코 해변을 방문했을 때를 잊을 수 없다. 해변 한쪽 조금 들어간 곳에 그들의 본부라고 할 집이 한채 있었다. 그것은 시위가 아니다. 그들은 그곳에서 그냥 살고 있었다. 당시 나는 그것이 진정한 시위라는 점을 미처 깨닫지 못했다. 솔직히 그분들의 헌신에도 불구하고 약간의 회의를 어쩌지 못했던 것이다. 이 어줍지 않은 우려는 그뒤 기분좋게 깨졌다. 오키나와에 다녀온 그해 9월 말, 오키나와전투를 왜곡한 우익교과서를 규탄하는 집회에 물경 11만 명이 모였다는 소식에 나는 감격했다. 오키나와는 살아있다. 오키나와와 한반도는 예나 이제나 연동된다. 11·8 오키나와 집회 이틀 뒤 한반도에서는 돌연 서해교전이 터졌다. 이 사건에 대한 남북의 자제력은 인상적이다. 남북이 자제하니 일본도 신중하다. 이를 꼬투리로 실상은 '한국때리기'인 '북조선때리기'가 불시에 일어나, 바로 재일동포에 대한 '이지메'가 일본 곳곳에서 벌어질 수도 있는 노릇이었다. 커녕 오자와 이치로小澤一郞 민주당 간사장은 한국 민주당 대표를 만난 자리에서 "일·북 관계 개선문제"에 적극적 의지를 표명했다.(『한겨레』, 11.13.) 오바마의 첫 순방을 앞둔 시점에서 모처럼 동아시아 각 나라들이 보조를 맞추고 있다. 좋은 징조다. 모쪼록 동아시아와 미국이 함께 진화할 첫 단추가 잘 꿰어지길!

G2시대,
대만의 선택

전세계적 선거의 해로 불리는 올 첫 대선에서 대만은 여당을 선택했다. 예상과 달리 국민당 마잉주馬英九 총통은 민진당 차이잉원蔡英文 후보에게 80만표 차이로 낙승했다. 개표 초반부터 앞서 나가 그 기조가 그대로 유지됐다고 하니 정권교체와 첫 여총통의 탄생을 기대한 축으로서는 좀 싱겁게 되었다. 동시에 치러진 총선에서도 여당이 과반수 의석을 차지, 겹경사를 맞았다. 요컨대 대만인은 대선과 총선 모두, 주권론에 민감한 민진당이 아니라 양안兩岸안정론을 내세운 여당의 손을 들어준 것이다.

물론 그 속내는 간단치 않다. 무려 17% 차이로 압승한 4년 전 대선에 비해 이번 마 총통의 득표는 현저히 떨어졌다. 6% 앞섰을 뿐이다. 총선에서도 국민당 64석으로 의석 과반 점유는 허용했을 망정 민진당이 기존 27석에서 40석으로 늘었으니 선전한 셈이다. 이 각도에서 보면 총통과 입법위원(한국의 국회의원) 선거에 드러난 대만 민심은 복합적이다. 마잉주의 대중對中정책에 대한 대만 유권자의 불만이 더 분명히

---

*서남뉴스레터, 2012.1.27.

표출되었다고 보아도 좋다.

사실 반공불반중反共不反中(공산주의는 반대하지만 중국은 반대하지 않는다.)을 표방한 마 총통의 정책은 실용적이다. 선경후정先經後政(경제가 우선이고 정치는 나중이다.)과 선이후난先易後難(쉬운 것을 앞세우고 어려운 것은 뒤로 한다.)으로 짝을 맞춰 천수이볜陳水扁 시절 악화된 양안 관계를 풀어낸 마 총통의 행보는 3통(通郵 · 通港 · 通商) 실시를 바탕으로 중국판 FTA라 할 경제협력기본협정(ECFA)을 체결, 대만 경제성장을 이끈 데서 정채를 발하는데, 이것이야말로 '진짜 보수'의 유연성이라 할 만하다.

한편 국공내전에서 패해 대만으로 쫓겨온 국민당의 친중에 대해 국민당 독재에 저항한 민진당의 탈중脫中지향은 현실정치의 간계를 그대로 드러낸다. 마잉주의 정치적 후견인 장징궈蔣經國(1910~88) 총통 시절에도, 그가 아프면 대륙에서 비밀히 약을 보냈다는 소문이고 보면, 국공합작의 전통은 연면하다. 아버지 장제스蔣介石(1887~1975)를 이어 총통에 오른 부자세습의 이미지가 강해서 그렇지 그는 젊은 시절 소련 유학생이었다. 1935년 소련에서 결혼한 부인도 러시아인이다. 장징궈의 그림자는 길다. 마잉주가 그의 비서출신이라면, 차이잉원의 멘토 리덩후이李登輝 전 국민당 총통은 장징궈의 후계자였다. 장징궈는 외성인外省人 출신이지만, 그 후계자 리덩후이는 본성인本省人이다. 이미 외성인의 독점적 지배가 명이 다했음을 짐작한 그는 정관계政官界에 본성인의 진출을 방조함으로써 다음 시대를 준비했다. 그 속에서 본성인 출신 최초의 국민당 총통이 나왔고, 그 끝에 민진당의 정권교체가 이루어졌고, 지난 대선에선 그의 비서 마잉주가 다시 정권을 탈환했고, 이번 대선에선 새로운 국공합작을 추진한 그의 비서와, 양국론(중국과 대만은 한

나라가 아니라 두 나라)을 제창한 그의 후계자 리덩휘이가 미는 민진당 후보가 겨뤘다. 결국 그의 비서가 선거로 연임한 최초의 총통이란 명예를 거머쥐었으니, 이제 대만민주주의는 자위를 돌았다고 해도 과언이 아닐 것이다.

이번 선거에서 중국은 전과 달리 북풍을 자제했다. 물론 중국은 마잉주 편이다. 후진타오胡錦濤 주석이 양안정책의 구호로 내세운 이경제정以經制政(경제로 정치를 제어한다.)은 마잉주의 선경후정先經後政과 호응하는데, 중국판 햇볕정책이 소리소문없이 먹혀들었던 터이다. 타이상臺商(대륙에서 활동하는 대만상인) 100만 가운데 30만이 양안관계의 불안을 가져올지도 모를 민진당의 승리를 막기 위해 '귀향투표' 대열에 합류했다는 보도는 그 상징이다. 이 투표를 중국정부가 은밀히 독려했다는 소문이 없지 않지만, 이미 양안의 경제교류가 두터워진 데서 오는 자발성이 주동적일 것이다.

그런데 미국은 더욱 흥미롭다. 선거 직전, 미국재대在臺협회American Institute in Taiwan, 약칭 AIT 전 회장 더글러스 팔Douglas H. Paal이 TV인터뷰에서 마 후보를 지지하고 차이 후보를 비판하여 큰 소동이 났다. 이에 대해 AIT는 서둘러 팔의 발언은 미국의 입장이 아니라고 부정했는데, 선거 직후에는 재빨리 "양안의 번영과 미대美臺관계의 강화"를 추구하는 마 총통의 당선을 환영했다. 도대체 AIT는 무엇인가? 이 괴상한 이름의 기관은 1979년 1월 1일 미국이 중국파트너를 타이베이臺北에서 베이징北京으로 바꾼 직후 설립되었으니, 베이징을 의식해 이름만 바꾼 주대만臺灣 미국대사관인 셈이다. 더구나 더글러스 팔은 거물이다. 중국식 이름(包道格)도 지닌 그는 레이건과 아버지 부시의 아시아 정책 특보를 지낸 중국통으로 북한 관련하여 한국도 방문한 바 있는 현 카네기재단 연구담당 부회장이다. 중국과 대만의 도발행동을 동시에 제어하는 이중억지전략dual deterrence을 선호하는 보수파이기도 하려니와, 중국의 협조가 절실한 부시행정부에서 천수이볜 정부가 골칫거리였다는 점을 감안컨대, 그의 발언이 우발적이라고 보기는 어렵다. 그나저나 미국은 공화당이나 민주당이나 정말이지 대외정책에 관한 한 오십보백보다. 하여튼 이번 대만선거에서 중미는 훈수꾼으로 멋지게(?) 공조했다. 미중은 대립하는 듯하지만 점점 더 협력자의 양상을 보이고 있다는 월러스틴I. Wallerstein의 통찰이 상기되는 대목이 아닐 수 없다. 그러나 장기판은 훈수대로 움직이는 것이 아니다. 선거를 통해서 국민당과 민진당의 정책이 상호수렴된 점도 유의할 대목인데, 양안 교류의 진전으로 대만민주주의가 해협을 빠르게 횡단하고 있다는 사실이야말로 인상적이다.

3부

정책판단의 '황금잣대'

핵실험 이후

북한이 핵실험을 강행한 지 벌써 한달이 지났다. 개천절날 북 외무성이 핵실험을 예고하는 성명을 냈다는 보도를 접했을 때만 해도 설마, 하는 마음이 없지 않았다. 그럼에도 한켠에는 그 이전 미사일사태 때처럼 그냥 저질러버릴지 모르겠다는 우려도 없지 않았다. 한글날 저녁 퇴근 후 얼핏 TV에서 핵 운운하는 소리를 듣는 순간, 나는 잠시 멍했다. 이번에도 '혹시나'가 '역시나'로 판명되는군, 하며 가벼운 탄식을 금할 수 없었다.

이렇게까지 하지 않을 수 없는 북한도 딱하고, 사태를 이 지경으로 방치한 미국도 한심하지만, 와중에 핵무장을 추진하는 빌미로 삼으려는 일본의 편승은 또 무슨 염치란 말인가. 러시아가 북에 대해 두둔함이 상대적으로 큰 데 비해, 오히려 중국이 강경한 게 의외였다. 나는 처음에 중국의 딱딱함이 외교적인 것이 아닐까, 의심했지만 곰곰이 살펴보곤 진심에 가깝다고 판단했다. 중국의 북한 옹호도 어디까지나 자신을 보위하려는 의도에 긴박되어 있다는 점을 상기하면 그 구도를 흔드

*서남통신, 2006.11.9.

는 북한의 핵무장을 용인할 리 없음을 요해하게 된다. 단적으로 한반도의 남과 북이 모두 중국과 잘 나간다고 믿어 의심치 않았을 때도 느닷없이 동북공정으로 뒷통수를 치는 중국이 아닌가. 더구나 이번에 북은 중국을 홀대했다 한다. 흘러나오는 뒷얘기에 의하건대 북한은 핵실험 강행을 러시아에 2시간 전 통고했는데, 중국에는 25분 전에 알렸단다. 핵실험 이후 중국의 입장을 예견한 북은 그동안 소외된 러시아를 끌어들이려는 속셈으로 중국과 러시아 사이에서 줄다리기 외교를 시도한 것이다. 이 미묘한 변화 속에서 러시아가 중국보다 친북적인 자세로 돌아섰으니 괭이눈처럼 팽글팽글 도는 세태가 자못 희극적이다. 북핵사태로 동북아는 아연, 국가이성의 적나라한 충돌장으로 복귀한 바, 이 총성 없는 전장의 한복판에 찢긴 한국정부는 안팎곱사등이 신세로 찌그러졌다.

노무현정부는 그동안, 비록 성공적이지는 못했다 할지라도, 미국과 중국 사이에서 줄다리기 외교를 시험해 왔다. 냉전시대의 전통적 한미동맹을 수정하면서 한중관계의 진전을 도모하려는 골자는 남북화해시대를 확실하게 열고자 한 김대중정부의 지향을 계승한 것인데, 부시정권의 출현이라는 조건에 갈팡질팡을 거듭하곤 했다. 미국의 요구는 요구대로 들어주면서도 정작 미국으로부터 대가를 확실하게 보장받지 못했다. 예컨대 국내외의 반전여론에도 불구하고 단행된 이라크파병은 대표적이다. 얼마전 파월사령관 채명신은 박정희의 월남파병 결정이 미국정부의 미군철수 위협에 대한 고육지책苦肉之策이라고 증언했는데, 우리는 노무현정부의 이라크파병 결단도 그런 속내가 있을 것으로 짐작하고 더 이상의 논란을 거두었던 터다. 그럼에도 한미관계는 여전히 어근버근한 상태를 면치 못한 채, FTA협상으로 돌입하니 우리 시민사회가 일제히 반대를 공개적으로 표명하기에 이르렀다. 한중관계도 한미관계보다 낫다고는 하지만 동북공정에서 단적으로 드러났듯 역시 요철凹凸을 밟고 있다고 해도 지나친 말은 아니다. 이 휘둘림 속에서 남북관계 역시 정체상태 속으로 빨려들었다. 북은 여전히 남을 중요한 동반자로 여기지 않는다. 말로는 민족공조를 내세워도 실제로 중대한 결정에서 남은 소외된다. 줄 건 다 주고도 그에 걸맞은 대접을 받지 못하니 '퍼주기'라고 비판받아도 할 말이 많지 않게 되고 말았으니, 딱한 일이다. 동북아의 균형자는커녕 장기판의 졸卒로 전락한 형국이다.

이 위기에서 탈출할 길은 어디에 있는가? 막연한 민족주의와 모호한 국제주의 사이에서 우왕좌왕 또는 좌고우면左雇右眄하기를 그치고 한국이 줏대를 잡아야 한다. 북의 핵실험 사태를 오히려 그 계기로 삼을 수 있도록 지혜와 지지를 모으는 것이 선차적이다. 반핵의 대의 아래 한반도 비핵화를 확실하게 밀고 나가는 것이 이 난마처럼 얽힌 형국을 돌파할 비장의 카드다. 이미 북이 핵 보유를 선언했는데 무슨 철부지 이상주의냐고 반문할지 모르지만 지금이야말로 '환상 없는 이상주의'가 절실히 요구되는 때가 아닐 수 없다. 미국의 대북경고가 실은 남한의 정권교체를 겨냥하고 있다는 서동만의 분석을 상기하면 이미 한반도 주변 4강은 북의 핵 보유를 진정으로 저지하기보다는 다른 계산에 몰두하는 것처럼 보이기도 한다. 반핵 원칙을 견지하면서 주변 4강을 달래 남과 북이 함께 진화하는 고도의 정치력이 필요한데, 마침 미국의 중간선거에서 부시정권이 패배한 것도 나쁘지 않은 소식이다.

포로가 된 지방선거

지난 주말, 재단 식구들과 부산에 다녀왔다. 고속철을 타고 부산에 가기는 이번이 처음이다. 시간이야 짧아졌지만 짐작대로 여행재미는 예전 경부선만 못했다. 내게 경부선 여행의 백미는 지루해질 무렵 나타나기 시작하는 낙동강을 바라보는 즐거움이다. 압록강 다음, 한반도 제2의 강이요, 남한 최대의 강, 낙동강은 그 유역流域만큼이나 무진장한 이야기의 세계를 거느린 장강이다. 그런데 직선으로 뚫은 고속철에서는 낙동강이 밀양 지날 때 잠깐 감질나게 보이곤 그만이다. 시간의 단축이란 생활의 냄새가 은은히 밴 독자적 장소들을 균질적인 공간으로 추상화한다는 것을 의미할진대, 고속철의 속도는 결국 그 종착역 부산마저 지울 것이다. 과연 부산은 활기가 떨어져 보인다. 1960년대 중반, 처음 부산에 갔을 때 그곳은 내 사는 인천과는 확연히 다른 한 세상이었다. 사투리와 바다, 사나이와 아가씨, 그리고 뜻밖에 우람한 능선과 드넓은 낙동강 하구, 항도 부산은 요란하게 살아있었다. 이번에 새삼 깨닫게 된 일은 부산말이 얌전해졌다는 점이다. 표준어가 부산사투리

* 『경인일보』, 2006.5.17.

를 아래로부터 먹어가고 있다는 것은 부산의 독자성이 쇠퇴하고 있음을 뜻하는 움직일 수 없는 증좌다. 전문傳聞한 바에 의하건대, 명문 부산대조차 학생들이 서울로 빠져나가는 현상이 뚜렷하다니 지방의 위기가 심각한 지경이 아닐 수 없다.

지방자치는 한국을 지배해온 서울집중을 교정할 가장 긴요한 대책이다. 우리 중앙집권의 전통은 유구하다. 한국의 중세에는 봉건제가 없었기 때문이다. 왕은 직할지[畿]를, 각 지방은 분봉分封한 제후가 다스리는 봉건제는 지방자치의 먼 요람이다. 봉건제가 부재하는 한국의 중세가 식민지근대로 계승되면서 지방자치는 역시 실종된다. 해방이 지방자치 실현의 계기가 아니라 그 무덤으로 귀결된 사정은 분단국가 수립과 국제적 내전의 발발과 그 이후의 독재정권 연속이라는 조건을 상기하면 족할 것이다. 물론 이승만 정권은 부분적으로 지방자치를 실시했지만 그것은 어디까지나 권력의 위기를 돌파할 수단이라는 정쟁적 성격을 면치 못했다. 이 점에서 1991년, 지방자치가 전면적으로 부활한 것은 획기적이다. 오랜 군사독재를 끝낸 문민정부시대에 지방자치를 민주화의 열매로 우리 사회가 안게된 것은 아주 자연스런 일이다. 아다시피 지방자치는 그 지방사람들이 그 지방의 현재를 함께 토론하여 그 미래를 더불어 개척하는 기초 중의 기초로 되는 제도로서 비대한 중앙권력을 모든 지방이 나누어 맡음으로써 분권적 민주화를 실험하는 거대한 첫걸음이었던 것이다. 지자제 시행이 이미 15년이 지났건만 지방선거의 풍경은 그날이 그날 같으니 딱한 노릇이다. 지방선거는 결코 중앙정치의 복제가 되어서는 아니된다고 너도나도 외워도 결국은 구두선口頭禪에 지나지 않는다. 왜 이리 되었을까? 그 원죄는 1991년 지자제의 전면적 실시에 말미암는다. 문민정부 역시 정치적 위기의 타개를 목표로 충북을 시범지역으로 하는 원안을 버리고 전면화로 달려나갔다. 제한된 범위에서 착실한 실험을 거듭하며 시행착오를 줄여나가는 단계를 생략함으로써 지자제도 중앙정치의 포로로 되어버렸던 것이다. 지방의 고유한 의제를 중심으로 최선의 일꾼을 뽑는다는 지자제선거의 독자성은 사라지고 중앙정치의 권력투쟁을 그대로, 아니 더욱 악화한 형태로 반복하는 과정에서 지방의 위기는 오히려 심화되는 악순환이 자리잡게 되었으니 통탄할 일이 아닐 수 없다.

금번 지방선거도 이 악순환에서 벗어날 기미가 현재로서는 보이지 않는다. 여당은 여당대로 지방정부들을 거의 독식하고 있는 제1야당을 심판하자고 목소리를 높이고, 제1야당은 제1야당대로 국정파탄의 책임을 물어 여당을 규탄하자고 아우성치고, 혁신당은 혁신당대로 보수독점을 깨자고 두 당을 한꺼번에 몰아치고, 어느 틈에 부활한 지역당들은 그들대로 활개친다. 그래도 믿을 건 눈 밝은 지방주민뿐! 왜곡된 중앙정치의 포로로 잡힌 지자제를 구원할 그 사람들은 누구인지 깊이 깊이 생각하는 그런 선거가 되길, 이 소원이 헛꿈이 아니길 빌 뿐이다.

시기심으로부터의 자유

‘배 고픈 건 참아도 배 아픈 건 못 참는다.’ 내가 제일 싫어하는 말이다. 우리가 이 마음보만 고치면 정말 대단한 민족이 될 텐데 어찌하면 이 독심毒心으로부터 자유로워질 수 있을까? 사실, 시기심이란 자연스러운 감정이거니와, 꼭 나쁜 것만도 아니다. 시기심의 뿌리가 자기애自己愛란 점을 상기할 때, 이런 마음이 없는 사람은 향상에 대한 욕구도 없기 마련이다. 드물지만 아주 가끔 시기심 없는 사람을 만나기도 한다. 그런데 우리처럼 보통사람들이 보기에 요순시절 백성 같은 그분들의 삶은 너무나 무미하다고 할까, 좀 재미가 적다. 적당한 시기심은 일단 확보한 그 자리에 주저앉으려는 우리를 채찍질하여 더 높은 곳을 향하여 우리로 하여금 나아가게 하는 강력한 추동력으로 전화되기도 하는 것이다. 자기애에 기초한 시기심은 어쩌면 필요악인지도 모른다. “자기를 사랑하고 남을 사랑하라愛己愛他”고 가르쳤던 도산島山의 말대로 자기를 사랑하지 않는 사람은 남을 사랑하지도 못할 것이다. 자기애야말로, 적절하게 조절만 된다면, 타자애他者愛로, 나아가 우리에 대한

*다산포럼, 2005.7.12.

공동체적 사랑으로 고양될 바탕이 될 수도 있다.

고민은, 대개의 경우, 시기심이 이런 긍정적 방향으로 잘 뻗어가지 않는다는 점이다. 특히 우리 사회에서 이 경향은 우심하다. 오죽하면 이런 야비한 속담이 횡행할까? 남이 잘되는 일에 이처럼 배 아파하는 심보는 우리 민족의 성격이 원체 악착해서는 결코 아닐 것이다. 이 사회심리의 바탕에는 그동안 우리 기득권층에 대한 민중적 비판이 깔려 있다. 우리 사회의 가진 자와 있는 자들이 규칙을 충실히 지키면서 그야말로 자력으로 그 자리에 올라섰는데도 그랬을까? 아마도 아닐 것이다. 일제시대는 차치하고 해방 후만 따지더라도 그들의 부와 권력에는 어두운 그림자가 드리워있다. 요즘 몰아치는 삼순이증후군도 이런 비판의식과 무관하지 않을진대 먼저 우리 사회 기득권층의 뼈아픈 각성이 요구된다. 그런데 언제까지 기득권층 탓만 할 것인가? 어디선가 이 악순환의 고리를 끊어야 한다. 남탓 하지 말고 우리가, 아니, 나부터 시기심에서 자유로워지는 마음의 훈련을 본격적으로 시작해야 하지 않을까?

돌이켜 보면 민간독재, 군사독재, 유사군사독재를 골고루 거치면서 그 부정한 권력들에 순응하기를 거부하고 민주정부를 건설하기 위한 긴 싸움에서 시기심은 강력한 저항의 무기였다. 절차적 민주화가 일단락됨으로써 우리 사회는 이제 반환점을 돌았다. 이 전환기에 시기심의 어떤 공공성은 급속히 사적인 질투로 대체되었다. 평등주의의 확산 속에서 만인의 만인에 대한 싸움 상태가 인터넷의 놀라운 보급과 함께 도래하였다. 통합이 아니라 배제의 원리로 작동하는 시기심의 부정적 양상이 대발하는 형국인 것이다. 특히 그 폐해는 남의 장점을 긍정하고 그로부터 한수 배우려는 공부기회를 스스로 박탈하는 데 있다. 일본인들은 이런 면에서 강점을 보인다고 한다. 낯선 자가 나타나면 일단 대결하지만 패배할 경우 그에게 깨끗이 승복하고 그로부터 배울 바를 성심으로 학습하여 결국 그를 추월하는 게 일본인이란다. 이에 비하면 한국인은 승복에 인색하다. 실력은 신통치 않은데도 위에서 노는 자들에게까지 승복할 필요는 없지만, 분명히 한수 위인데도 낮은 시기심으로 승복하지 않는 것은 병통이다. 시기심은 아주 전염력이 강한 게 특징이다. 한 집단에 이런 자가 있으면 나머지도 알게 모르게 감염된다. 이 바이러스가 퍼지면 그 집단은 끝장이다. 서로를 진심으로 아끼지 않으니 사람이 클 수 없다. 사람이 가장 주요한 자산인 이 나라에서 선후배가 상호 섬기는 마음으로 격려하고 편달할 때 나와 우리가 함께 성장할 수 있다는 점을 염두에 둔다면, 그리고 그때 비로소 후속세대의 창발적 출현이 가능하다는 점에서 더욱이, 시기심에 대한 근본적 싸움을 더 이상 미룰 수 없는 계제가 아닌가 한다.

나는 청소년축구대표 백지훈의 인터뷰기사에서 희망을 보았다. 온 나라가 박주영에 열광해도 그는 의연하다. 박주영만 각광을 받아 불편하지 않냐는 질문에 박주영이 잘하니까 그런 대접을 받는 게 당연하다며, 백지훈 자신도 이제는 더 잘해서 그처럼 되겠다고 환하게 웃는다. 얼마나 근사한가? 우리도 백지훈 선수를 따라, 남의 슬픈 일에 진심으로 슬퍼하고 남의 기쁜 일에 진정으로 기뻐할 줄 아는 사람이 되기 위한 마음공부에 함께 나설 때다.

다시 어린이를 살리는 길

어린이날은 돌아왔는데, 어린이는 점점 귀해진다. 할아버지 할머니 되기가 그렇게 어렵단다. 젊은이들의 결혼이 점점 늦어지고, 아니 결혼을 아예 고려하지 않는 축도 적지 않다는 것이다. 설령 결혼한다고 해도 아이 가지는 일을 늦추거나 애초에 단념하는 이들 또한 증가추세인 모양이다. 멀리 갈 것도 없이 내 주변만 살펴도 과년한 미혼과 아이 없는 젊은 부부들이 수두룩하다. 우리 또래 또는 조금 웃 선배들이 지하철에서 어쩌다 '할아버지, 이리 앉으세요'하는 양보에 화들짝 놀란 경험을 웃으며 얘기한 게 엊그제 같은데 이제는 정말 할아버지가 되고 싶어 안달이 났다. 이에 반해 노인은 흔하다. 일찍이 물러나 노인 아닌 노인 신세로 노는 젊은 노인들도 문제지만, 죽고 싶어도 죽어지지 않는 장수노인들은 더욱 딱하다. 한국근현대사의 간난을 온몸으로 통과하여 풍요사회를 맞이했는데 정작 자신들은 천덕꾸러기 신세로 떨어진 우리 부모세대는 그 아이러니, 최대의 희생자가 아닐 수 없다. 이 세태 속에서 요즘 소아과가 몰락하고 정형외과는 흥청거린다. 잘나가던 소아과가 어린이가

---

*다산포럼, 2005.5.5.

귀해지면서, 정형외과는 노인들의 사랑방으로 변신하면서, 두 의원의 역전이 이루어졌다니 세상은 요지경이다. 속내를 들여다보면 집집마다 이 문제들로 앓는다. 속으로만 끙끙거릴 뿐 대책이 없다.

해결의 실마리는 젊은이들, 특히 똑똑한 젊은 여성들이 건강하게 짝을 짓고 편안하게 아이를 낳을 수 있도록 출산과 양육의 사회화가 제도적으로 정착되는 데서 찾을 수 있겠다. 이 문제에 관해 정부도 다양한 대책을 마련중이라지만, 그 정도로는 부족하다. 요즘 젊은 여성들은 전업주부 노릇을 죽기보다 싫어한다. 여성들이 자기 능력을 개발하여 사회적으로 공헌하는 일은 좋은 것이거니와, 이는 이미 막을 수 없는 대세다. 그렇다고 전업주부들이 그 때문에 주눅드는 분위기로 몰아가서는 아니된다. 전업주부는 전업주부대로 직장여성은 또 직장여성대로 그녀들의 선택을 존중해서 돕는 것이 중요하다. 전업주부문제는 따로 더 얘기할 게 많지만 우선 직장여성의 경우를 살펴볼 때 지금 상황에선 그들에게 결혼을 종용하기가 어렵다는 점이다. 아무리 성평등 가정이라고 해도 결혼은 여성에게 다른 부담을 얹게된다. 결혼하면 허덕거리는 게 엄연한 현실이다. 더구나 아이까지 출산하면 그야말로 설상가상雪上加霜이다. 예전처럼 친정에 가서 편안하게 몸 풀고 출산 이후를 안정적으로 조리하는 일은 애초에 바랄 수 없다. 친정어머니와 시어머니의 손주에 대한 무조건적 헌신을 이제는 기대하기 어려운 현실이기 때문이다. 얼마전 TV를 보다가 깜짝 놀란 적이 있다. 출산원의 실태도 충격적이지만, 산모들이 아이 낳고 우울증에 시달리는 경우가 많다는 것이다. 우울증이 얼마나 무서운 것인지는 최근 우리가 실감하고 있는 터인데, 우리 미래의 꽃인 어린이가 축복이 아니라 공포의 대상으로 돼버렸다는 사실은 우리 시대 최대의 엽기다.

돌이켜 보면 어린이와 어린이날의 탄생은 거룩한 것이었다. 소파小波 방정환方定煥은 1920년 어린이란 말을 창안하고 1922년 어린이날을 선포했다. 이로써 조선의 가난하고 불쌍한 어린이가 사람의 일생에서 가장 중요한 사유단위의 하나로 설정되었으니 어린이는 민족의 미래를 밝히는 꽃으로 들어올려진 것이다. 소파가 이처럼 선구적으로 어린이에 주목하게 된 이유는 어디에 있을까? 우리는 그가 손병희孫秉熙의 사위, 즉 동학東學의 전통과 연계된다는 사실에 주목해야 한다. 동학은 여성과 아동을 처음으로 발견하였다. 동학의 2세교주 최시형崔時亨이 숨어다닐 때의 일화다. 신도집의 남편이 처를 때리자 해월海月은 말한다. "왜 한울님을 때리십니까?" 신도집의 처가 아이를 때리자, 해월은 또 말한다. "왜 한울님을 때리십니까?" 한울님이 사람 바깥, 더 정확히 말하면 사람 위에 있는 것이 아니라 개개의 사람 안에 있다고 보는 동학사상에서 여성과 아이를 때리는 것은 곧 한울님을 치는 것과 같다는 이 위대한 말씀에서 한국의 여성운동과 어린이운동은 태어난 것이다. 이 사상을 식민지의 엄혹한 조건에서 희망의 싹으로 다듬고 발전시킨 분이 바로 소파 선생이다.

어린이가 귀해진, 그래서 어린이를 가족의 미래를 보장하는 투자처로만 생각하여 오히려 어린이를 망치는, 그래서 젊은 여성들의 출산기피가 심화되는 악순환이 횡행하는 세태를 염려하며 조선의 어린이를 구원한 해월과 소파를 추모하는 마음 더욱 간절하다. 정부는 물론 시민사회도 함께 이 중차대한 문제에 대한 획기적이고 구체적인 대책 마련에 지혜를 모을 때가 아닐 수 없다. 겉만 번지르한 하루반짝 행사보다 현상을 점검하고 개량하는 단계적인 개선책을 내놓는 것이 진정 어린이날을 기리는 어른의 책무일 것이다.

'배용준 증후군'의 이면

어느덧 올해도 다 갔다. 끝이란 으레 사람을 감상적感傷的으로 만들기도 하지만 요즘은 일기마저 불순하여 더욱 그렇다. 세찬 비가 내렸다가 금세 맑은 하늘이 보이는가 싶더니 눈발이 뒤섞인다. 기상청에서는 엘니뇨현상으로 설명하지만 세상사가 뒤숭숭하니 하늘도 그 건건健健한 운행을 잠시 잊었는가, 슬며시 걱정이 되기도 한다.

참여정부 출범 초기에 이 정부의 행로가 카터형型으로 갈지, 아니면 클린턴형으로 나아갈지, 빗대는 논의를 경청한 적이 있다. 아다시피 카터나 클린턴이나 모두 '촌놈'이다. 모든 면에서 소수자인 시골 출신 개혁파들이 '세계의 중심' 워싱턴에 입성했을 때 두터운 기득권층의 저항이 거셀 것은 뻔한 일이었다. 과연 두 정부 모두 출범 당시 고전苦戰을 면치 못했다. 카터는 결국 4년 내내 고전의 늪에서 헤어나오지 못함으로써 '가장 무능한 대통령'이라는 불명예 속에 재선에 실패하였다. 카터는 퇴임 후에 오히려 존경받고 있다. 분쟁지역을 쫓아다니며 화해 방안을 모색하는 역할을 자임함으로써 전직 대통령의 한 모범이 되었다.

* 『동아일보』, 2004.11.29.

예컨대 1994년 북한을 방문하여 자칫 전쟁으로 치달을 수 있었던 북핵위기를 해결할 실마리를 푼 것은 대표적이다. 그때 정작 우리들 대부분은 그 위기가 그리 심각한 줄은 까맣게 몰랐다. 나중에 알고야 아찔했으니, 한국은, 아니 한반도 전체가 정말 카터에게 감사해야 한다. 2002년 그에게 노벨평화상이 헌정되었다. 정치적으로 오염되기 일쑤인 노벨평화상을 구원했다는 논평이 나올 만큼 퇴임 후의 활동이 훌륭함에도 불구하고 재임 때의 실패는 실패대로 남는 것이 역사의 엄정함이다. 반면 클린턴은 1년 만에 좌충우돌과 우왕좌왕을 끝내고 '계몽된 국제공동체'에 대한 신뢰를 바탕으로 한 국제주의의 협화 속에 미국을 성공적으로 이끌었다. 이번 미국 대선에서도 클린턴의 위력이 여전히 막강한 것을 보면 그 역시 지지받는 전 대통령의 반열에 들어서있음을 실감하게 된다. 재임 때의 업적이 추문을 덮어버릴 정도로 평가받는 경우가 아닐 수 없다. 전문가들은 클린턴의 성공을 통합적 중도주의의 승리로 설명한다. 민주당 좌파의 위치에서 중도로 이동하여 보수적 공화당과 민주당 좌파 사이에 균형을 취한 클린턴의 정치적 선택이 빛나는 대목이다. 참여정부는 현재 어디에 있는가? 이미 집권 2년을 앞두고 있음에도 우리 사회 내부의 갈등이 좀처럼 해소되지 않는 것을 보면 아직도 클린턴정부의 길로 들어선 것은 아니다.

이 착잡한 때 일본에 부는 배용준 바람은 일견 우리를 즐겁게 한다. 그런데 최근 그의 일본방문 보도를 접하면서 고모리小森陽一 교수의 지적이 떠올랐다. 지난 번 〈한일, 연대21〉 회의가 끝나고 뒷풀이자리에서 그는 일본 안의 '북한때리기'에 우려를 표명했다. 그 말에 나는 그것이 내면으로는 '한국때리기'라는 분석이 있던데 어떻게 생각하냐고 물었더니 그 역시 동의한다고 하면서, 일본의 한류韓流가 일본남성들의 북한(또는 한국) 때리기에 대한 일종의 속죄적 의미를 가진다고 덧붙였다. 일리가 있다고 생각하면서도 좀 과도한 해석이라는 느낌도 없지 않았는데, 이번 사태를 보면서 그럴 수도 있겠다는 쪽으로 기운다. 일본 아줌마들의 저 저돌적인 몸짓들은 일본사회, 더 좁히면 일본남성사회에 대한 격렬한 항의일 것이다. 그런데 그 전도顚倒된 항의가 일본사회를 개혁하는 힘으로 변화될 수 있을까? 오히려 일본남성들의 한반도때리기를 가속하지 않을까 우려된다. 부시의 재선으로 한반도를 둘러싼 국제적 환경이 엄중해지는 현실에서 참여정부의 성숙한 대응이 더욱 절실히 요구되는 형국이라는 점을 함께 새기고 싶다. 참여정부가 중립에 제대로 설 때 일본의 한류도 한일의 새 시대를 여는 힘으로 전환될 수 있을 터인데, 카터정부를 반면교사反面教師로 삼자.

귀명창名唱이 그리운 시절

판소리계에 전해오는 금언이 있다. "귀명창이 명창을 낳는다." 우리가 가진 독보의 음악적 재보財寶로 자랑할 만한 판소리의 역사에는 문자 그대로 피나는 수련을 거쳐 득음得音한 전설적인 명창들의 계보가 맥맥하다. 그런데 그 명창들을 낳은 바탕에 귀명창들이 존재한다. 귀명창이란 이 재미있는 조어造語는 판소리의 맛과 멋을 제대로 음미할 줄 아는 훌륭한 청중을 가리킨다. 가짜와 진짜, 미숙한 것과 성숙한 것, 음악적 경지의 높낮이를 변별할 뿐 아니라 그 음악적 경지의 근본이 되는 삶에 대한 성찰까지 간파하는 수준 높은 청중, 그 익명의 대중에 의해 판소리는 지지돼온 것이다.

"일고수一鼓手 이명창二名唱"이란 말도 있다. 소리하는 명창보다 북 치는 고수가 우선이라는 점을 이른 것이다. 고수는 반주자로서 소리판에서 어디까지나 부차적 존재다. 실제로 예전에는 고수를 하대하여 이에 격분, 북을 내치고 소리광대로 나선 이들도 적지 않았다는 얘기다. 그런데 명고수는 단지 반주자에 그치지 않고 소리를 이끌어간다. 그는

* 『동아일보』, 2004.11.1.

지휘자요 해석자이자 비평가로서 명창과 청중 사이를 매개한다. 귀명창이 아마추어 비평가라면 명고수는 전문적 비평가라고 할 수 있는데, 전문비평가란 수준 높은 청중의 다른 이름이다. 판소리계에 전해지는 이 지혜로운 금언들은 위대한 예술의 탄생에 청중의 양과 질이 얼마나 결정적인지를 명쾌히 지적한 것이다.

얼마전 베네치아에서 이런 청중들을 만났다. 한국과 이태리 수교 120주년을 기념해 카포스카리 베네치아대학이 주최한 '제1회 한국·이태리 시포럼'에 참석한 베네치아 청중들의 그 놀라운 경청은 차라리 감동적이었다. 일찍이 동방무역을 개척하여 번성했던 도시에 자리잡은 베네치아대학이 그 전통을 이어 이태리 최고의 동방학 중심지라는 사실을 감안하더라도 중국학이나 일본학의 두터운 축적에 비할 때, 이제 막 태동하기 시작한 한국학은 아직 낯선 것이다. 그럼에도 노교수에서 젊은 학생에 이르기까지 이틀에 걸쳐 이루어진 긴 행사에 그처럼 열심히 참여할 수 있다니, 베네치아의 위대한 예술은 바로 이 뛰어난 귀명창들에 의해 건설된 것임을 나는 절감하였다.

한국어가 베네치아의 청중들을 매료시킨 데에는 이 포럼에 참석한 고은高銀·정현종鄭玄宗, 두 시인의 현전에 힘입은 바 크다. 특히 고은 시인의 낭송은 일품이었다. 이 포럼과 함께 열린 이현 화백의 전시회도 돌연한 한국어 붐을 도왔다. 베네치아 청중들의 두 시인에 대한 경의를 지켜보면서 나는 한국현대시의 수준을 가만히 가늠하였다. 시가 죽어가는 서구사회에 비할 때 한국에서 시는 살아있다. 간난한 한국현대사를 딛고 그 고통의 현실을 영롱한 시의 이슬로 내린 한국현대시가 죽은 시인의 사회, 서구의 영혼을 일깨우는 현장을 목격하면서 나는 새삼 한국현대시를 이 수준으로 들어올린 한국독자들에게 경의를 표했다.

고된 여정에도 행복에 겨웠던 것도 잠시, 귀국 비행기에서 얻어본 한국신문은 살벌한 한국소식들을 대문짝만하게 전해준다. 온갖 쟁점들을 둘러싸고 정치가들의 말이 어지러이 춤춘다. 신문 방송은 정치판의 편먹은 말들을 중계방송만 하는 게 아니라 덧붙여, 논평하고 주장하고 비난하고 옹호한다. 고명한 교수님들도 신문 방송에 납시어 편먹고 상대를 비난한다. 네티즌들 또한 난리다. 소통되지 않는 말들이 공중에 자욱하다. 누구도 귀명창이나 고수가 되려 하지 않고 모두 소리광대로만 나선다. 귀명창이 사라진 우리 시대의 우울한 풍경을 넘어설 길은 정녕 없는가? 부유하는 말들의 진위를 따지고 그 성심을 가리고 실천으로 이동할 말의 줏대를 세울 귀명창의 귀환을 간절히 기원한다. 귀명창들의 지혜를 모아 명창의 공업을 이루게 할 명고수들은 어디에 있는가?

OX교육의 보복

교육부총리가 최근 자신의 심경을 솔직하게 털어놓은 서한을 언론에 공개하였다. 교육계의 현안들에 대해 조정적 역할을 하려고 하면, 진보쪽에서는 시장과 경쟁만을 앞세우는 신자유주의자로 몰리고 보수쪽에서는 평등에만 집착하는 민중주의자로 매도되는 고충을 토로한 이 공개서한은 요즘 한국에서 교육부 수장 노릇하기가 얼마나 어려운지를 실감케 한다. 이 편지에 대해 한쪽에서는 국감을 앞둔 일종의 정략적 의도를 지닌 것으로 판단하여 비판하기도 하지만, 참으로 세태가 야박하다. 아마도 참여정부에 비판적인 인사들의 반응일 터인데, 그 역도 성립한다. 한국은 목하 두쪽이 났다. 발언의 적실성을 따지기 전에 먼저 그 발언자가 어느 쪽에 속하는지를 추정하여 옹호와 비난을 주저없이 선택한다. 인터넷을 타고 단순한 흑백논리가 무한히 증식하고 있는 한국사회의 분열을 어찌 치유할 수 있을지 난감하기 짝이 없다.

그런데 이 현상에 교육계 역시 책임이 없지 않다. 아니 어쩌면 교육계의 책임이 가장 중할지도 모른다. 지난 시대의 독재정권 아래서 교

* 『교수신문』, 2004.12.27.

육계는 대체로 자발적이건 비자발적이건 독재에 굴종하였다. 학생들에게 우리는 무엇을 가르쳤던가? 진정한 교육은 권력이 요구하는 뻔한 정답을 가르치는 것이 아니라 올바르게 질문하는 방법을 가르치는 것이라는 점을 알면서도 교사들은 끊임없이 OX만 가르쳤다. 사물 또는 사태의 복잡성을 곡진히 이해하도록 유도하기는커녕 흑백 어느 하나로 때려잡는 훈련만 반복적으로 주입하였다. 교육을 배반한 이 관행은 민주화 이후에도 입시제도의 의구한 지속 속에 개혁되지 못했다. 지난 시대의 교육에 대한 반성이 때로 반대쪽 정답에 대한 정열을 부추기기도 하였다. 우리는 지금 정답교육의 보복을 당하고 있는지도 모른다.

교육개혁이야말로 우리 사회의 분열을 치유하는 관건이다. 물론 제도개혁은 중요하다. 그런데 흑백논리를 넘어설 때 제대로 된 개혁의 대안이 만들어질 수 있다는 점을 염두에 둘 때, 제도개혁의 주체인 우리 교육자들이 먼저 변해야 한다. '교육의 질은 교사의 질을 넘어서지 못한다'는 교육계의 금언을 들먹일 필요도 없이, 우리 교육자들이 자신을 갈고 닦는 모범을 보일 때 학생들도 종이에 물 스미듯 훈습될 것이다. 교사가 학생들에게 정답을 일방적으로 제공하는 교실에서, 교사와 학생이 함께 진실을 찾아가는 탐구학습의 교실로 변혁될 때 진정한 교육개혁은 시작될 터인데, 이 바탕에서만 우리 사회의 고질인 흑백논리에 기초한 분열을 넘어 건설적 합의에 의거한 통합적 지평이 열리지 않을까?

보수의 위기,
진보의 위기

막 나온 『조태일시선집』을 읽는다. 1999년 가을, 서둘러 우리 곁을 훌쩍 떠난 조태일趙泰一 시인의 5주기를 추념하며 원로시인 신경림申庚林 선생이 정선精選한 이 선집을 읽으며 새삼 조 시인의 그 무사기無邪氣한 마음의 끝자락을 좇는다. 어두운 시대를 겪어온 분임에도 타고난 자비심에서 우러난 천진한 장난꾸러기 같은 심성을 잃지 않았던 시인의 풍모가 난세에 더욱 그립다. 그의 시세계를 다시 추보趨步하면서 독재에 대한 그의 저항이 한갓 증오가 아니라 큰 긍정에 기초한 따듯함에서 연원했음을 깨닫는다. 1990년 봄, 그는 노래한다. "오는 봄은 오는 길이/높으나 낮으나 탓하지 않고/다만 몸을 낮추며 온다". 남탓 하지 않고 자신을 낮춤으로써 "수선을 피우지 않고도" 봄은 "이렇게 많은 생명을 일깨우며" 그리고 "이렇게 헐벗은 생명을 감싸며" 문득 우리 앞에 도착하는 것이다. 겨울을 이기는 봄의 겸허하고도 눈부신 역사役事에 한국사회의 소망을 가탁한 대단한 깨달음의 시다. 우리가 오늘날 번잡 속에 잊은 것을 경각시키는 바 크다.

---

* 『동아일보』, 2004.11.29.

낙관주의자들조차도 한국사회의 현황에 우려를 품기 시작했다. 보수진영은 진보진영을 대한민국의 정체성을 변개하려는 위험세력으로 낙인찍고, 진보진영은 보수진영을 개혁의 발걸음에 딴지를 거는 훼방꾼으로 매도한다. 마치 '두 나라'처럼 갈라서서 사사건건 사납게 으르렁거리기만 하니 참으로 딱한 일이다. 제1야당에 새 체제가 들어서면서 야당다운 야당으로 거듭나지 않을까 일말의 기대를 두었던 국민들은 다시 씁쓸하다. 시대의 변화를 읽지 못해 집권의 문턱에서 연속 좌절했던 경험들을 어느 틈에 잊었다. 여당이 죽을 쑤니까 그 반사이익에 눈이 가려 국민통합적 수권정당으로 가는 각고의 자기개혁을 벌써 방기하고 과거로 회귀하고 있는 꼴이다. 철지난 레코드를 계속 틀어서야 보수의 위기는 치유되지 않는다. 개혁적 보수를 내걸고 건강한 보수를 건설하겠다는 그 기치는 다 어디로 갔는가? 어제를 기억하지 않는 자는 다만 어제를 또 반복할 뿐이다.

그런데 제1야당의 개혁노선이 시나브로 사라진 데는 여당도 책임에서 면제되는 것은 아니다. 국정을 책임지고 있는 대통령과 여당이 리더십의 정치력을 제대로 발휘했다면 이 지리멸렬한 정쟁상태를 자초하지는 않았을 것이다. 사실 보수의 위기는 진보의 위기와 동전의 양면을 이루고 있는 것이 아닌가? 여당이 지금처럼 좋은 조건을 갖춘 때는 드물었다. 집권은 했지만 원내 소수당으로 고전했던 과거와 달리 원내 다수당으로 의회권력까지 쥐고 있다. 더구나 당분간 선거가 없다. 나라를 끌고 갈 큰 그림과 작은 그림들을 마련하고 국민과 야당들에 호소하고 토론을 통한 합의를 이끌어 21세기의 한반도 구상을 착착 실천에 옮길 절호의 기회가 아닐 수 없다. 이 황금기를 작은 전투들로 허비하고 있으니 한심한 일이다. 국보법 · 친일규명 · 수도이전, 이 3대 현안이 어느 틈에 정쟁으로 전락한 것을 보노라면 원숙한 정치력 부재가 뼈아프다. 그런데 진보의 위기는 비단 정치권에 한정되지 않는다. 시민사회에서도, 아니 나라 전체에, 공을 내세워 진지를 차지하려는 각개전투들이 처처에서 벌어진다. 그런데 목하 우리 사회에서 벌어지고 있는 분열이 보스들이 지배했던 과거로부터의 탈각과정이라는 점을 인식해야 한다. '냉전의 섬'으로 격절되었던 한국이 '평화의 축'으로 거듭나기 위해 치르는 '고통의 축제'다. 그러나 성인식의 축제는 짧아야 한다. 우리 모두 초심으로 돌아가서 이 가을, 만년의 조태일 시인이 도달했던 자비심의 고갱이를 음미하자. 급박하게 돌아가는 한반도 주변 환경을 침통히 사유하면서 진정 나라의 장래를 염려하는 순정한 마음으로 21세기로 가는 든든한 기관차를 함께 창조할 때가 아닐 수 없다.

중국동포교수들의 충고

얼마전 한국을 방문한 중국동포교수들과 비교적 긴 대화를 나눈 적이 있었다. 두 분은 한국국제교류재단의 펠로우로 1년 또는 반년의 말미로 국내에 체류 중이고, 또 한 분은 한국국제교류재단의 초청으로 단기연수 차 서울에 묵고있는 중이다. 그 가운데 한 교수는 한국에서 최근 문학박사학위를 수득한 신진이고, 두 교수는 북한은 물론이고 수교 이후 한국과도 친밀한 경험을 나눈 중진이다. 세 교수 모두 북경의 유수한 대학들의 한국관계 학과에서 교편을 잡고 있으니, 중국 안의 한국어 수요가 날로 증가하는 작금의 추세를 염두에 둘 때 중국의 한국전문가들을 키워내는 이들은 우리에게 아주 소중한 학자들인 것이다.

그날의 대화는 즐겁고도 유익했다. 그런데 중국동포들에 대한 한국사회의 차별적 시선에 미치자 우리의 대화는 시나브로 침중해졌다. 한국을 다녀간 중국동포들이 오히려 한국에 대해 악감을 가지는 경우가 적지 않다니 부끄러운 일이다. 그러고 보니 연변에 갔을 때, 한국여행객들은 밤에 혼자 나돌지 말라는 충격적 경고를 들었던 생각이 난다.

* 『교수신문』, 2004.8.30.

그 경고가 과장만은 아니었던 것이다. 이러다가는 중국동포사회 전체가 조만간 반한反韓으로 돌아서는 것이 아닌가, 그분들의 우려가 심각하다.

그런데 이런 냉대가 일자리를 찾아온 동포들뿐만 아니라 동포지식인들에게까지 무차별적이라는 데 나는 더욱 놀랐다. 특히 공항과 출입국사무소에서 동포지식인들을 무슨 죄인 다루듯 한다니 이는 심각한 문제다. 한국에 유학온 동포 학생들이 출입국사무소 가는 일을 끔찍해하는 일을 겪은 바 있는데, 신분이 뚜렷한 중국대학의 동포교수들에게까지 이런 대접을 한다는 것이다. 공항과 항구의 세관과 출입국사무소는 그 나라의 얼굴이다. 한국으로 들어오는 첫 관문이 이처럼 동포교수들의 자존심을 무너뜨리는 일을 '식은 죽 먹기'로 해치우다니 어안이 벙벙할 뿐이다. 이번 단기연수에도 그런 일이 또 일어났단다. 중국의 한국주재 영사관에서 비자문제로 골탕을 먹인 데다가 공항에서 까탈을 부려 연수에 참여한 교수들이 다시는 한국에 오지 않겠다고 다짐을 한다니 돈은 돈대로 들이고 오히려 욕을 자초하는 어리석음에 부아가 치민다. 중국말 하는 한족漢族에게는 고분고분하면서 한국말 하는 동포들에게는 고자세를 취하는 유구한 사대주의를 청산하지 않는 한, 한중관계는 근대 이전의 위계제로 회귀할 가능성이 높다. 최근 중국이 동북공정을 비롯해 다양한 방면에서 부쩍 한국에 대해 공세적인 것이 어찌 우연일까?

파병의 덫

설마설마 괜찮겠지, 하며 짐짓 마음을 다독이던 우리에게 긴급으로 날아든 김선일 씨의 비보! 너무 큰 놀람에 말이 끊어진 그 찰나의 무서운 침묵을 잊을 수 없다. 그 침묵은 복합적이다. 살고 싶다고 절규했던 한 젊은이의 가엾은 죽음에 대한 측은함, 참수라는 끔찍한 방법으로 민간인을 살해한 이라크 테러리스트들에 대한 절망, 막연한 낙관 속에 파병원칙만 거듭 다짐하며 정작 구출에는 무능했던 우리 정부에 대한 실망, 나라를 저 지경으로 만든 후세인과 그를 빌미로 대책없이 전쟁을 일으킨 부시에 대한 분노 등등, 복잡한 감정선이 주마등처럼 흘렀다. 비보는 우리로 하여금 이라크사태에 대한 직면을 요구한다. 미군군납품 수송업에 종사하면서 이라크사태의 진상에 고뇌하던 한국청년의 목숨을 앗아간 이 사건으로 우리 사회는 파병의 심각성을 목숨의 문제로 실감하게 되었던 것이다.

비보 직후 파병 찬성론자가 증가하였다고 한다. 그중에는 복수를 위해 즉각 파병해야 한다는 격정적 반응도 없지 않았다. 한국 안의 이슬

* 『동아일보』, 2004.7.5.

람사원에 대한 경계를 강화한다는 보도도 나왔다. 곧 진정된 듯싶어 다행인데, 자칫 이슬람 전체를 적으로 돌리는 일로 비화될 수 있는 이런 즉물적 반응은 합리적 판단이라고 할 수 없다. 옛글에 병兵은 흉凶이라 일렀다. 설령 최고의 '정의의 전쟁'이라 할지라도 군대를 일으키는 일은 사람의 목숨이 관계되는 중차대한 결정이기 때문에 현명한 지도자들은 최후의 선택으로 두어왔던 터이다. 더구나 이라크전쟁은 점점 제2의 베트남전쟁으로 빨려들어가고 있지 않은가? 후세인독재를 옹호할 마음은 추호도 없지만, 그럼에도 그것이 부시의 공격을 정당화하는 것은 아니다. 이 점을 상기하면 우리가 이라크사태에 미국의 요구에 응해 개입할 하등의 명분이 없다고 해도 지나친 말은 아니다.

김선일 씨의 죽음을 기폭제로 파병 반대행동도 다시 고조되고 있다. 반미는커녕 미국에 대한 작은 비판조차도 하나의 성역으로 봉인되었던 과거를 생각하면 최근 한국 시민사회의 성장은 괄목할 만한 것이다. 생각같아서는 우리 정부도 미국의 파병요청에 당당히 No라고 선언하면 작히나 좋으랴. 그러나 나는 미국의 요구를 수용한 정부의 파병결정을 일방적으로 비판하지 못한다. 중국의 개혁개방을 이끈 덩샤오핑鄧小平이 당분간 미국과 다투지 말라는 유언을 남겼다는 얘기를 흥미롭게 들은 적이 있다. 유언의 진위여부를 떠나 중국 지도부가 미국에 대해 신중한 태도를 취하는 것을 관찰컨대 그럴듯하다. 저 덩치의 중국도 지금은 빛을 감추고 미국에 순응하는 양, 힘을 기르고 있는 것이다. 그것이 덩샤오핑의 지침에 기반한 중국 외교부의 숨은 구호 '도광양회韜光養晦'다.

한국은 어떤가? 자국 영토 안에 주둔한 미군과 분단 한반도의 북부에 존재하는 북한의 현전現前이 끊임없이 환기하듯이, 한국의 주권은 충분한 의미에서 온전하다고 얘기하기 어렵다. 6·15 이후 순항하던 남북관계를 일거에 후퇴시킬 수도 있는 북핵문제는 한국정부의 운신을 제약하는 또 하나의 변수다. 이 진퇴양난의 국면에서 나는 광해군光海君의 파병을 기억하고 싶다. 중원을 둘러싼 명과 후금(청)의 투쟁이 아직은 결판이 나지 않은 절체절명의 중간시간대에 서서, 임진왜란에 파병한 명의 성화같은 독촉에 응하는 일변, 후금의 실력을 예의銳意 가늠하면서, 정작 파병일정은 최대한도로 늘여잡았던 광해군의 나라의 운명을 건 현실주의! 전쟁재발을 억지하기 위한 광해군의 고심참담한 결단과 친명정책을 표방하여 병자호란을 불러들인 인조仁祖의 무모, 우리는 지금 누구로부터 배울 것인가? 우리 병사와 민간인의 안전을 위해서 그리고 이라크의 재건에 기여한다는 파병의 목적을 제대로 수행하기 위해서도 파병문제 전반에 대한 새로운 접근이 요구되는 것이다.

대학축제 유감

얼마전 모 대학 축제에서 놀이기구를 타던 여대생이 사고로 죽었다는 불행한 사건이 보도되었다. 내가 재직하는 인하대에도 축제 때면 등장하는 이 비슷한 기구가 있는데, 아마도 대학마다 유사한 모양이다. 언제부터 대학축제가 이처럼 놀고 먹고 마시는 일로만 시종하는 천편일률의 난장이 되고 말았을까? 정치적 긴장이 높았던 시대에 대학축제는 독재에 대한 대학인의 저항을 확인하는 자유의 공간이었다. 물론 그때도 놀고 먹고 마시는 행사가 빠지지 않았지만 그조차도 일상적 질서의 일시적 전복을 통해 다른 세상을 꿈꾸는 축제의 본성을 배반한 것이 아니다. 각 대학의 축제에 대동제라는 이름이 애용된 데 저간의 사정이 단적으로 드러난다. 대동大同은 문자 그대로 '크게 같음'이다. 대동제라는 이름에는 계급 또는 신분, 인종과 국경, 중앙과 지방, 그리고 젠더의 경계를 넘어서, 온 인류가 세계도시cosmopolis의 시민으로 동참하는 대동세상에 대한 억누를 수 없는 갈망이 촘촘히 배어있다. 그런데 우리 사회의 민주화가 일정하게 성취되었던 1990년대 이후, 대학축제는 학

* 『교수신문』, 2004.5.24.

생운동의 쇠퇴 속에서 느슨하고 요란한 장터로 변모하여갔다. 이름은 여전히 대동제로대 그 알맹이는 거의 사라져 버린 것이다.

이 어긋남을 어떻게 치유할 것인가? 대학축제의 타락(?)을 질타하고 왕년의 전투적 대동제로 복귀하자고 주장하는 것은 쉬운 일이다. 이러한 예언자적 태도는 대안이 되기 어렵다. 그럼 세상의 추세 따라 대동제라는 이름을 버릴까? 이 현실추수주의는 결국 부메랑이 되기 십상이다. 페론의 인민주의populism가 어떻게 아르헨티나를 망쳤는지를 상기하면 족할 것이다. 그런데 뜻밖에 참조항은 가까운 곳에 있다. 2002년 '붉은 악마' 이후 최근의 탄핵반대 시위에 이르기까지, 광화문을 비롯해 전국의 도심에 홀연히 대두한 군중의 행렬! 화염병 대신에 손에 손에 촛불을 켜든 평화로운 군중의 출현을 우리는 '촛불시위'라고 부르지만, '시위示威'는 이 집회를 이르는 옹근 이름이 되기 어렵다. 촛불집회는 촛불이 강렬히 환기하듯이 종교적 기원祈願의 형식이다. 정한수 떠놓고 간절히 비손하던 '내'어머니의 기도가 집단화한 것이 촛불집회다. '내' 어머니의 기도가 가족주의라면 우리 촛불집회는 가족주의를 넘어 공동체의 안녕을 경건히 기구한다. 매너리즘에 빠진 대학축제를 구원하기 위해서 대학 문밖에 멈춰있는 이 촛불집회의 영혼과 육체를 대학축제에 어떻게 창조적으로 모셔오는가, 이 문제에 대한 토론을 벌일 만하지 않을까?

낙선자들을 위하여

지난 총선기간, 한창 선거운동이 달아오른 4월 10일 토요일 오후, 인천민예총에서는 조촐한 행사를 준비했다. 회원들이 '깨끗한 돈'을 거둬 새로운 공간을 마련한 것을 축하하는 간소한 입주식이다. 정부나 시정부에서 받아야 할 지원은 거절할 필요가 없지만 그저 그쪽만 바라보는 것은 민망한 일이다. 그러니 반가운 얼굴들이 오순도순 모여 우리 손으로 새 공간을 마련한 대견함을 자축하는 모양이 화창한 날씨만큼 따사로웠던 것이다.

인천민예총에서는 내게 그 공간의 이름을 지으라는 명예까지 부여했다. 이 책 저 책을 뒤지며 궁리에 궁리를 거듭하다 이규보의 「망해지望海誌」를 찬찬히 다시 보게 되었다. 고려 일대를 울린 큰 문인 이규보가 부평 원님으로 구실살 때 남긴 짧은 산문인데 가히 명문이다. 조정에서 쫓겨나 부평으로 좌천되자 이규보는 낙심천만이었다. 삼면이 물에 둘러싸인 부평에 들어서면서 그는 마치 외로운 섬에 갇힌 듯 우울했다. 지금은 부평에서 계양산에나 올라야 바다가 보이지만 그때는 바다

* 『한겨레』, 2004.4.26.

가 훨씬 내륙으로 다가들었던 모양이다. 요즘도 인천의 해안선은 매립의 진행과 함께 바다로 한없이 도망가는 형국이어서 고려시대의 해안선이 크게 다르리라고 짐작은 해도 인천의 내륙인 부평지역이 당시에는 거의 바다에 둘러싸여 있었다니 신기한 일이다. 이렇게 외로운 섬의 침울한 구실살이를 마지못해 이어가는 중, 개경에서 올라오라는 명을 받는다. 다시 중앙정계로 진출하게 된 것이다. 이후로는 마음이 가벼워 그처럼 미워하던 물을 보러 부평의 곳곳을 신바람나게 찾아나선다. 그는 기쁘게 바다에 매혹된다. 인주(지금의 인천)와 통진(지금의 김포) 쪽을 바라보며 바다의 천변만화에 몸과 마음을 맡기다가 문득 반성한다. '물도 지난번의 물이요 마음도 지난번의 마음인데, 그때는 보기 싫던 물을 지금은 도리어 즐겨 구경하니, 혹시 한 구구한 벼슬을 얻었기 때문인가? 마음은 내것이로되 스스로 제어하지 못하여 때에 따라 바뀌기를 이와 같이 하니, 죽고 사는 것을 한결같이 하고, 얻고 잃는 것을 같이보기를 어찌 바랄 수 있겠는가? 글을 지어 훗날의 경계로 삼는다. 마음의 눈이 감기면 풍경도 죽고 마음의 눈이 뜨면 풍경도 살아난다. 마음의 주인이 되어 생사를 하나로 보는 지극한 경지에는 미치지 못하더라도, 마음을 다스리는 공부가 모든 공부의 근본이라는 점을 인상적으로 드러낸 일류의 산문이 아닐 수 없다. 우리는 이 공간의 이름을 '해시海市'(신기루)로 정했다. 이규보가 마음의 눈을 뜨고 바다를 바라보았을 때, 바다가 보여주었던 '또 다른 세상', 이 신기루같이 아름다운 세상이야말로 우리가 꾸는 목숨의 꿈이 아닐까?

총선이 끝났다. 세상은 역시 이긴 자들의 것인가? 당선자들에 쏠리는 각광 속에 낙선자들은 한숨에 사라졌다. 물론 주목받는 낙선자들도 없지 않지만 그 주목조차 구차한 것이다. 선거 초반의 좋은 조건이 오히려 화근이 되어 전국정당이 될 수 있는 절호의 기회를 스스로 놓아버린 열린우리당의 미숙이 영남의 민심을 흔드는 머리에 우리가 기대했던 여당 후보들이 안타깝게 낙마했다. 이 현상은 야당들에도 나타났다. 나쁘지 않은 야당 후보들도 여럿 낙선했다. 물론 17대 총선은 대단한 일을 해냈다. 박정희와 3김정치로부터의 이행을 선언한 탓에 미운 오리새끼처럼 구박받던 열린우리당이 과반의석 획득에 성공함으로써 명실공히 여당이 되었고, 민주노동당이 원내진출에 성공하는 한편 일거에 제3당으로 뛰어오름으로써 이승만독재정권에 의해 압살된 죽산의 진보당 전통을 복원할 단초가 마련되었다. 그래도 나는 왠지 안타깝다. 탄핵 가결 직후 어느 간담회에서 열린우리당이 압승할까 걱정이라고 입방정을 떤 일을 후회한다. 낙선자들에게 충심의 위로를 전하고 싶다. 요즘은 정말 새옹지마塞翁之馬를 절감한다. 남 얘기 말고 나부터 마음을 다스려 4·15라는 한 결정적 지점을 통과한 우리 사회의 오늘을 궁구하는 새 공부를 시작할 때라고 스스로 다짐한다.

『동아일보』에 바란다
— 균형감각의 회복

『동아일보』가 창간 84주년을 맞이한다. 묵은 것보다는 새것에 대한 욕구가 강하여 전통이 가벼운 우리 사회의 일반적 풍토에 견줄 때, 한국현대사의 격동 속에서도 이만한 전통을 쌓은 언론을 한국사회가 보유하게 된 것은 기려도 좋을 일이 아닐 수 없다. 그런데 『동아일보』의 두터운 전통에 단순하고 따듯한 축하를 보내는 것마저 주저하게 만드는 착잡함은 무엇인가? 내 학창시절 『동아일보』는 최고의 신문이었다. 더욱이 시민적 자부심의 원천이었다. 국민의 알 권리를 확보하기 위해 기발하기조차 한 방법들을 통해 독재정권들의 언론탄압에 저항한 『동아일보』의 양심적 고투를 시민들은 이심전심以心傳心으로 옹호하였던 것이다.

오늘날 『동아일보』는 어디에 있는가? 어느 틈에 『동아일보』는 보수로 분류되어 오랜 독자들마저 구독의 계속을 심각하게 고민하기도 한다. 익숙한 신문을 끊는 게 쉬운 일이 아니다. 아무리 인터넷시대라 해도 아침에 신문을 좍 펼치는 것으로 하루를 시작하는 독자들에게 종이

---

* 『동아일보』, 2004.4.1.

신문은 일종의 마약(?)이기 때문이다.

나는 그렇다고 『동아일보』가 진보로 방향을 선회하라고 요구하는 것은 아니다. 냉철하고도 따듯한 현실주의에 입각해 균형을 회복하는 일이 급선무다. 왜 냉철해야 하는가? 오늘날 한국사회에는 날카롭게 대립하는 쟁점들이 지뢰밭처럼 널려 있다. 제대로 된 토론을 통해 대안이 만들어지는 대화의 합리성보다는 주장들만 일방통행하는 운동의 휘발성揮發性에 경사되어서는 우리사회의 미래를 결코 낙관할 수 없다. 한국사회의 변화를 독해하면서 신문을 생산적 토론을 위한 공론장公論場으로 들어올리는 냉철함이 지금보다 요구되는 때는 없다. 왜 따듯해야 하는가? 우리가 지금 겪고 있는 진통이란 크게 보면 한반도 전체에 긍亘하는 새 나라 건설의 과정일 터인데, 주변 4강의 이해가 착종하는 한반도에서 분단체제 극복의 평화적 연착륙을 이룩하기 위해서는 대담한 상상력으로 개혁의 중지衆智를 모으는 대통합이 필수적이다. 따듯한 열정이야말로 이 민족적 대사업을 추진하는 바로 불굴의 바탕이 아닐 수 없다.

『동아일보』는 3·1운동(1919)을 모태로 태어났다. 3·1운동으로 점화된 이상주의의 물결 속에서 민족의 표현기관을 일구어낸 인촌仁村의 현실주의를 거울로 삼아 『동아일보』가 대국적 균형감각 속에 거듭나기를 간절히 기원하는 것으로 창간 축하를 대신하고자 한다.

4월이 오면

새해를 맞았을 때, 나는 내심 한편으로 불안했다. 변화무쌍한 나라에 갑신년이라니, 120년전 12월 초, 그 사흘의 정변이 상기되었기 때문이다. 일본군과 제휴한 김옥균의 급진개화당이 수구당을 몰아내고 일단 집권에 성공했지만, 온건개화당 김윤식의 안내로 개입한 청군에 의해 개혁프로젝트가 도괴함으로써 왕조의 운명을 가른 이 비극적 사건이 혹 재현되지나 않을까 하는 방정맞은 생각이 슬그머니 들기도 하던 것이었다. 그러나 나라 안팎의 여건들이 그때와는 판이한 것을 여러모로 가늠하면서 기우로 돌리고 말았던 터다.

그런데 봄우뢰를 동반한 폭설이 3월초를 습격하더니만 그것이 무슨 징조인 양, 그예 중순에 설마설마하던 탄핵안 가결이라는 날벼락같은 소식을 접하게 되었다. 모처에서 회의를 끝내고 함께 점심 먹으러 가는 길에 이 일을 듣고 나는 '갑신년은 역시 갑신년이로군' 하고 속으로 되뇌지 않을 수 없었다. 뒤에 한홍구 교수의 글을 읽다가 당시 한나라당 대변인이 이 사건을 갑신정변으로 자찬하였다는 대목에서 더욱 기

* 『한겨레』, 2004.3.29.

가 막혔다. '역사는 두 번 반복된다, 한번은 비극으로 또 한번은 희극으로.' 2004년의 갑신정변은 1884년의 비극을 아주 정확히 희극적으로 뒤집었다. 한때는 열린우리당의 동반자였던 민주당이 한나라당 · 자민련을 안내하여 탄핵안을 밀어붙인 2차 사건은 갑신정변을 닮았다, 그때는 개혁파의 쿠데타인 반면 지금은 보수파의 정변이라는 점이 다르지만. 의회의 탄핵드라마를 순식간에 코미디로 만든 결정타는 바로 우리의 국민이다. 1884년에는 개화당이 민중과 고립되었더니 2004년에는 야당들이 국민으로부터 고립되었다. 탄핵안 규탄으로 표출된 국민의 정치개혁에 대한 열망이 마침내 한국 정치의 지각변동을 불러오고 있다. 박정희와 3김 이후 그처럼 완강하게 고착된 지역당 체제가 굉음 속에 와해되는 정말 꿈결 같은 일이 벌어진 것이다.

2차 갑신정변을 우리 정치개혁의 새로운 기원으로 바꾼 국민 앞에 야당들은 물론이고 대통령과 여당도 겸허해야 한다. 여론조사가 가리키듯이 국민이 탄핵안 가결을 탄핵하는 것은 대통령과 열린우리당이 이뻐서가 아니다. 국민을 새 나라로 이끌고 가야 할 정치가 거꾸로 국민을 낡은 나라에 묶어두는 저 지리한 행태에 대한 염증 속에서 이루어진 불가피한 선택이라는 점을 기억해야 한다. 또한 이 사태에서 대통령과 열린우리당도 책임이 면제되는 것이 아니다. 우리 헌정사상 처음이요 세계적으로도 희귀하기 짝이 없는 사태가 벌어진 것 자체가 사실 부끄러운 일이다. 이런 일로 세계적으로 유명해지는 것은 거절하고 싶은 심정이다. 이 사태를 우리 정치의 마지막 파행으로 삼아 정치개혁으로 가는 큰 길의 입구로 만드는 대통령과 열린우리당의 진중한 행보를 기대하고 싶다.

지금의 여론 향배를 보건대, 그리고 그 여론에 굴곡이 없다면, 여당은 서러운 소수당에서 벗어날 것이다. 이번에야말로 여당이 국민의 뜻을 제대로 받들어야 한다. 승리에 취해 다시 열매만 따먹고 국민에 등 돌려 모처럼 맞이한 정치개혁의 절호의 기회를 낭비해서는 아니된다. 4월혁명 후 압승한 민주당이 신구파로 나뉘어 5·16쿠데타를 자초한 뼈아픈 경험을 상기하자! 국민은 큰 물이다. 그 물은 배를 띄우기도 하지만 엎기도 한다. 정치의 폐쇄회로를 뚫어 국민과 함께, 시민과 함께, 그리고 무엇보다 민중과 함께 21세기형 새 정치의 모형을 실험할 바로 그때다.

4·15총선이 보름 남짓 남았다. 그날 이후 한국정치는 과연 어떤 모양을 지을까? 4월이 오면, 꽃 피고 새 우는 4월이 오면, 정치는 정치에 맡기고 우리 모두 한번쯤 아름다운 산과 들로 봄놀이 가도 좋은 그런 나라가 문득 다가오지 않을까?

베이징에서 만난 사람들

지난 연말 중앙민족대에서 열린 한국문학관계 회의에 참석하느라 베이징에 다녀왔다. 날씨는 쾌청했고 도시는 활기에 넘쳤다. 건조한 대기 속에 잿빛으로 갈아앉았던 옛 베이징은 사라지고 새 베이징 건설의 열기 속에 도시는 의상을 갈아입고 있었다. 크리스마스트리가 곳곳에 세워지고 산타 모자를 쓴 종업원들이 시중을 든다. 캐롤송 없는 베이징의 크리스마스 장식들은 1860년 영불연합군에 의해 무참히 파괴된 원명원圓明園의 폐허와 기묘한 대비를 이룬다. 아편전쟁 이후 중국이 겪은 수모를 국치國恥로 기억하면서 이제 21세기를 향해 포효하는 이 오래된 제국의 수도에서 나는 한국인으로서 그리고 한반도인으로서 중국과 어떻게 살아갈지를 곰곰이 새기지 않을 수 없었다.

돌이켜 보면 우리들의 "애비는 종이었다." 중국 역대 황제들에 대한 우리 조상들의 사대事大가 비록, 내정에 대한 독자성을 거의 제한하지 않는 형식적인 것이라 할지라도, 그리고 조공이 일종의 무역이라 할지라도, 그것이 '속방'이었다는 사실을 엄호하는 것이 아님을 뼈아프게

---

* 『한겨레』, 2004.1.5.

접수하지 않을 수 없다. 조상들이 못난 탓인가? 아니다. 우리들의 애비는 똑똑했다. 동서양을 일통한 초원의 제국으로서 베이징을 처음으로 세계의 수도로 삼은 몽골, 그리고 오늘의 중국 판도를 개척한 여진의 위대한 제국, 청을 상기하면 더욱 그렇다. 그 시절 중국의 속방에서 벗어나는 길은 중국을 정복하는 길이 있을 따름이었다. 그렇게 중국을 정복한 몽골과 여진이 결국 그 민족과 언어를 저 무서운 도가니에 모두 봉헌한 것을 보면 사대라는 힘든 길을 택해 우리의 독자성을 유전해준 조상들이 고맙다. 그렇다고 우리가 지금 다시 조상들의 사대를 반복하자는 것은 물론 아니다. 자주독립은 우리 민족사 최대의 비원이라는 점을 거듭 확인하자는 것이다. 중국의 속방체제에서 이탈한 뒤 우리는 일본의 식민지로 다시 해방 후는 사대의 대상을 미국으로 갈아탄 형국이 아닌가?

이번 여행길에 그동안 벼르고 별렀던 베이징의 공묘孔廟와 국자감國子監을 참배했다. 제국통치의 이데올로기를 생산하고 보존해온 유교의 바티칸은 이제 권력이 빠져 오히려 향기로웠다. 이곳을 유정히 거닐면서 우전雨田 선생을 추모했다. 비록 엉터리 제자일망정 나는 선생을 통해 유구한 유학으로 거슬러오른다. 공자가 『논어』로서 내 속에 살아있다는 것이 진실로 신기하다. 중국이 버린 공자가 한국의 마지막 한학자 우전 선생을 통해 내게까지 은택을 베푸니 이야말로 모든 정치를 단숨에 넘어서는 문명의 소통이 아닐 수 없다. 거리는 단아했고 건물은 이름다웠고 유현관留賢館의 차예茶藝는 유학적 교양으로 성숙했다. 먼 데서 찾아온 벗을 맞는 심성으로 우리를 정성스럽게 대접한 그 찻집 샤오제小姐에게 복 있을진저!

정복과 사대를 모두 여의고 중국과 함께 한국 또는 한반도가 새로운 문명으로 나아갈 길은 어디에 있을까? 무슨 왕도가 없을 것이다. 상호 이해의 심화가 첫걸음이다. 대외적 무감각이야말로 자기에 대한 무지와 짝을 이루는 일임을 염두에 둘 때, 중국인의 한국에 대한 무관심을 탓하지 말고 한국인이 먼저 중국을 알자. 더구나 우리에게는 중국동포들이 있지 아니한가? 이번 회의에서 나는 한국/조선문학을 공부하는 많은 중국동포학자들을 만났다, 그리고 나는 거기서 김일성종합대학 문학대학 은종섭 학장을 비롯한 북의 학자들과 처음 해후했다. 이 일을 성사시킨 중앙민족대 어언문학학원 문일환 원장을 비롯한 중국동포학자들에게 감사의 마음을 금할 길 없다. 남과 북을 대화의 탁자로 이끌 중국동포사회의 종요로운 역할을 상기하면 한중관계의 심화도 바로 그분들과 함께 일굴 일이다.

새해가 밝았다. 안에서만 콩 볶듯 하지 말고 바깥도 좀 보자. 우리가 중국동포사회를 걱정해야지 중국동포사회가 모국을 걱정하게 해서야 꼴이 아니다. 새 마음 새 뜻으로 21세기 한반도의 미래를 준비하는 충실한 한해가 되기를 간절한 마음으로 기원한다.

찍기 수능을 재고하자

수능 도입 이후 처음으로 복수정답을 인정하는 사태로 가뜩이나 입시철이면 어수선한 터에 머릿살이 더 아프게 생겼다. 재채점에 따른 그 복잡한 절차며, 점수의 변동에 희비가 엇갈릴 학생과 학부모 들의 마음고생이며, 그에 불복하는 수험생들의 항의와 소송 사태며, 냄비 끓듯 일어날 중구난방의 논란이며, 생각만 해도 어지럽다. 이 얼마나 큰 국가적 낭비인가?

국어선생이지만 사실 나는 수능 문제지를 잘 안본다. 봐야 골치만 아픈데, 솔직히 정답 맞출 자신도 별로 없다. 하 요란해서 일부러 묵은 신문을 들춰 그 문제를 한번 들여다봤다. 지문으로 제시된 백석의 시 「고향」은 마치 처음 본듯 낯설다. 대표작은 아니다. 그럼에도 찬찬히 읽어보니 따뜻하게 마음에 위로를 주는 시여서 잘 뽑았다는 생각이다. 잠깐이나마 고단한 수험생들도 이 시에서 위안을 느끼지 않았을까? 그런데 왜 이 시를 테세우스 신화와 비겼을까, 의문이다. 정답이 '미궁의 문'이든 '실'이든 그게 백석의 시와 무슨 관계란 말인가? 타향에서 가벼

* 『한겨레』, 2003.12.1.

운 병을 얻어 앓아누운 시적 화자에게 왕진 온 점잖은 한의사가 고향을 묻고 그곳의 아무개를 아느냐고 질문하고 그래서 서로를 잇는 끈을 찾아내는 전형적 한국식 대화를 백석 일류의 조사措辭로 순하게 푼 이 시는 이만큼 따듯하게 아름답다. 이 시에 죽음의 냄새가 진동하는 살벌한 테세우스 신화를 가져다대는 것은 '아닌 밤중에 홍두깨' 격이다.

이제는 이런 식의 수능을 재고할 때가 되었다. 한날한시에 전국의 수험생을 한 교실에 몰아넣고 이런 객관식 문제풀이에 골치를 썩게 함으로써 오히려 한국어문에 대한 혐오를 부추기는 시험은 그만했으면 싶다. 동료교수의 말에 의하면 수능 한 문제 당, 값이 천만원짜리란다. 이 무슨 낭비인가? 은밀하게 출제교수들을 뽑아 비밀장소에 감금하고 문제를 짜내는 군사작전식 수능 출제는 그야말로 '고비용 저효율'의 대표가 아닐 수 없다.

그럼에도 왜 이런 낭비가 고쳐지지 않을까? 일단 한번 제도나 기관이 만들어지면 좀체 폐지하기 어렵다고 한다. 그로 말미암아 밥 먹고 사는 사람이 있기 때문이란다. 언젠가 선배에게 이 말을 듣고 의문이 눈처럼 녹는 경험을 한 적이 있다. 참 날카로운 말이다. 박정희, 전두환, 노태우 시대에 만들어진 무수한 '어용단체'들이 지금도 여전히 명맥을 유지하는 것을 보면 실감이 난다. 수능 역시 거대한 네트워크를 가지고 있다. 교육인적자원부, 각급 교육관계 연구소, 사범대, 교육대, 각급학교, 각종 학원, 교과서 및 참고서 출판사, 방송사, 인쇄소, 제지사, 볼펜장사, 과외지도사, 아르바이트학생에 이르기까지 아주 정교하고 복잡한 먹이사슬이 촘촘히 얽혀서 돌아간다. 오죽하면 마피아 소리가 다 나오지 않는가? 이 고리들 속에 엄청난 돈이 춤춘다. 살판이 났다. 그러니 개혁이 될 리가 없다.

이처럼 엄청난 돈이 돌아가는데도 한국 교육의 현주소는 어디에 있는가? 공교육에 대한 기대를 애초에 접으면서 사교육이 범람한다. 고액과외를 근절하기 위해 시민들의 고발을 받는다는 기상천외한 방침이 발표되기조차 한다. 국민을 밀고자로 만드는 이런 조치 자체의 반도덕성은 차치하고 과연 그게 고액과외를 근절하는 데 유효할 것인가? 아마도 아무도 믿지 않을 터이다. 정말 교육문제를 생각하면 어디서부터 가닥을 잡을지 난감해진다.

시험이라는 제도를 없애면 좋겠지만 그건 먼 훗날의 일일 터이고, 우선 수능부터 개혁할 방안에 대해 토론을 시작해야 한다. 아니 이미 좋은 방안들은 있다. 프랑스의 바칼로레아 식으로 고전에 대한 다양한 독서체험에 입각한 글쓰기 능력 위주로 개편하는 일을 진지하게 사유할 시점이다. 객관식 찍기에서 벗어나 학생들 스스로 독자적으로 독해하고 독자적으로 사유할 수 있는 능력을 함양하는 것이 21세기가 요구하는 창조적 인간을 기르는 지름길이 아닐까?

파병과 '국익'

이라크 파병문제가 뜨거운 감자로 떠오르고 있다. '국익'을 내세워 파병을 서둘러야 한다는 보수공세가 연일 계속된다. 과연 파병이 '국익'에 도움이 되는지도 따져 보아야 하지만, 아무리 국가이성이 지배하는 국제정치의 마당이라도 나라의 젊은 목숨들을 위험한 전쟁터로 투입하는 이 중차대한 문제에 직면하여 정치가를 비롯한 여론의 지도층이 이처럼 공공연히 이익을 쉽게 입에 담아도 되는 것인지 묻고 싶다.

"왕께서 말씀하시길 어떻게 하면 내 나라를 이롭게 할까 하시면, 대부大夫들은 말하길 어떻게 하면 내 집을 이롭게 할까 하며, 선비와 서민들 또한 말하길 어떻게 하면 내 몸을 이롭게 할까 하여, 위와 아래가 서로 이익만을 취해 나라가 위태로울 것입니다." 계몽군주 양혜왕梁惠王이 맹자를 맞이하여 그에게 어떻게 나라를 이익되게 할 것인가, 라고 물었을 때, 맹자가 대답한 유명한 대목이다. 이익을 좇는, 만인의 만인에 대한 투쟁이 나라와 나라 사이에서도 항상적으로 진행됐던 천하대란의 전국시대를 살아갔던 맹자의 이 담담하고도 단호한 답변은 지금

* 『한겨레』, 2003.10.6.

이곳에서도 깊은 여운을 남긴다.

한반도의 안전보장을 위해서 이라크 민중과 세계시민의 평화여론을 외면하고 미국의 뜻에 따라 한국정부가 이라크 파병을 결정하는 불행한 사태가 발생한다면, 한국은 남의 고통과 자신의 이익을 교환한 약삭빠른 나라로 낙인찍힐 것이다. 얼마나 무서운 일인가? 또다시 '침략자'의 편에 섬으로써 끊임없는 외침 속에서도 나라를 지킨 우리의 명예로운 자부심을 일거에 잃어버린다는 것은. 한번도 남의 나라를 침략하지 않은 평화민족이라고 교과서에는 적혀 있지만 이는 사실이 아니다. 자주적으로(?) 외국을 침략한 적은 거의 없지만, '대국'의 뜻에 따라 파병한 예들은 뜻밖에 적지 않다. 멀리는 몽골의 일본침략전의 선두에 선 고려군과, 중원을 놓고 벌인 명과 후금의 쟁투에 끼어든 광해군의 파병군이 겪은 고통은 지금에도 아프다. 아니 멀리 갈 것도 없다. 베트남파병의 상처는 너무나 생생히 살아있다. 사실 우리가 복(?)이 있어 베트남처럼 관용의 미덕을 갖춘 민족을 만났기 망정이지, 베트남이, 우리가 일본을 지탄하듯이, 한국을 비판해도 무슨 할 말이 있을 것인가? 베트남파병 때는 우리가 원체 못살아서 그렇게라도 하여 빈곤에서 벗어나야겠다는 절박성이 없지 않았지만, 지금은 그 덕(?)에 살 만한 나라가 되었기에 파병의 명분은 얇고도 얇다. 후세인도 부시도 아니다. 독재와 침략에 고통받은/는 이라크 민중을 위해 비군사적 원호행위로 베트남파병의 부채를 갚는 게 우리의 도리가 아닐까 한다. 어쩌면 이것이야말로 미국을 돕는 그래서 한미 두 나라가 함께 사는 길인지도 모른다. 9·11테러의 충격에서 차츰 깨어나면서 미국 안에서도 부시의 일방주의, 특히 이라크전쟁에 대해서 비판적인 여론이 일어나고 있는 점도 깊이 고려할 필요가 없지 않다. 최근 인하대 심포지엄에 참여한 허드슨연구소의 로버트 두자릭Robert Dujarric의 발언은 흥미롭다. 미군의 이라크 조기철수도 요망되는 시점에 미군보다 이라크 사정에 어두운 한국군의 피해가 예상된다고 전망한 그는 그것이 한국 안의 반미감정을 고조시킬 요인이 될 것을 우려한다. 한국군의 이라크 파병이 가뜩이나 어려운 상황에 직면해 있는 한미관계를 더욱 악화시킬지도 모른다는 그의 보수적 판단을 참고할 필요가 있다.

그런데 더욱 우려할 것은 국익을 내세운 이라크 파병이 만약 실현된다면 그것은 부메랑이 되어 우리에게 돌아올 수도 있다는 점이다. 북핵문제로 가뜩이나 위태로운 작금의 한반도 상황에서 그리고 지역이기주의와 집단이기주의가 횡행하는 국내 정황을 염두에 둘 때, 세계평화의 대의를 접고 이익을 앞세우는 결정을 한다면 우리 정부의 입지는 그나마 옹색해질 것이다. 우리 모두 기도하는 심정으로 파병문제를 생각할 때다.

국치일을 기억하자

8월은 광복절의 달이자 국치절의 달이다. 그럼에도 언제부턴가 국치일을 기억하지 않는다. 아니 국치일이란 말 자체를 아예 모르는 사람도 적지 않다. 1910년 8월 29일, 우리나라가 일본에 망한 날이라고 하면 '아, 한일합방' 하고 시큰둥하게 응수하곤 한다. 나는 이 말에 또 부아가 치민다. '한일합방'처럼 우스운 말은 없다. 한국과 일본이 나라를 합쳤다? 마치 한국이 일본과 자발적으로 나라를 합한 양 위장된 이 용어는 이중으로 진실을 왜곡한다. 일본식민주의자들이 그 당시에 흔히 썼던, 아니 요즘도 일본에서 심심찮게 사용되는 '일한합방'이 오히려 진실에 더 가깝다. 일본이 주체가 되어 한국을 삼킨 것이니까. 이 말을 해방 후 '한일합방'으로 바꿨으니 정말로 가관의 '민족주의'다. 정명正名(이름을 바루는 것)이 정치의 근본이라는 유가적 사유를 빌지 않더라도, 허울뿐인 대한제국이 일본제국에 의해 종언을 고하고 식민지로 전락한 이 사건을 국치로 부르느냐, 한일합방으로 부르느냐, 이 호명 사이에는 우리 사회의 정치적 선택이 가로놓여있다.

* 『한겨레』, 2003.8.11.

내 어린 시절에는 분명히 달력에 국치일이 날짜 밑에 붉은 색으로 표시되어 있었던 걸 기억한다. 공휴일이 아니기 때문에 덜 인상적이었지만 그래도 어렴풋하게 '우리가 나라를 일본에 빼앗긴 날이로구나' 하는 일말의 감상을 상기시키곤 하였다. 비록 친일파를 권력의 기반으로 삼았음에도 강한 반일을 견지했던 이승만시대의 미묘한 타협의 흔적이다. 달력에서나마 희미하게 존재하던 국치일은 언제 완전히 지워졌을까? 아마도 박정희시대, 특히 1965년 한일협정이 비준된 이후 한일유착이 강화되면서 그리된 것이 아닐까 싶다. 일본 자민당정권과 강한 고리를 맺은 친일파 장군 박정희의 개발독재 드라이브 속에 국치일은 바람결에 날아갔다. 독립운동가들은 고단한 망명지에서 매년 8월 29일, 국치절 기념식을 거행하곤 했다. 좋은 일만 기념하는 것이 아니다. 그이들은 나쁜 일을 기념함으로써 그 나쁨이 다시는 반복되지 않도록 집단적으로 다짐했던 것이다.

내가 국치일을 그 이름의 회복과 함께 옳게 기억하자고 제안하는 것은 새삼 일본에 대해 단순한 증오를 재생산하자는 것이 물론 아니다. 억압당하는 자의 고통은 말할 것도 없거니와 억압하는 자도 그 속에서 왜곡된다. 한반도를 침략함으로써 한반도분단의 원인제공자로 된 일본의 조숙한 군국주의는 결국 자신에게도 파멸적 영향을 주어 경제대국으로 올라선 지금도 일본이 여전히 미국의 눈치꾸러기 신세를 면치 못하고 있는 것을 보면 한편으로 딱한 생각도 든다. 가해자와 피해자를 함께 고통에 몰아넣은 그 악령의 과거로부터 해방되어 한반도와 일본이 화해와 협력의 새 시대로 손잡고 나아가는 출구는 어디에 있을까? 일제교육을 받은 세대에서 나는 묘한 이중성을 목격하곤 한다. 입으로는 반일이로되 몸으로는 반일이 아니다. 반일과 친일이 매개 없이 결합한 이 콤플렉스의 전승 속에서 우리 사회의 기이한 반일감정이 둥지를 틀면서 일본에 대한 제대로 된 이해를 차단해 왔던 것이다. 대국의 리더십을 행사하지 못하는 일본을 탓하기 전에 피해자인 우리가 먼저 풀자.

국치일의 기억은 궁극은 우리를 위해서다. 왜 우리는 20세기 초 일본의 식민지로 전락했는지 냉정하게 자기를 점검해야 한다. 자기비판력이야말로 문명사회의 척도다. 이 능력의 결여 또는 부족은 한 사회의 미성숙 또는 쇠락의 징후다. 요즘 우리 사회는 온통 남탓이다. 여당은 야당에, 야당은 여당에, 정부는 언론에, 언론은 정부에, 시민은 국가에, 국가는 시민에 탓을 돌리느라 소란하기 짝이 없다. 할 일 많은 나라에서 언제까지 탓만 할 것인지. 이래서야 어찌 자기비판력의 심각한 결여를 보여주는 부시정권을 비판할 수 있을 것인가? 국치절과 광복절을 함께 맞는 8월에 나라를 잃었던 고통과 나라를 찾은 환희를 반추하며 새 나라 건설의 공동의제를 구축하는 데 중지를 정성스럽게 모을 때가 아닐 수 없다.

북핵과 동아시아의 평화

가나가와神奈川대학의 요코쿠라 세쓰오横倉節夫 교수가 흥미로운 논문을 보내주었다. 『아사히朝日신문』에서 한 · 중 · 일 세 나라 국민의 상호인식을 3차례(1999.6, 2001.11, 2002.8~9)에 걸쳐 설문조사한 데이터를 분석한 글인데, 여러모로 유용하다. 한국인과 중국인의 일본(인)에 대한 혐오감은 이미 예상했던 바이지만, 흥미로운 것은 일본인의 한국(인) · 중국(인)에 대한 태도다. '좋다'와 '싫다'는 대체로 10%대인데, '어느 쪽도 아니다'가 6,70%대로 아주 높다. 한국(인) · 중국(인)에 대한 좋고 싫음의 감정표현을 금기시하는 일본인의 이 부자연스러운 무관심을 어떻게 해석할 수 있을까? 그는 이 금기가 전전의 침략행위에 대한 일종의 켕김현상과 전후 부흥에 의한 '우월감'의 표출이라고 분석한다. 상처에 직면하여 그 치유를 기도하기보다는 덧나지 않게 조심조심 피해가고 싶어하는 방어심리에 근거한 옹색한 태도가 아닐 수 없다.

개인적으로는 그처럼 예의바른 일본국민이 왜 집합적으로는 쩨쩨할까? 왜 이웃 한반도와 중국 침략과정에서 일본제국주의가 저지른 만행

* 『한겨레』, 2003.7.14.

에 대해 솔직하게 사과하지 못할까? 한국인과 중국인의 일본(인)에 대한 혐오감이 바로 여기에 걸려있다. 설문조사에 의하면 한국인과 중국인이 과거사 문제에 대해 일본이 첫째로 해야 할 일로 꼽는 것이 보상 따위가 아니라 '마음으로부터의 사죄'다. 일본이 '다테마에'가 아니라 '혼네'로 사과한다면 한국인과 중국인도 쩨쩨하게 굴지는 않을 것을 나는 믿는다. 이 심리적 장애가 해소될 때, 일본인이 원하듯이, 한국인과 중국인 모두 과거의 망령을 훌훌 털어버리고, 중국의 개혁개방 이후 갈수록 심화되는 세 나라 사이의 경제적 상호의존관계를 긍정적으로 반영하는 새 시대로 함께 나아갈 수 있을 것이다.

그런데 일본의 이 심리적 장애가 단지 일본의 탓만일까? 요코쿠라 교수가 일본 정부와 일본 국민이 "메이지 이래의 '탈아입구'(아시아에서 벗어나 유럽으로 들어간다.)나 그 전후판적 성격과 냉전 아래의 성격을 아울러 가진 '탈아입미'(아시아에서 벗어나 미국으로 들어간다.)로부터의 전환"을 위해 노력해야 한다고 지적했듯이, 아시아의 일원이면서도 아시아의식을 결락한 일본에 있어서 아시아는 동반자가 아니라 항상 열등한 타자다. 그런데 근대 이후 일본으로 하여금 아시아를 대상적 존재로 바라보게 만든 장본인이 바로 미국으로 대표되는 서구다. 일본은 그 뒤를 충실히 따른 모범생인 것이다. 특히 전후 일본이 미국의 안보 우산 아래 냉전체제에 편승하여 한국전쟁와 베트남전쟁으로 부흥에 성공하면서 전전의 과오를 바로잡을 좋은 기회를 놓치게 되었다. 개인이나 국가나 작은 성공이 오히려 독이 될 때가 있다. 경제적 상호의존의 심화에도 불구하고 여전히 상호불신에 사로잡혀 있는 세 나라 국민들 사이의 진정한 화해를 위해서 냉전체제의 슬픈 유산인 일본의 심리적 장애를 함께 치유할 필요가 절실하다. 일본이 '탈미입아'(미국에서 벗어나 아시아로 돌아오다.)할 때, 탈냉전시대의 도래에도 불구하고 한반도의 분단을 축으로 작동하는 동아시아 냉전의 유산으로부터 비로소 해방될 기틀을 잡아나갈 것이다.

최근 북핵 문제로 시끄럽다. 한국전쟁 이후 위기 속에서도 반세기에 걸친 평화시대를 유지하며 공동번영의 기틀을 잡은 동북아에 다시금 위기가 조성되고 있다. 해체일로를 더듬어가던 남방 삼각동맹(한·미·일)을 복원하려는 부시의 낡은 기도에 대해 우리 정부와 국민의 정말로 슬기로운 대처가 절실하다. 반북정책에 기초한 상호주의도 문제지만 정경분리를 경직되게 추구한 김대중정부의 햇볕정책도 이제는 새로운 상황에 즉해 수정될 필요가 없지 않다. 다행히 각급회담을 통해 위기로부터 탈출할 혈로가 뚫리고 있다. 북핵문제를, 동북아시아의 군사력에 기초한 아슬아슬한 평화를 비군사적 협력에 바탕한 진정한 평화로 전환할 적극적 계기로 삼았으면 하는 강한 기대가 솟는다.

정책판단의 '황금의 척도'

노무현정부가 사면초가의 형국에 처해 있다. 정부는, 틈만 나면 물어뜯는 보수언론을 비롯한 반대층의 조직적 교란에 그 탓을 돌린다. 권력의 핵심을 감시하는 큰 언론이 아니라 권력의 주변을 가십적으로 할퀴는 작은 언론이 횡행하는 현실이 한심스럽지만 이는 이미 예상됐던 일이 아닌가? 대선 직후 숨죽이던 그들이 왜 저처럼 당당해졌는지 반면교사로 삼으면 그뿐이다. 문제는 새 정부의 출현에 반대했던 계층이 아니라 지지층이 의구심 속에 비판으로 선회하고 있는 사태다. 성직자들의 고행에도 불구하고 새만금사업의 강행을 선언함으로써 환경단체를 비롯해 이 문제에 깊은 우려를 금치 못하는 많은 시민들을 혼란에 빠트린 것은 대표적인 사례의 하나다.

게도 구럭도 다 잃는 위기가 왜 다가왔는가? 참여정부의 정책이 오락가락했기 때문이다. NEIS사태에서 극명하게 나타났듯이 정보인권의 보호라는 핵심은 실종되고 CS냐 NEIS냐 객관식 사이에서 왔다 갔다 하는 통에 결과적으로 교총과 전교조 양측으로부터 모두 배척받는

* 『한겨레』, 2003.6.16.

기이한 사태가 벌어졌던 것이다. 노동자에 우호적일 것을 믿었던 전교조를 비롯한 노조측의 실망이 잇따른 행동주의를 부축한다. 대선 당시의 지지층이 오히려 정부에 항의하는 사태에 당황하여 정부는 정부대로 야속하다고 불평한다. 정부와 지지층의 분열에 노후보가 당선되면 이민가겠다고 큰 소리쳤던 반대파들은 안도하며 그 틈새에서 활개친다. 과거의 지지파에만 의존하지 말고 반대파의 의견도 경청해야 한다고 틈만 나면 속삭인다.

참여정부는 그 어떤 정부보다도 국제적으로나 국내적으로 고립돼 있다. 한미일, 남방 삼각동맹으로부터 일정한 자율성을 확보하려는 참여정부의 입장에 대해 미국과 일본 정부의 견제가 노골적이다. 이 고립에서 탈피하기 위해 빛을 감출 필요가 없지 않다는 점에서 미국과 일본에서 대통령이 좀 변한 것처럼 보여도 괜치않다. 외교란 국가이성의 적나라한 충돌장이기 때문이다. 북미협상에 전심하는 '북조선' 또한 '남한'정부에 협조적인 것만은 아니다. 국내 상황은 또 어떤가? 현실적으로는 막강한 힘을 지닌 반대파가 웅크리고 있고, 때맞춰 경제사정이 좋지 않다. 이런 여건들 속에서 새 정부가 지지층을 확대하기 위해 애쓰는 것 또한 이해하지 못할 바는 아니다. 그런데 그것은 어디까지나 지지층 플러스 알파여야 한다. 지지층을 잃고 알파를 얻은들 무슨 소용인가?

어느 날 제자가 공자에게 물었다. "고을사람들이 다 좋아하면 어떻습니까?" 공자 가로되, "좋지 않다." "고을사람들이 모두 미워하면 어떻습니까?" "좋지 않다. 고을의 착한 사람들이 좋아하고 착하지 않은 자들이 미워하는 것만 같지 못하다." 이 말 속에 정책판단의 '황금의 척도'가 숨쉰다. 모든 사람들이 미워하는 정책은 물론이고 모든 사람들이 좋아하는 정책 또한 가짜다. 물론 나는 착한 사람은 지지파고 착하지 않은 사람은 반대파라고 못박는 것은 아니다. 개혁의 완수와 자치의 확대를 통해 분단체제를 극복함으로써 한반도, 나아가 동아시아 전체에 평화가 강물처럼 넘치는 단초를 마련하는 것이 참여정부에 맡겨진 사명이라면 그에 대한 동의 여부가 착하고 착하지 않음의 기준이 될 것이다.

이제 문제의 핵심은 정책의 크고 작은 그림들이다. 대통령은 중심을 잡고 구체적 정책들은 적재적소에 발굴, 배치된 인재에 맡겨라. 임기응변보다는 착한 사람들이 믿고 즐거이 동참할 정책을 구축하는 것이 현안이다. 앞에서 거론한 사면초가는 항우의 비극적 파멸을 배경으로 발생한 고사다. 압도적 우위에 있던 항우는 왜 시시한 유방에게 패했는가? 워낙 잘난 항우는 인재를 모으는 데 소홀한 반면, 유방은 인재를 발굴하는 데 힘을 기울였다. 그리고 발탁하면 믿고 맡겼다. 요즘말로 바꾸면 유방의 시스템이 항우의 천재에 승리한 것이다. 새 정부를 탄생시킨 에너지를 시스템으로 구축하여 반대파도 설복할 정책으로 구체화할 때 이 위기는 도리어 좋은 약이 될 것을 믿는다.

개혁신당, 통합신당

다행히 물류대란도 한고비를 넘었다. 대통령의 방미로 북핵문제도 한숨을 돌리게 된 듯싶다. 일도 많은 나라에 사건도 끊임없이 터지는데, 아슬아슬 벼랑 끝까진 갔다간 신통하게도 고비를 잘도 넘어가니 참으로 '달나라의 장난' 같은 나라다. 민주당의 신당논의가 백가쟁명을 이루더니 '신당추진워크숍'(5.16.)을 계기로 가닥을 잡아간다. 물론 구주류측 일각에선 '민주당 사수'를 외치며 신주류의 창당추진에 제동을 걸고 싶어 하지만 이미 대세는 돌이킬 수 없는 지점을 통과했다. 민주당의 '분열'을 즐거워하는 한나라당에선 이때를 놓칠세라 '국가위기'의 해법을 제시하진 않고 권력투쟁에 몰두한다고 양측을 모두 싸잡아 비난한다. 그런데 한나라당은 지금 이런 얘기 할 때인가? 두번이나 다 잡은 대어를 놓치고도 여전히 세상의 변화를 눈치채지 못하고 있단 말인가? 한나라당이야말로 겸허한 자기개혁에 몰두할 때일 것이다. 만시지탄은 없지 않지만 민주당 워크숍을 고비로 한국사회의 가장 큰 고질의 하나인 정치분야의 개혁이 본격적으로 시동된 것을 나는 크게 환영한다.

* 『한겨레』, 2003.5.19.

노 후보의 당선은 선거혁명이었다. 그것은 5·16쿠데타 이후 거의 반세기에 걸쳐 정착된 보수적 사회구조에 대한 항의였다. 그런데 그 항의는 범독재세력뿐만 아니라 그에 대항했던 정치세력, 즉 지역구도에 기반한 2김보스정치에도 겨누어졌다. 군부독재와 투쟁하면서 문민시대를 열고 정착시킨 김영삼·김대중, 두 지도자의 업적은 높이 평가해 마땅하지만, 그들의 정당지배구조 또한 충분히 민주적이지는 못했다. 싸우면서 닮는다는 말이 있다. 어떤 점에서 그들은 박정희체제의 적대적 파트너인지도 모른다. 개발독재세력과 민주세력 사이의 긴 싸움의 과정에서 탈권위적인 '젊은 국민'이 생성되었다. 세상은 눈부시게 변했는데 그 변화를 반영하기는커녕 오히려 찍어누르는 이 무쇠뚜껑을 젊은 에너지가 마침내 열어버린 것이다.

민주당은 대선 직후 이 '젊은 국민'의 요구에 입각하여 즉각적으로 정치개혁에 착수했어야 했다. 게임에 패배한 구주류가 그 규칙에 깨끗하게 승복하여 당권을 신주류에 내놓고 정치개혁을 구상껏 해보라고 맡겼다면 얼마나 멋있었을까? 그리 되었다면 뒤늦게 '개혁신당이냐, 통합신당이냐' 하는 구차한 논의가 나오지도 않았을 것이다. 사실 개혁과 통합은 상호배타적인 것이 아니다. 개혁세력의 대통합은 우리 시대의 지상명령이다. 승리한 뒤가 어렵다. 양적으로는 적을지라도 기득권층은 현실적으로 막강한 힘을 보유하고 있기 때문이다. 한국현대사는 그 비통한 예들을 너무나 풍부하게 보여준다. 해방 직후 민족운동진영이 생사를 건 투쟁에 돌입하여 나라는 분단되고 남한에선 결국 친일세력이 사회지배층으로 부활했다. 4월혁명 후 집권한 민주당은 신구파 갈등으로 쿠데타를 자초하였다. 박정희가 암살된 직후에는 민주화가 다된 듯 2김이 분열하여 결국 신군부의 집권을 초래했다. 6월항쟁 직후는 또 어떤가? 다시 2김이 분열하여 신군부의 집권을 연장시키지 않았는가? 과거를 기억하지 않는 자들의 어리석은 반복을 이제는 끊어야 한다. 예나 이제나 범민주세력 또는 범개혁세력의 분열은 위태롭다. 정치개혁의 길은 멀다. 먼 길에 동반할 범개혁세력의 외연을 두텁게 두텁게 쌓아가야 할 신주류의 책무가 무겁다.

어느 모임에서 정치복원이 정치개혁의 지름길이라고 지적한 김원기 고문의 말을 인상깊게 들었다. 정치는 예술이라고 정치가들은 흔히 말하지만 그런 정치가를 발견하기란 쉽지 않다. 큰 경륜을 품고 천근같은 무게로 말을 아끼되 지혜로운 실천으로 일을 만들어내는 진짜 정치를 정치개혁을 이끌 신주류에 기대하고 싶다.

기초를 튼튼히

21세기 한국정치의 새 장(章)을 여는 노무현정부가 출범했다. 그럼에도 지난 대선과정이 워낙 극적인 터라 지지층과 비지지칭의 감정의 골이 아직도 얕지 않다. 반대당 후보의 강력한 지지자였던 사람들은 TV뉴스를 아예 보지 않는다는 풍문도 들린다. 더 심한 경우는 뉴스 시작 20분 후에, 그러니까 정치보도가 끝나는 즈음에 TV를 켜는 경우도 없지 않다고 하니 가볍게 지나칠 이야기는 아닌 듯싶다. 그뿐인가? 지지층에서도 동요가 일부 감지된다. 정부의 요직들에 대한 인선이 요란하게 공개되면서 세대교체의 불안 속에서 50대 이상의 지지층도 일말의 의구심을 감추지 못하고 있는 실정이다. 살얼음을 딛는 듯한 사회 분위기에 편승하여 '조 · 중 · 동'으로 일컬어지는 거대언론들은 새 정부 출범 초기의 허니문을 생략하고 공격의 고삐를 늦추지 않는다. 아마도 정부와 언론이 이처럼 처음부터 예각적 관계를 이룬 예는 드물 것인데, 사회 전체가 무언가 일전一戰을 불사不辭할듯 가파른 국면에 처해 있다. 아니나 다를까, 3 · 1절날 북핵저지와 미군철수반대를 내건 보

---

* 『인천일보』, 2003.3.3.

수파와, 이라크공격 및 대북강경을 반대하는 진보파가 별도의 대규모 집회를 가졌다. 다행히 양측의 물리적 충돌은 없었지만, 하필 3·1절에 분열의 모양을 지은 건 상서롭지 않은 일이다. 3·1절은 계급과 종교와 지역과 세대과 젠더를 넘어 자주독립의 대의를 위해 거족적으로 궐기함으로써 근대적 국민nation의 탄생을 알린 3·1운동(1919)을 기리는 민족의 기념일이 아닌가?

이제는 양측이 모두 감정을 다스릴 때가 되었다. 역지사지易地思之, 입장을 바꿔 상대방을 이해해 보자. 지지층은 비지지층을 수구로만 몰지 말고 비지지층은 지지층을 좌경으로만 밀지 말 일이다. 돌이켜 보면 지난 대선은 3김정치 종식을 확인하는 통과제의였다. 3김정치는 너무나 길었다. 5·16쿠데타(1961)의 주역으로 사회전반에 세대교체바람을 일으켰던 김종필 전 총리와, 40대기수론을 표방하고 낡은 보수정치에 균열을 낸 김영삼·김대중 전 대통령, 3김의 극적인 등장은 사실, 노무현 대통령의 출현과 아주 닮았다. 그런데 새 바람을 일으키며 등장한 3김지배가 집권의 지연으로 장기화하면서 그들 자신이 순조로운 세대교체에 걸림돌이 된 아이러니를 현출했으니, '노풍'은 어쩌면 필연적이다. 세상은 얼마나 변했는가? 그럼에도 여전히, 밑에서 준동하는 젊은 힘을 찍어누르는 낡은 3김정치라는 무쇠뚜껑, 이 뚜껑을 '붉은 악마'로부터 대선에 이르기까지 간단없이 몰아친 젊은 폭풍우가 열어버린 것이다. 만약 3김이 진작 세상의 변화에 걸맞은 후계체제를 준비했다면 이런 극적인 사태는 일어나지 않았을 터인데, 3김지배와 동거해온 기성세대도 이 점에서 책임을 면하기 어렵다.

그런데 이 놀라운 역동성이 마냥 긍정적인 것만은 아니다. 한국사회의 역동성은 불안정성과 짝을 이루고 있다는 점에 주목할 필요가 있다. 새 정부 출범을 바로 앞두고 폭발한 대구 지하철 참사는 상징적이다. 무고한 시민들을 죽음으로 몰고간 이 끔찍한 사고로 한국은 작년에 월드컵 · 아시안게임 · 대선으로 이어지는 대사를 멋지게 치러냄으로써 세계를 향해 선양한 위신을 일거에 잃었다. 대구참사는 새삼, 우리 사회가 얼마나 기초가 부실한가를 절감케 한다. 새 정부 출범을 즈음하여 나라 안팎의 환경이 심상치 않다. 남탓한다고 문제가 해결될 것이 아니다. 걱정한다고 달라지는 것도 없다. 정부나 국민이나 이제 큰 소리는 그만치고 각자 자기 위치에서 자기가 소속한 공동체들의 기초를 튼튼히 하는 작업에 먼저 착수하자. 감정에 들린 마음들을 진정하고 나랏일, 지역일, 직장일, 내 일을 혼동하지 말고 잘 분별해서 냉철하고도 열정적으로 자기 업무를 확정, 추진할 일이다. 자기갱신으로부터 시작되는 이 집합적 노력의 안정적 바탕 위에서만 역동성은 순기능으로 꽃필 터인데, 겸허히 기초를 튼튼히 쌓자. 이것 없이는 제2의 개항도, 한국 내부의 개혁도, 통일사업의 전진도, 동북아중심국가로의 도약도 공염불이다.

4부

기득권층의 개혁부터 먼저

구제역口蹄疫, 황사, 산불 그리고 총선

봄은 왔건만 봄 같지가 않다. 계절도 제 정신이 아닌가, 겨울에서 봄으로 넘어갈 때, 그 특유의 예민한 계절의 감각이 요즘은 흐리멍텅이다. 옷깃을 스며 살 속으로 감기는 봄바람의 차가움, 그럼에도 어쩔 수 없는 봄기운을 머금어 우리들 마음을 묘하게 흔들곤 했던 춘풍春風! 그 바람 끝에 봄비라도 촉촉이 내리면 거리와 산천은 순식간에 잿빛 겨울 풍경을 갈아입지 않았던가? 나무들은 숨겼던 신록의 어린 잎사귀들을 내밀고 꽃봉오리는 일제히 벙글어 겨울의 끝을 눈부시게 선포했다. 그런데 봄바람이 사라졌다. 봄비도 사라졌다.

봄비를 인도할 봄바람 대신 중국에서 건너온 황사바람이 한반도의 하늘을 누렇게 감는다. 긴 가뭄에 대지는 메마르고 산불은 도처에 타오른다. 이 불길한 풍경 위에 마침내 발굽 둘 달린 짐승들의 페스트, 구제역이란 괴질이 엄습했다. 몇년 전 대만臺灣을 강타했던 구제역이 그 안전국으로 분류됐던 일본과 한국에서 거의 동시에 차례로 발생한 것이다. 죄없는 짐승들이 도살되고 축산농가들은 파멸의 위기에 내몰렸다.

---

* 『경향신문』, 2000.4.13.

도대체 이런 황당한 일들이 왜 일어나는 것일까? 개발이라는 이름 아래 자행된 자연에 대한 무차별의 공격이 화근이다. 황사현상이 근래 극성스러워진 것은 중국이 대규모의 개발 열기에 휩싸여 중국 내륙의 자연마저 마구 훼손된 결과라는데, 이제 환경문제는 일국의 차원을 넘어서는 것임을 실감하게 된다. 이 역시 남탓으로만 돌릴 수 없다. 개발드라이브야말로 한국이 둘째 가라면 서러워할 일이 아닌가? 그저 밤낮없이 온 국토를 파헤치고 갈아엎고 뚝딱거리는 소,중,대형 공사들을 밀어붙이는 굉음轟音 속에 하늘의 운행도 길을 잃었다. 가뭄을 몰고온 개발의 확산에 따라 온 국토가 먹고 마시는 음식점으로 덮였다. 육류의 대량공급을 위해 농민들은 수지 안 맞는 쌀농사 대신 축산으로 전업, 자연의 훼손과 오염이 가속화한다. 이러니 노동으로부터 격리된 채 오직 도살되기 위해 갇혀서 사육되는 가축들에서 역병이 발생할 것은 불을 보듯 뻔한 일이다. 드디어 자연의 복수가 시작된 것이다. 근본적 회심回心은 차치하고 우선 '지속가능한 개발'에 대한 전사회적 재검토, 특히 '개발'보다 '지속'에 강조점을 두는 감각과 사유가 지금 절실하다.

총선이 다가왔다. 국회의원은 도의원, 시의원, 구의원이 아니다. 다시 말하면 지역의 대표가 아니라 나라의 대표다. 그런데 우리나라 국회의원 후보나리들은 온통 지역개발 공약뿐이다. "나를 뽑아주면 우리 지역구를 전국 최고로 발전시키겠습니다." "나를 뽑아주면 우리 도의 낙후한 경제를 비약적으로 활성화시키겠습니다." "나를 밀어야 우리 지역에서 대통령을 만들 수 있습니다." 총선과 지방선거를 혼동하는 이런 후보들은 그들 소원대로 지방의회로 보내주자. 아니 지방의회도 아깝다. 우리 사회를 끌어갈 새로운 방식을 찾아나가는 데 있어서 지방의회야말로 회심의 근원지로 되어야 하니까.

지금 우리 사회는 경륜을 갖춘 정치일꾼들을 절실히 요구하고 있다. 한국내부의 사회통합과 분단상태의 진보적 해소라는 난감한 문제를 전지구적 시야와 동아시아적 시각으로 풀어내면서 '지속가능한 개발'의 한국모델을 전사회적 합의 속에 추진해야 하기 때문이다. 총선에 즈음하여 황사와 가뭄과 산불과 구제역이 잇따른 것은 하늘의 징조다. 이 경고에 성심으로 응답할 준비가 돼있는 후보들이 누군지 우리들의 세심한 관찰과 신중한 선택이 절실하다. 남북관계에 큰 진전이 예고되고 있는 상황을 감안하면 더욱 그렇다. 이번에는 총선연대가 우리들의 선택을 도울 지형도를 제출했지 않은가? 4월 13일, 여야를 막론하고 생각이 젊은 후보들을 잘 가려내 나라를 구할 정치개혁의 단초가 마련되길 간구하고 간구한다.

바닥이 변해야 정치도 변한다

며칠 전 창비創批 봄 연수차 강화江華에 다녀왔다. 그 덕에 오랜만에 시외버스를 타게 되었다. 인천터미널에서 출발한 버스는 참으로 지리하게 시내를 요리조리 돌더니만 드디어 새로 닦은 대로大路로 들어섰다. '이제 제대로 달리겠군'하고 안도하고 있으려니, 얼마 가지 못해서 차가 이상한 소리를 내며 낑낑댄다. 약속시간은 다가오는데 차는 서다가다를 수없이 반복한다. 그런데도 운전기사는 무슨 말 한마디가 없고 승객들은 기사 심기를 건드릴세라 놀라운 인내로 기사의 처분만 묵묵히 기다린다. 21세기를 바라보는 대명천지에 이 무슨 희극적 풍경인가? 시외버스에 커튼 한 장이 없어 신문지로 해를 가려야 하는 건 차치하고 기사의 독재와 그에 순종하는 승객들의 모습에서 나는 문득 버스 안은 여전히 박정희의 망령이 지배하고 있는 것이 아닌가 착각하게 된다. 더욱 기가 막히는 건 여기저기서 울려대는 핸드폰 소리다.

기사는 드디어 차를 길가에 세우고, 승객들은 알아서 고분고분 뒤따라온 버스로 갈아탄다. 나는 이럴 수가 있느냐고 기사에게 한마디 했

* 『경향신문』, 2000.2.24.

다. 기사는 차가 갑자기 고장나는 걸 어떡하란 말이냐고 목자目眥를 부라린다. 그럼 승객들에게 미안하다고 얘기라도 해야 하는 거 아니냐고 하니까, '했다'고 우긴다. 내가 '못 들었어'하고 외마디 지르고 다음 버스에 올라타니까 '운전이나 한다고 사람 우습게 아냐'고 엉뚱한 시비다. 옥신각신 다투니, 한 승객이 '빨리 빨리 갑시다' 소리친다. 그제야 기사는 그런 건 고물차를 배치한 버스회사에 얘기하라며 고장난 차로 돌아간다. 버스 꽁무니를 보니 '선진버스'란 회사 이름이 버젓하다. '선진버스라, 참 별난 선진도 다 보겠다.'

아까 소리친 노파와 그녀의 어린 손주는 '빨리빨리 갑시다'를 놀이삼아 흥얼대는데, 나는 버스 안에서 내내 이 시시한 다툼을 생각했다. 시외버스는 왜 여전히 박정희시대인가? 핸드폰을 끼고사는 승객들이 왜 버스 안에서는 순종하는 백성으로 돌아가는 걸까? 버스 안의 시민들과 낙천·낙선운동에 궐기한 시민들은 어떤 관계에 있을까? 대중교통이 이처럼 낙후를 면치 못하는 이유는 무엇보다 역대 정부의 '마이 카my car' 정책 탓이다. 자동차 팔아먹는 재벌을 산업개발의 명목으로 옹호하면서 대승大乘의 대중교통 대신에 소승小乘의 승용차 위주로 정책의 줄기를 잡아나가면서 우리의 대중교통은 변두리로 밀려났다. 여기에 국민들이 환호하며 호응함으로써 대중교통은 그야말로 힘없는 서민의 것으로 전락했던 것이다. 이 과정에서 우리 사회에서 말깨나 하는 지도층은 대중교통의 경험으로부터 거의 완벽히 단절되었으니, 대중교통의 실상을 누가 얘기하리오? 물론 말이 없는 것은 아니지만, 생활의 실감이 실리지 않으매, 그저 빈껍데기로 설왕설래하다가 그만 잦아들고 말았던 것이다. 대중교통이야말로 교통체계의 바탕이다. 대중교통을 건실하게 재건할 대책 마련을 위한 정부의 획기적 실천과, 언론을 비롯한 우리 사회 여론 주도층의 깊은 관심을 촉구하고 싶다.

그런데 무엇보다 중요한 것은 승객들의 의식과 행동의 변화다. 어려운 말이 필요없다. 승객을 무시하는 기사에게 항의해야 한다. 아니 고물차를 배치한 버스회사에 항의해야 한다. 기사들도 승객들과 싸울 게 아니라 제대로 정비도 안 된 버스를 배차하는 회사의 독선에 맞서 그 교체를 승객들과 함께 요구해야 한다. 생활의 실감으로부터 변화의 바람이 불어야 진짜다. 최근 정치권이 낙천·낙선운동에도 불구하고 국민을 안중에 두지 않는 진부한 쇼를 다시 펼치고 있는 것도 따지고 보면 버스 안의 무기력, 즉 바닥의 백성적 성격을 지레짐작한 때문일 것인데, 이번만은 그 눈치가 어림없이 어긋났음을 똑똑히 보여주자!

떠나는 자의 아름다운 뒷모습을 보고 싶다

어느 틈에 99년 달력도 달랑 한 장이 남았다. 그럼에도 세상은 도대체 어수선하기만하니 이래 가지고 무슨 낯으로 새해를 맞을지 걱정이 태산이다. 남의 나라들은 21세기를 앞두고 새로운 구상에 몰두하면서 국민적 힘을 결집하는 작업에 골몰하는데, 할 일이 산적한 이 나라는 일감은 미뤄둔 채, 꼬리를 무는 의혹사건에 도끼자루 썩는 줄 모르는 형국이니, 그 와중에 국민들의 마음도 사분오열四分五裂이다.

옷로비 사건이 갈수록 가관이다. 여자들이 온갖 가증스런 거짓말을, 그것도 하나님 이름을 걸고, 밥 먹듯 해대더니, 이제는 남자들도 가세하여 울먹이며 시치미를 마구 뗀다. 거짓말이 거짓말을 낳고, 또 거짓말이 거짓말을 낳아, 장자莊子의 호접몽胡蝶夢과 방불한 형편이다. 우리가 나비 꿈을 꾸는지 나비가 우리 꿈을 꾸는지, 세상이 온통 취생몽사醉生夢死의 꿈속이다.

일련의 의혹사건들을 보면서 우리나라 지도층의 비겁성에 새삼 유의하게 된다. 지도층은 나라의 공적公的 문제를 제대로 해결하라는 특

---

* 『경향신문』, 1999.12.3.

권을 보통사람들로부터 위임받은 인간집단이다. 그만큼 사적私的 욕망의 실현에 더 개방적일 수 있는 보통사람처럼 행동하는 것은 가능한 한 자제해야 할 의무가 있다. 그런데 어쩐 셈인지 우리 지도층은 더욱 방종하다. 그렇게 자제하면서 살려면 뭐하러 지도층 하느냐고 반문할지 모르지만, 마음대로 살려면 지도층 될 생각을 포기하면 되는 것이다. 백번을 양보해서 지도층도 사람인 이상 잘못을 저지를 적도 있다고 인정할 수 있다. 그런데 잘못이 드러나면 용기있게 참회하고 물러나면 되는 것이다. 나아가고 물러남이 분명치 않은 게 우리 지도층의 병통이다. 물론 말처럼 쉽지 않은 노릇이긴 하지만, 그러니까 지도층 아닌가? 지도층의 도덕성이 보통사람과 다를 바가 없기 때문에 정당성의 위기가 끊임없이 발발하고 나라의 윤기倫紀가 바로서지 못하는 것이다. 영국의 저명한 정치가가 남긴 말이 있다. "정치인은 사람들이 왜 그만두느냐고 할 때 물러나야지, 왜 그만두지 않느냐는 소리가 들릴 때까지 버티면 안된다." 이는 비단 정치인에 한정되지 않을 것이다. 정치인을 비롯해서 무릇 책임있는 공직에 임한 지도층 모두에 두루 미칠 터인데, 자기의 때를 충일히 살곤 홀연 사라지는 낙화에서 인간적 진실을 통찰한 우리의 명시도 있지 아니한가? "가야 할 때가 언제인가를/ 분명히 알고 가는 이의/ 뒷모습은 얼마나 아름다운가"(이형기의 「낙화」에서). 추악한 뒷모습으로 그저 버티기로 견디는 우리 지도층의 긴 행렬에 옷로비 사건 관계자들도 또다시 꼬리를 붙이는 행티를 보면서 씁쓸한 마음을 금할 수 없는 것은 나만의 감상은 아닐 터이다. 아쉬움을 떨치고 은퇴한 선동렬 선수를 보고도 전혀 부끄러움을 모르는 이 나라 지도층의 비겁성이 새삼 끔찍하다.

다행히 대통령이 의혹사건에 대한 철저한 수사를 거듭 밝히고 있으니 이번만은 기대를 걸어볼까? 정말이지 새해를 제대로 맞이하기 위해서 의혹사건들의 해결이 무엇보다 중요하다. 이 기회에 우리 국민의 너그러운 망각증에 편승하여 유야무야된 일련의 의혹사건들에 대한 전면적 재조사가 이루어지기를 희망한다. 특히 한바탕 난리를 치다가 어쩐 셈인지 요즘은 약속이나 한 듯이 잠잠해진 언론 괴문서 사건을 철저히 규명하여 자포자기한 국민의 마음에 다시 희망의 불씨를 살려내길 바란다. 제발 새해에는 이 더러운 사건들에서 벗어나 우리 사회의 미래를 토론하는 근사한 정치가 펼쳐지기를!

인도네시아 정치가 한국보다 낫다

수렁에 빠진 듯 허우적대던 세계 최대의 회교국 인도네시아가 21일 메가와티 여사가 부통령에 당선됨으로써 순식간에 정상사회로 복귀하였다. 바로 전에 실시된 대통령 선거에서 메가와티가 낙선하고 듣도 보도 못한 와히드가 당선되었을 때 인도네시아 역사상 처음으로 이루어진 정권교체라곤 해도 솔직히 시큰둥했었다. '미국이 장난쳤군' 하는 생각도 없지 않았다. 메가와티는 아다시피 비동맹非同盟의 기수 수카르노의 딸이니 미국이 좋아할 리 없을 것이라고 지레 짐작했기 때문이다. 그런데 부통령 선거에서 민주주의의 신기원을 이룩한 기적 같은 일이 일어났던 것이다. 대통령선거에서 떨어진 메가와티가 부통령선거에 나선 것이나, 메가와티를 와히드의 국민각성당이 후보로 내세운 것도 그렇거니와, 군부의 실력자 위란토가 대통령 선거에서 하비비가 그랬듯이 사퇴한 것은 더욱 희한한 일이 아닐 수 없다. 낙후한 우리 정치보다도 한수 아래로 접었던 인도네시아에서 어떻게 이런 성숙한 정치가 출현할 수 있단 말인가?

---

* 『경향신문』, 1999.10.26.

이 의문은 『동아일보』 강수진 기자의 기사(99.10.22)를 읽고 풀렸다. 와히드와 메가와티 두 후보는 대선을 닷새 앞두고 "자바섬 동부로 '짧은 여행'을 함께 떠났다. 두 대선 후보는 먼저 블리타르에 있는 메가와티의 아버지 묘소에 참배하고 와히드의 아버지와 할아버지 묘소가 있는 좀방에도 함께 들렀다. 이 자리에서 두 사람은 누가 대통령이 되더라도 서로에 대한 신뢰를 결코 잃지 않을 것이라고 다짐했다." 더구나 메가와티는 선거운동 기간 와히드의 나쁜 건강 상태에 대해 일체 언급하지 않았다는 것이다. 다짐대로 선거가 끝난 후 메가와티는 와히드의 당선을 축하하고 와히드는 자신의 약점을 공격하지 않은 신사도를 발휘한 메가와티에게 감사와 존경을 표시했다. 이 신뢰를 바탕으로 메가와티의 부통령 후보수락과 당선이 가능했던 것인데, 그 신뢰가 수하르토 독재정권의 메가와티 탄압에 대해서 와히드가 메가와티를 확고하게 옹호한 86년 이래의 우정에 기초하고 있다니, 더욱 아름답다. 물고 물리는 정글의 법칙이 지배하는 정치사회에서, 더구나 후진정치의 표본으로 얕잡아 봐온 인도네시아에서 이런 성숙한 정치적 우정이 가능했다는 사실이 우리를 경탄하게 한다.

물론 앞으로 인도네시아 새 정부의 항로는 순조롭지만은 않을 것이다. 권력을 잡기 이전 야당 지도자로서의 우정이 대통령과 부통령으로서 집권한 이후 어떤 변화를 보일지 모르기도 하거니와, 새 정부가 해결해야 할 일의 복잡성을 상기할 때 더욱 그렇다. 그러나 와히드와 메가와티가 기록한 기념비적인 이정표는, 한국의 6월항쟁이 그러했듯이, 인도네시아 민주주의를 그 이전으로 후퇴시킬 수 없는 결정적 저항선이 될 것을 믿어 의심치 않는다. 인도네시아 새 정부의 출범을 진심으로 기뻐하면서 특히, 무엇보다 먼저 야만적인 동티모르 사태가 지혜롭게 해결되기를 기대한다. 와히드 대통령이 타종교에도 관용적인 매우 유연한 이슬람 지도자라는 사실이 이 점에서 다행스럽다. 인도네시아 새 정부의 첫 시험대가 될 동티모르 문제가 원만히 해결되어 논란 속에 강행된 동티모르 한국 파병군이 명예롭게 귀국할 날이 앞당겨지기를 바라는 마음 간절하다.

그나저나 한국정치는 여전히 한심하다. 일찍이 민주주의운동의 메카로 주목받았던 한국이 오히려 군사독재를 종식시킨 이후 정치적 난맥상을 보이는 이유는 무엇일까? 한국정치판에는 와히드와 메가와티의 성숙한 우정은커녕 최소한의 예절도 실종상태다. 혁명세대를 대표하는 수카르노와 개발독재세대를 대표하는 수하르토를 넘어 와히드와 메가와티의 제3세대가 새 정치를 열었듯이, 개발독재형과 민주화운동형을 이어 한국정치의 새 기원을 열 제3세대 정치인들은 어디에 있는가? 이제 그들이 신화처럼 출현할 때가 되었다.

건국 50주년을 맞이한 중국

10월 1일 나는 스위스그랜드호텔에서 아리프 딜릭Arif dirlik 교수와 아침을 먹었다. 우리는 서남재단瑞南財團에서 주최한 '두 세기의 갈림길에서 동아시아를 다시 묻는다'란 국제학술대회에 주제발표자로 참가하고 있었던 참이다. 터키 출신으로 미국의 듀크대 교수로 재직하고 있는 그는 중국사를 전공한 뛰어난 이론가로 국제적 명성이 높은 학자다. 식사 후 그는 중국 건국 50주년 행사에 관한 뉴스를 보겠다고 곧바로 방으로 돌아갔다. 아, 그렇지, 10월 1일이구나! 대회 중에 마음이 바빠서 나는 신문도 못 본 처지였다.

과연 TV마다 톈안먼天安門 광장 일색이다. 양복 대신에 중산복中山服을 입은 장쩌민江澤民 주석은 광장에 운집雲集한 50만 군중 앞에서 "평화통일과 '1국가 2체제' 방침을 계속 견지해 홍콩에 이어 마카오의 순조로운 회귀 후 최종적으로 대만과 대륙의 통일을 완성"함으로써 21세기 "중국은 틀림없이 동방의 부강하고 민주적이며 문화적으로 진보된 현대사회주의국가가 될 것"을 선언하였다. 군중의 열광 속에 이뤄진

* 『경향신문』, 1999.10.5.

장 주석의 포효咆哮를 지켜보면서 마침내 '잠자는 사자' 중국이 용틀임치고 있음을 새삼 실감하게 되었다.

나는 먼저 건국 50주년을 맞이한 중국과 중국 인민에게 축하의 인사를 전하고 싶다. 돌이켜보면, 중국의 근현대사는 치욕의 세월이었다. 아편전쟁阿片戰爭(1840~42)으로 서구 열강과 그 앞잡이로 내세워진 일제에 의해 반식민지 상태에서 굴종하던 중국이 1949년 중국혁명의 성공으로 독립을 쟁취하고 그후 50년 만에 세계의 열강으로 국제무대에 당당히 복귀하였으니, 동병상련同病相憐의 처지인 한국사람으로서 축하를 전하는 것은 너무나 당연한 일일 것이다. 냉전시대에는 소원해졌지만, 특히 2차대전 이전, 한국의 독립운동과 중국혁명을 위한 두 나라 민중의 다양한 합작의 경험을 상기할 때 더욱 감개가 무량하지 않을 수 없다. 이 역사적 기억들을 바탕으로 한중 우호가 더 높은 수준에서 이루어져야 할 것은 물론이다.

그럼에도 한편으로 일말의 우려를 금할 수 없다. 대륙을 휩쓰는 저 민족주의적 열광이 어디로 향하여 나아갈지, 힘이란 자칫 충돌을 요구하는 속성을 지니고 있지 아니한가? 전날 주제발표가 끝나고 함께했던 점심 자리에서 나눴던 대화가 새롭다. 지명관池明觀 선생이 일본은 중국을 정말로 두려워한다고 말씀하자, 신창동申昌東 변호사가 그건 일본의 패권주의적 성향 탓이라고 받았다. 지역패권을 추구하니까 자연히 일본은 중국을 적敵으로 삼게 된다고, 한국은 그게 없으니까 중국을 두려워하지 않는다는 설명이다. 일리가 있는 말씀이다. 백낙청白樂晴 선생은 그렇긴 해도 현재 중국의 민족주의는 왕년의 자족적 중화주의와는 달라서 한국도 약간의 두려움은 가져야 할 것이라고 지적했다. 그렇다. 일찍이 량치차오梁啓超는 말했다. 베트남은 포기해도 한반도는 포기할 수 없다고, 왜? 한반도 너머에는 일본이, 미국이 있기 때문이라고. 무서운 말이다. 중국의 힘은 일본처럼 한반도를 향할 것이다. 지난 세기말처럼 중일이 다시 충돌하는 일을 방지하기 위해서도 한국의 역할이 종요롭다. 중국의 대국화와 일본의 우경화를 탓하기 전에 우리가 균형추로서의 자기 역할을 제대로 수행하는 것이 관건이다. 이를 위해서는 언제든지 위기가 돌발할 수 있는 한반도의 적대적 분단상태의 해소가 필수적이다. 한반도가 취약하면 저절로 중일의 개입을 초래할 것이기 때문이다. 다행히 남북관계가 호전의 기미를 보이고 있다. 모쪼록 이 기미를 더욱 다잡아 남북의 적대적 대치를 평화공존으로 끌어갈 획기적 전기가 마련되는 단계로까지 나아가기를 간절히 기원한다. 그리고 이 과정에서 남한사회가 성큼 성숙하면 얼마나 좋을까. 넓은 시야 속에 한국사회의 내부개혁을 성공적으로 수행하는 일이 이 어려운 작업의 필수적 전제이기 때문이다.

기득권층의 개혁부터 먼저

수렁에 빠진 한국경제가 최악의 상황은 벗어났다고 한다. 뭐라고 해도 고마운 일이다. “항산恒産이 없으면 항심恒心도 없다”는 말을 빌릴 것도 없이, 경제적 궁핍이 어떻게 인간적 품위를 파괴하는가는 최근 식량위기에 허덕이는 북한 주민의 참상에서도 쉽게 확인되는 바이다. 과다한 재산과 마찬가지로 재산의 결핍은 더 나은 삶에 대한 인간적 욕구마저 봉쇄함으로써 한 사회를 ‘만인萬人에 대한 만인의 투쟁’ 즉 동물적 생존경쟁에 준準하는 상태로 이끌 것이다. 이 점에서 한국경제가 총붕괴의 추락을 면한 것은 다행스럽다고 아니할 수 없다.

그럼에도 우리가 여전히 불안한 마음을 떨치지 못하는 것은 무슨 까닭인가? 어떤 이들은 노동자들의 시위를 우려한다. 구조조정에 반대하는 노동자들의 시위에 전적으로 동의하는 것은 아니지만, 그들탓만 하는 것은 안이한 노릇이다. 나는 구조조정을 비롯해서 한국사회 전반의 총체적 개혁이 이루어져야 한다고 믿는 사람이다. 내 자신이 몸담고 있는 대학사회만 보더라도 나태와 맞물린 낭비적 요소가 얼마나 많은가?

* 『경향신문』, 1999.5.27.

물론 구조조정이 개혁의 미명美名 아래 모든 것을 광포한 시장의 논리에 맡겨 사회적 약자에게 책임을 전가하는 것이 되어서는 아니된다. 어떤 점에서 개혁은 혁명보다 어렵다. 그런데 기득권의 일정한 포기를 전제로 추진될 수 있는 개혁이 한 사회의 합의적 규칙으로서 정착하려면 공평성이 기준으로서 정립되어야 하는 것이다. 무엇보다 기득권층의 솔선수범率先垂範이 절실히 요구된다. 기득권층의 자기개혁이 부진한 상황에서 노동자를 비롯한 민중에게만 구조조정을 요구하면서 개혁에 동참하라고 아무리 외쳐야 그건 빈 염불에 지나지 않을 것이다. 정부조직 개편이 개혁 이전으로 회귀하고 재벌 개혁도 그저 그렇고 제일 문제가 심각한 정계 역시 그냥 그 꼴, 한마디로 사회 전반에 부패의 악취가 진동하는 이런 상태에서 노동자들이 반발하는 것은 너무나 당연한 일인지도 모른다. 정부는 무엇보다 먼저 개혁의 총체적 청사진을 국민적 합의 속에 마련하라. 그 과정에서 자연스럽게 형성되는 개혁의 중심세력과 함께 개혁을 추진할 때 지역적 분열과 계층적 분립을 넘어 진정한 의미의 국민적 통합이 이룩될 수 있을 것이다.

이 핵심적 작업이 우유부단 속에 실종되면서 최근 우리 사회에 낮도깨비들이 도처에 출몰하고 있다. 정부의 묵인 아래, 광주학살을 자행한 신군부의 생령生靈들이 백주대로를 활보하더니 급기야는 신군부의 원조元祖, 박정희망령까지 횡행한다. 과연 우리가 사는 세상이 '국민의 정부' 시대인지 적이 의심조차 든다. 나도 물론 지난 군사독재, 특히 박정희 씨에 대한 평가가 간단히 정리될 수 있다고 생각하지 않는다. 그러나 지금은 박정희기념관이나 지을 그런 한가한 때가 아니다. 오히려 유신체제의 유산에 대한 철저한 점검을 통한 그 전면적 개혁이 요구되는 절체절명의 시점인 것이다. 지금은 군사독재의 망령들과 제휴할 화해의 시대가 아니다. 지나간 시대에 대한 평가는 시간에 맡기고 '국민의 정부' 본연의 작업, 즉 우리 시대의 역사가 요구하는 개혁작업에 매진할 때다. IMF사태로 파산한 지난 시대의 사회작동원리를 대신할 새로운 모델을 광범한 토론을 통해 모색하고 21세기의 비전 속에 실천함으로써 우리 시대 최고의 과제인 국민통합을 하루빨리 실현해야 할 것이다. 두 세기의 갈림길에서 세계가 격동하고 있다. 한반도를 향한 파고波高는 흉흉하다. 외세의 개입을 용이하게 하는 적대적 분단상태를 해소하지 않고는 한반도의 항상적 위기를 근본적으로 극복하기 어렵다는 점에서 그 중요한 바탕인 한국 내부의 총체적 개혁이 더욱 절실하다. 다시 한번 강조하건대 기득권층의 개혁이 한반도, 미래의 운명을 결정할 것이다.

문화를 통한 국민적 대통합

김영삼정부에 이어 개혁정권의 후계로서 김대중정부가 출현한 것은 역사적이다. 더구나 그것이 선거에 의한 최초의 정권교체라는 점에서 한국민주주의의 성숙을 알리는 중대한 이정표로 되었던 것이다. 그러나 우리는 이 역사적 사건이 내재적 역량에 못지않게 외생적外生的 변수에도 크게 의지하여 이루어졌다는 것을 냉철히 인식해야 한다. 선진국의 꿈에 몽롱했던 한국사회를 갑자기 엄습한 IMF사태가 발생하지 않았다면 과연 박정희 이후 두터운 층을 형성한 보수의 벽을 뚫고 DJ의 집권이 성공할 수 있었을지 의심스럽기 때문이다. 사실 김대중정부의 권력 기반은 취약하다. 3공 이후 역대 정권의 집요한 지역차별로 말미암아 주로 호남을 기반으로 할 수밖에 없었던 DJ는 보수연합에서 이탈한 JP의 호서권湖西圈을 끌어들임으로써 겨우 호남포위를 돌파할 단초를 마련했지만, 이 역시 독자적 집권역량으로서 충분하다고 할 수 없었다. 요컨대 IMF사태가 야기한 김영삼정부에 대한 전국민적 실망감이 정권교체에 큰 몫을 했던 것이다.

* 『동아일보』, 1999.2.20.

'삼김三金청산'을 내세운 차세대 정치지도자들의 실력부족도 중요한 변수로 거들었음은 물론이다. 사실 토니 블레어를 비롯한 젊은 지도자들이 세계정치사에 혜성처럼 등장하여 새 시대를 열어가는 것을 보노라면 우리의 낙후한 정치문화의 지속에 일정한 책임을 나누어 맡고 있는 '삼김시대'의 극복이 새로운 차원에서 여전히 절실하다는 점을 새삼 깨닫게 된다. 그런데 '삼김청산'을 외쳤던 후계 정치가들이 비전이나 경륜이나 능력, 모든 면에서 삼김에 미달이었다. 이는, 이수인李壽仁 의원이 지적한대로, 『삼국지三國志』의 원술袁術이 황제를 참칭했다 몰락한 고사에 비길 만하다.

이처럼 안팎의 요인들이 절묘하게 맞아떨어지면서 출범한 김대중정부는 지난 1년간 노련한 경륜으로 국가부도 사태를 성공적으로 방어함으로써 대선 당시의 지지율을 넘어서 비교적 높은 국민적 동의를 획득했다고 할 수 있다. 그러나 문제는 지금부터다. 김대중정부는 '국민의 정부'를 표방하였다. 남북분단, 계급·계층 대립, 그리고 고질적인 지역분열에 시달려 온 우리 사회에서 분단과 대립과 분열을 넘어선 국민적 통합의 실현이라는 핵심적 과제의 중대성에 비추어 볼 때 이는 적확한 구호가 아닐 수 없다. 이제부터는 이 국가적 목표에 내실을 부여하는 작업에 총력을 경주해야 할 것이다.

이 작업에서 문화의 문제에 주의를 촉구하고 싶다. 정치가들은 걸핏하면 내세운다, 21세기는 문화의 세기가 될 것이므로, 한국문화를 꽃피우는 데 앞장서겠다고. 그런데 정작 문화는 항상 정치, 경제, 사회, 다음에 장식으로 꼬리에 붙곤 한다. 그나마 선거철이 지나가면 문화는 공약집 속에 잊혀지고 허구헌 날 정쟁政爭으로 날이 새고마는 판이다. 물론 한 사회의 제도적 골간을 이루는 정치와 경제의 중요성을 무시하자는 것은 물론 아니다. 그런데 그처럼 많은 정치가들이 그처럼 오랜 동안 논의를 거듭, 해방 후 반세기 넘게 실험을 했어도 한국사회는 여전히 난맥亂脈이다. 정치는 국민적 야유의 대상으로 전락하였고 경제는 현재 심각한 구조조정을 강요받고 있으며 사회 각 부문 또한 공심公心은 실종하고 사심私心만 난잡할 뿐이다. 한국처럼 종교인구가 넘치는 나라가 없건만 종교적 품성은 예배당과 절에만 보관되어 있는 것인지 실생활에서는 거의 흔적이 없는 듯이 보이는 것은 비신자非信者의 한낱 편견일까? 도대체 그 이유가 어디에 있는가? 좀 엉뚱하게 들릴지 모르지만 나는 한국사회의 문화역량의 부족 내지 결핍에 근인根因이 있다고 믿는다. 문화란 무엇인가? 그것은, '나'를 닦아서 '우리'를 발견해가는 회랑回廊, 즉 사심을 넘어 공심 또는 공공성을 발견해가는 자각적 과정이다. 그런데 5천년 문화민족이란 말이 부끄러울 정도로 우리 사회에서 어느 틈엔가 문화 즉 공공심이 행방불명이다. 좋은 책을 읽고 좋은 음악을 듣고 좋은 그림을 보고 좋은 영화를 보고 좋은 공연을 관람하면서 우리들 각자의 난잡해진 삶을 가다듬고 공동선公同善에 대해 사유할 때, 제도 개혁이 우리들 생활 밖에서 겉도는 것이 아니라 생활의 지반으로 뿌리내릴 터이다. 제도개혁과 의식개혁이 제휴해서 병진할 때 거기서 정쟁 속에 분열된 한국사회는 비로소 근대적 국민으로 재탄생할 것인데, 이 바탕에서만 평화통일이라는 일대사업을 제대로 성취할 수 있는 단초가 마련될 것이다.

한국사회는 현재 날카로운 과도기에 처해 있다. 그동안 한국사회를 움직여온 박정희식 개발독재 모델과 미국에서 불어오는 신자유주의의 바람을 발본적으로 재검토해서 새로운 세기에 걸맞은 새로운 모델을 모색하는 것이 과도기의 진정한 몫일진대, '생각하는 국민'의 중지衆

智가 지금보다 더 절실할 때는 없다. IMF사태와 함께 몰아친 구조조정 바람에 위축되어가는 한국문화를 홍기시킬 획기적인 청사진을 마련해야 한다. 국민적 대통합을 통해 한국사회를 근본적으로 쇄신할 광범한 문화운동을 일으킬 더없이 좋은 때가 왔다.

'문화의 달' 유감有感

10월은 '문화의 달'. 아마도 일년 중 어느 달을 지정하여 문화를 모시는 나라는 한국밖에 없지 않을까? 이는 '5천년 문화민족'의 문화의 힘을 보여주는 즐거운 징표인가? 아무리 그리 생각하려 해도 머리는 갸우뚱해지지 않을 수 없다. 길을 막고 지나는 사람들에게 물어보라, 10월이 '문화의 달'임을 아는가? 대개는 '아 그랬던가?' 또는 '아 그렇지' 할 것이고, '그렇지만 그게 우리랑 무슨 상관야'하는 생뚱맞은 표정을 지으리라. '문화의 달'은 정치가와 관료들의 바쁜 일정표 속에 그 지루한 행사들의 행진으로만 존재할 뿐이다. '문화의 달'이 돌아와도 문화의 높은 향기는 바이없다. 정치는 여전히 난장판이고 경제는 여전히 아수라장이고 사회는 여전히 어수선하다. 부자는 부자대로 가난뱅이는 가난뱅이대로, 어른은 어른대로 아이는 아이대로, 남자는 남자대로 여자는 여자대로, 야취野趣 속에 얼크러진다.

그래도 이번 '문화의 달'에는 일본대중문화의 개방이라는 굵직한 사건이 있었다. 이제 문화문제는 발등의 불로 떨어졌다. 일본문화에 언

---

* 『경향신문』, 1998.10.30.

제까지 빗장을 걸어둘 수는 없는 일이라는 점에서 개방은 대세다. 사실 그동안 겉으로는 잠근 척했어도 속으로는 거의 열어둔 바와 다름이 없기 때문에 특별히 개방이라는 말이 쑥스러운 면이 없지도 않다. 이 기묘한 이중성을 기화로 부끄럽게도 일본문화의 표절과 번안이 판쳤던 것을 생각하면 개방이 꼭 부정적인 것만은 아니니다. 많은 사람들이 일본의 저질문화가 몰려올 것에 우려의 목소리를 높인다. 나는 이 점에 관해서는 크게 우려하지 않는다. 금지가 연애의 열정을 부추기듯이 접근불허가 일본대중문화에 대한 호기심을 더욱 자극한 면이 적지 않았다. 그보다 내가 진실로 우려하는 것은 일본고급문화의 힘이다. 한국인은 일본문화를 우습게 안다. 특히 일본전통문화는 한국고전문화의 아류 정도로 치부해둔다. 과연 그런가? 나의 일천한 체험에만 비추어도 일본전통문화는 독자적으로 우수하다. 물론 삼국시대 이래 일본전통문화 발전의 초석은 일종의 문화영웅으로 일본에 건너간 한국인들에 의해 놓여진 것이다. 그런데 우리가 일본을 가르쳐 줬다고 재고 있는 사이에 일본은 그 배운 것을 소중히 갈고 닦아 더 훌륭히 발전시킨 것을! 예컨대 도자기를 보자. 우리는 임진왜란 때 일본에 끌려가 일본 도자문화를 개척한 조선 도공들을 연민한다. 그런데 그들이 조선에 남았다면 어떤 운명을 걸었을까? 아마도 천대 속에 이름없는 도공으로 스러졌을 것이다. 현재 일본이 세계적인 도자기 생산국으로 부상한 것을 상기할 때 대규모의 침략전쟁을 일으킨 저들의 죄를 규탄하되 조선도공들을 도자기의 신으로 받들어 낙후한 도자문화를 들어올린 그 문화적 힘에 대한 존경심에 대해서는 따로이 눈여겨봐야 할 터이다. 이 힘이 온갖 저질문화의 범람에도 불구하고 현대 일본을 추동해온 숨은 근원이라는 사실을 이제는 직시하자.

문제의 핵심은 창조적인 한국문화의 건설이다. 일본문화의 개방을 계기로 우리 자신의 문화적 감각을 한층 고양하는 자각적 노력이 절실히 요구된다. 문화를 그저 정치의 장식 정도로 여기는 정부의 인식이 정말로 바뀌어야 하겠고, 도대체 독서와는 먼 우리국민이 변화해야 한다. 가을은 독서의 계절이라고 구호는 요란해도, 10월은 '문화의 달'이라고 행사는 요란해도, 가을은 우리 출판계 최고의 불황기다. 가을은 문화의 계절이 아니라 행락철로 전락한 지 오래다. 들으매 프랑스에서 제일 인기있는 TV프로는 황금시간대에 편성된 독서토론이란다. 그러나 누구를 탓하랴. 무엇보다 문화계 종사자들이 대강대강주의에서 벗어나 자신의 영혼과 육체를 투여한 최고의 작품을 만드는 진지한 자세를 회복하는 것이 관건 중의 관건일 것이다.

국가의 우상과 시장의 우상
— 영어공용어론英語公用語論에 부쳐

솔직히 말해서 복거일 씨의 영어공용어론에 대해 이처럼 여러 사람이 나서서 토론을 벌일 필요가 있는 것인지 약간의 회의가 없지는 않다. 그러나 반대론 못지않게 찬성론도 만만치 않은 세를 얻어가고 있는 것을 보노라면, 이 또한 우리 사회 일각에서 일정한 물질적 토대를 가진 담론의 하나라는 점은 분명한 듯싶다. 그동안 물밑에서 은밀히 떠돌던 것이 특히 IMF사태를 계기로 복거일 씨를 대변인으로 삼아 수면水面 위로 부상浮上했다고 보아도 좋다.

그는 영어를 공용어로 채택하자고 조심스럽게 제안한다. 물론 일정 기간 영어와 '조선어'를 함께 공용어로 삼자고는 하고 있지만, 이는 어디까지나 현실을 감안한 과도적인 제스처일 뿐이다. 영어가 국제어로서 지구촌을 석권하는 과정에서 '조선어'를 비롯한 각 민족어들의 운명이 사멸의 길을 걸을 것으로 관측하는 그는 필연적으로 닥쳐올 이 사태에 피동적으로 끌려가지 말고 우리가 먼저 '새 시대'에 적극적으로 적응하자고 영어공용어론을 우리 사회에 제출한 것이다. 한글전용이냐

* 『조선일보』, 1998.7.21.

국한문혼용이냐를 놓고 논쟁이 채 끝나지 않았는데 어느 틈에 우리 사회는 영어론쟁으로 휘말려들었으니 격세지감隔世之感이 없지 않다.

이 제안에는 국제조류에 둔감한 채 IMF사태를 초래한 김영삼정부의 무능에 대한 비판과 반성이 함축되어 있다. 또한 박정희시대 이후 강력한 정치적 동원력을 행사해온 우리 사회의 '닫힌' 민족주의를 제어하고자 하는 제안자의 원망이 내장되어 있기도 하다. 사실 한 나라의 언어만큼 그 문화의 완강한 독자성 또는 침투불가능성을 표상하는 것이 없기 때문에 영어공용어론은 한국민족주의를 해체하고자 하는 그에게 일종의 전략적 요충 구실을 하고 있는 셈이다. 하여튼 IMF사태 이후 우리 사회를 규율해온 발전모델에 대한 근본적 성찰이 요구되는 점에서 그의 제안에 일리가 없지 않다. 어떤 점에서는 우국적 충정도 얼비치고 있어서 이 제안을 간단히 왕년의 친일파 다루듯 봉쇄해서도 아니 될 것이다.

나는 그의 제안을 검토하면서 일본의 메이지明治 초기 로쿠메이칸鹿鳴館(1883년 개관) 시대를 연상했다. 일본의 서구 추종이 절정에 달한 이 시기에 서구인과의 결혼을 통한 인종개량론과 함께 나타난 것이 가나假名를 폐기하고 알파벳을 채택하자는 운동이다. 그런데 이후 일본사회는 로쿠메이칸 시대를 한때의 철부지 에피소드로 돌리고 서구주의로부터 국수주의로 급회전한다. 나는 복거일 씨의 제안이 오히려 '닫힌' 민족주의 또는 국수주의의 부활을 가져올까 우려한다. 기실 서구주의와 국수주의는 단순한 대립물이 아니라 일종의 동전의 양면과 같다. 서양을 모방하여 서양을 따라잡겠다는 서구주의의 뒤집어진 형태가 국수주의니, 그것은 서양패권주의의 전화轉化라고 할 수도 있다. 그의 영어론은 지금까지 우리 사회를 규율해왔던, 민족주의적 동력에 근거한 국가주의를 해체하고 서구, 특히 미국의 시장주의를 한국에 이식하고자 하는 것이 핵심이다. 그런데 시장주의는 국가주의만큼 독재적, 독점적이라는 점에 주목할 필요가 있다. 시장에 대한 한국사회의 일방적 적응만을 강조하는 그의 서구주의는 민족주의의 매우 특이한 변종일지도 모른다. 그러나 지금 우리에게 절실히 요구되는 것은 국가의 우상과 시장의 우상을 함께 넘어서는 새로운 모델의 탐색이다. 아마도 그것은 영어보다는, 김수영이 노래하고 있듯이 "전통은 아무리 더러운 전통이라도 좋다"의 그 전통, 즉 "놋주발보다도 더 쨍쨍 울리는 추억"에서 솟아오를 것이다.

권위의 위기

『조선일보』는 여전히 막강한 권위를 누리고 있다. 그런데 그 권위의 거처가 다수의 국민대중보다는 소수의 지배블럭이라는 점이 문제다. 이 때문에 『조선일보』는 언론이 있어야할 자리, 국민과 지배블럭 사이에서 쌍방향의 토론을 매개하고 조직하고 조정하는 위치로부터 곧잘 이탈하여 어느덧 그 블럭의 일원으로 처신한다. 이 말은 『조선일보』가 지배블럭에 몰비판적이라는 뜻이 결코 아니다. 사실 『조선일보』는 지배블럭에 대해 신랄하다. 그런데 그 비판은 국민적 입장에 근거하기보다 언론권력이 정치권력에 가하는 단기적 훈수라는 성격이 강하다. 국민대중과 정치권력 사이에서 『조선일보』가 취하는 위치가 후자에 더 기울어 있기 때문에 『조선일보』는 오히려 국민대중을 향해서는 권위주의적 계도자로서 군림하려는 의식적 무의식적 태도를 취하곤 한다.

한국사회는 목하目下 날카로운 전환기에 처해 있다. 권위주의적 군부독재체제가 급속히 붕괴하면서, 그에 대신한 '문민정부'의 위신마저 추락한 현시점에서 모든 권위에 대한 환멸감이 한국사회 곳곳에 안개

* 『조선일보』, 1998.4.8.

처럼 퍼져가고 있다. '권위의 위기'라고 불러도 좋을 이 무력감을 어떻게 극복하는가? 이것이 최근 총체적 난국을 맞이한 우리 사회의 위기 돌파 여부를 결정하는 사활적死活的 관건關鍵이라고 나는 판단한다. 권위주의가 봉쇄해온 아래로부터의 토론을 백화제방百花齊放하는 것이 필수적이다. 권위의 담지자擔持者 또한 자기를 갱신하는 고통스러운 일종의 하방下放이 전제되어야 할 터인데, 쌍방향의 운동이 국민적 동의의 절차를 통해 중도적 지점에서 행복하게 만날 때, '권위의 위기'는 비로소 해소될 수 있을 것이다.

중장기적 시야에서 우리사회가 추구해야할 독자적 모델에 대한 균형있는 토론, 전국민적 토론이 지금 절실히 요구된다. 박정희식 개발독재모델에 대한 본격적 점검은 미뤄둔 채, 아까운 지면에 지루하게 연재되는 박정희 전기는 『조선일보』 권위주의의 전형의 하나다. 권위주의적 태도의 가장 큰 문제는 의사擬似토론이 '열린 토론'을 대체하는 경향인데, 이 속에서 한국사회의 고질적 병통, 토론문화의 부재 또는 미숙이 말미암은 것이다. 토론문화의 전반적 침체 속에서 국사國士 역할을 감당했던 큰 논객들이 사라지고 있는 우리 언론의 현실을 상기할 때, 토론문화의 미숙이 큰 논객의 부재도 함께 불러온다는 점을 새삼 깨닫게 된다. 정치권력에 대한 추종과 비판이라는 언론의 이중성을 넘어서 국민적 토론의 장으로서 언론이 공공성을 회복하는 일이 핵심인데, 일찍이 『조선일보』는 민족협동전선 신간회의 기관지를 자임함으로써 민족언론의 한 모범을 보인 바 있지 않았던가? 우리 사회의 고질적인 정치지상주의를 제어하고 교정해야할 언론 또한 정치중심주의에 함께 침윤되어 있는 한국식 권위주의문화를 진정한 토론문화의 재건을 통해 해체할 때, 한국이 직면한 총체적 위기를 극복할 단서가 문득 열릴 것이다.

한국형 페미니즘을 위하여

언제부턴가 『여성신문』에 부모의 성을 함께 쓰는 여성 이름이 나타나기 시작하였다. 아버지에 묻힌 어머니의 성姓을 드러냄으로써 자신의 여성성을 더욱 높게 자각하고자 하는 매우 흥미로운 시도이긴 하지만, 과연 이 방식이 아주 바람직한 것인지, 그 여부에 대해서는 신중한 검토가 필요할 것 같다. 드러내놓고 내색을 안 해서 그렇지 이런 식의 이름에 대해 낯설어하는 남성들이 꽤 많을 것이다. 본디 반페미니즘적인 남성들은 차치한다고 쳐도, 아마도 중립적이거나 친페미니즘적인 남성들 사이에서도 선뜻 공감을 표시하는 사례는 많지 않을 것 같다. 그렇다면 이런 명명 방식을 일종의 운동으로 밀어나가는 것은 현단계에서 전술적으로 바른 선택이라고 할 수 있을까? 『여성신문』이 여성들끼리, 그것도 선진적인 여성들 안에서만 돌려보는 동인지를 지향하는 것이 아니라, 남성우월주의의 가해자인 동시에 그 피해자이기도 한 남성까지 '구원'하려고 할진대, 이 운동은 중립적인 남성을 반페미니즘으로, 친페미니즘적 남성을 중립으로 돌려놓을 수도 있다는 점에서 심

---

* 『여성신문』, 1997.10.24.

각히 재고되어야 한다고 나는 믿는다. 이 사례가 대표적으로 보여주듯이 『여성신문』에서 아쉬운 점이 남성들을 설득하여 자기 편으로 끌어들이려는 노력이 좀 부족하지 않은가 하는 것이다. 여성이 얼마나 성차별로 말미암아 고통받고 있는가를 드러내고 그 차별의 철폐를 위한 여성의 단결만 부르짖어서는 소기의 성과를 얻기 어렵다. 이 점에서 한국여성의 현실에 대한 구체적이고 총체적인 점검이 필요하다. 가부장제만 해도 그 안의 여성적 공간의 질적 양적 존재의 양태는 동양과 서양 사이는 물론이고 같은 유교권이라고 하더라도 한중일 삼국이 또 차이가 나는데, 그 구체적 파악 위에서 오늘의 한국페미니즘이 나아갈 정확한 방향이 도출될 것이기 때문이다. 가령 외국인들은 한국여성이 시집을 가서도 남편 성을 따르지 않고 본래 성을 유지한다는 사실에 놀란다고 한다. 이러한 면모에 대한 집중적 분석이 제대로 이루어지면 한국형 페미니즘의 가능성을 열 단서가 될 수도 있을 것이다. 또한 남성우월주의에 대한 비판 못지않게 여성 내부의 반여성성에 대한 비판과 그 해체 작업에도 더 공을 들였으면 한다. 5·4 이후 줄기차게 봉건적 남존여비와 가부장제에 대한 공격에 몰두했던 중국문단에서 여성 자신의 약점을 천착하는 천커諶客가 요즘 주목되는 이유를 심사숙고할 필요가 있다. 모쪼록 한국여성운동사의 한 획기를 그은 『여성신문』이 한국여성의 관점을 더욱 철저히 궁구함으로써 어떤 기로에 선 한국 사회운동을 갱신할 새로운 패러다임을 만들어내기를 바라면서, 창간 1주년을 충심으로 축하하는 바이다.

북풍은 제갈공명의 동남풍이 아니다

노동법·안기부법 사태가 한 고비를 넘기는가 싶어 안도의 숨을 내쉬자마자, 이번에는 한보 사태로 법석을 떠는 와중에 2월 12일 황장엽黃長燁의 망명을 계기로 그야말로 북풍北風이 몰아치는 형국이다. 이 소동 속에서 2월 15일 밤, 탈북자 이한영 씨가 피격, 뇌사 상태에 빠진 충격적 사건이 일어났다. 합동수사본부는 피격 장소에서 찾아낸 탄피가 벨기에제製 브라우닝 권총에 사용된 것이라고, 그런데 이 권총은 북한 공작원들이 요인 암살용으로 즐겨 사용하는 것이므로 아마도 이 사건은 황장엽의 망명에 대한 북한 측의 보복 테러일 가능성이 높다고 발표함으로써 조야朝野를 함께 격동시켰다. 그러더니 2월 18일 아침 뉴스를 들으니 일이 아주 맹랑하다. 국립과학수사연구소의 정식 감정 결과 그것은 벨기에제 브라우닝 권총이 아니라 체코제라는 것이다. 이와 함께 이 사건이 보복 테러가 아닐 가능성도 있다고 슬그머니 꼬리를 사리고 마니, 이처럼 경솔한 일처리에 그저 멋모르고 까불리는 우리 국민이 불쌍하다.

---

* 『불교신문』, 1997.2.25.

황장엽 망명 사건만 해도 그렇다. 이 사건이 터졌을 때 많은 국내외 인사들이 사태의 추이를 예의주시하며 냉정하게 대처할 것을 충고했음에도 정부와 언론의 대응은 결코 진중했다고 보기는 어려울 것이다. 물론 이 사건은 대형이다. 황장엽이 북한 사회에서 차지하는 비중에 비추어 볼 때 그 복잡한 내막은 접어두고라도 충격적인 뉴스임에 틀림없다는 데 나도 동의한다. 그런데 마치 그를 빨리 한국으로 데려오는 것만이 우리의 살 길인 양 외쳐대는 일부의 모습은 역시 모양새가 좋다고 말하기는 어렵겠다. 그 과정에서 일찍부터 자신이 만든 주체사상이 김일성 독재의 무기로 전락하는 북한의 현실에 고뇌해온 철학자라고 황장엽을 미화하는 태도는 점입가경이다. 사계斯界의 전문가들에 따르면 황장엽이야말로 김일성 독재와 김정일 후계체제 구축에 물꼬를 튼 인사라는 것이다. 이런 시시비비는 차치하고, 이 사건을 원만히 수습하기 위해서는 좀더 성숙한 시야에서 신중하게 접근하는 것이 정도正道가 아닐까? 국제관계와 남북관계에 미칠 파장을 간과하고 더구나 산적한 국내문제를 모두 제끼고 여기에만 몰두하는, 또는 몰두하도록 몰아가는 자세는 정말 문제다. 보도에 의하면, 2월 17일 황장엽의 망명 허용을 시사하는 북한 외교부의 성명이 발표되었다고 하니, 그동안 냄비 끓듯 부풀려진 관측들이 모두 공론空論이 되고만 셈이다.

요컨대 다시 우리 내부 문제로 돌아가자! 그렇다고 북한 변수를 괄호치자는 것은 아니다. 아니 애초에 괄호치기가 거의 불가능하다. 남한 사회가 내부 문제로 비등할 때 북한이 의도적이건 비의도적이건, 거의 대체로 무슨 대형 사건을 일으켜 남한 정권의 위기를 해소시키는 예를 우리는 그동안 무수히 보아왔던 터이다. 한국에서는 이른바 북풍이 제갈공명의 동남풍 노릇을 단단히 해온 셈이다. 우리 내부 문제를 풀어갈 때도 북한 변수를 항상 염두에 두어야 올바른 대응책이 나올 것이란 점을 염두에 두면서도, 다시 강조하건대 우리의 국내문제로 복귀하자.

하루빨리 날치기 처리된 노동법·안기부법의 재개정이 원만하게 이루어져야 한다. 최근의 북풍을 빌미 삼아 여당이 안기부법 재론에 다시 경직된 태도를 보인다거나, 노동법 개정 작업에 여야가 모두 눈치보기에 바쁘다거나 하는 작태는 참으로 병통이다. 또한 북풍의 영향을 이용하여 서둘러 조기 종결로 가는 한보 사태 처리에 대한 국민적 분노를 깊이 새겨야 한다. 지난 연말 이후 한꺼번에 밀어닥친 이 사건들은 부끄러운 것이지만, 한편 발본적 처리만 가능하다면 이를 전화위복의 계기로 삼을 수도 있다. 정축년은 21세기를 맞이할 새로운 정부의 수반을 선출하는 뜻깊은 해이다. 나라의 개혁을 제대로 추진하여 민주주의를 완성하고 민족의 통일을 준비하는 개혁정권이 재탄생하느냐 여부가 새로운 세기의 국운國運을 결정한다는 점을 염두에 둘 때, 병자년에 터진 여러 사건들을 여하히 수습하느냐가 관건이 아닐 수 없다. 모쪼록 이 부끄러운 사건들을 오히려 하늘이 준 기회로 삼을 수 있기를!

누가 위기를 조장하는가?

새해 첫날 날씨가 별쭝맞게 흉흉하여 내심 전전긍긍했는데, 그예 노동법의 날치기 통과로 새해 벽두부터 온 나라가 소연騷然하다. 87년 6월항쟁에서 중요한 역할을 했던 이른바 넥타이부대가 10년 만에 재등장함으로써 그 마지막 고비에 김영삼정부는 최대의 위기에 직면했다고 보아도 좋을 것이다. 민주노총은 물론이고 노총마저 50년 역사상 처음으로 총파업에 나선 최근 사태에 대해 강경 일변도로 나섰던 정부가 1월 11일 긴급기자회견을 통해 온건기조로 돌아서는가 싶더니, 1월 13일 청와대 만찬 간담회를 고비로 다시 기존의 강경책으로 회귀하고 말았다. 도대체 어쩌자는 것인가? 있는 갈등도 푸는 것이 새해를 맞는 마음가짐이거늘 새로운 갈등의 불씨를 살려내는 정부의 괴이한 태도는 참으로 상서롭지 못한 일이 아닐 수 없다.

나는 여기서 이 법의 시시비비를 가리지는 않겠다. 정부가 주장하는 대로, 노동법이 침체에 빠진 한국경제를 살리기 위해 국민적 인기에 연연하지 않은 일대 구국의 결단이라고 치자. 그런데 아무리 좋은 정책

* 『불교신문』, 1997.1.21.

이라도 그것이 국민과 함께, 아니 그는 차치하고 국민의 광범한 동의를 획득하지 못할 때는 결국 실패로 돌아갈 것은 불을 보듯 환한 일이 아니던가? 유감스럽게도 정부가 강경 탄압으로 파업 사태를 해결하여 노동자들을 강제로 일터에 복귀시킨들 장기적으로 그게 무슨 도움이 될 것인가? 일하는 사람들의 사기를 이처럼 눌러서야 어떻게 일판의 신명이 되살아날 수 있을까? 작금의 나라 안팎 상황은 위와 아래가 한마음으로 합심해도 돌파하기가 용이치 않은데 이같은 강경책은 정부와 국민 사이에 깊은 수렁을 파는 분열책으로 전락하기 십상이라는 점에서, 갑오경장甲午更張(1894)의 뼈아픈 교훈이 떠오른다.

밖으로는 청일전쟁淸日戰爭의 발발, 안으로는 갑오농민군甲午農民軍의 봉기라는 절체절명의 위기 속에서 출범한 경장내각更張內閣은 수구파의 포위를 뚫고 개혁정책을 전진시켜야할 사명을 띤 개화파 정부였다. 김홍집金弘集을 수반으로 하는 경장내각은 당시 최고 수준의 진용이라고 해도 결코 지나치지 않으며, 그들이 내건 일련의 개혁정책들은 우리나라의 장구한 중세체제에 마침표를 찍을 만큼 획기적인 것이었다. 안타깝게도 경장내각의 개혁 드라이브는 민중의 광범한 지지를 획득하는 데 실패, 아관파천俄館播遷(1896)이란 수구파의 공격을 자초함으로써 개혁 정권 자체의 붕괴로, 마침내는 나라의 식민지화로 달려가고 말았던 것이다. 당시 농민군 지도부도 정부에 무조건 반대한 것은 아니다. 녹두장군이 전주를 점령하고난 이후 서울로 곧바로 진격하지 않고 천연했던 것도 개화파 정부와의 대타협을 기대했던 것이 아닐까? 그런데 상황의 악화 속에서 경장내각은 자신의 우군인 농민군의 강경토벌로 돌아섬으로써 개혁 대연합의 꿈은 무산되었다. 만약 당시 개화파 정부가 농민군의 협력을 얻어 개혁정책들이 밑바닥에서부터 뿌리를 내리게 되었다면 우리 근대사는 한결 달라졌을 것인데, 이 천재일우天載一遇의 기회를 놓치고만 경장내각의 책임이 무겁다.

출범 직후 문민정부는 수구파의 포위를 돌파하며 개혁을 과감히 밀어나감으로써 국민들의 거의 절대적인 지지를 획득한 바 있다. 그런데 지금의 상황은 어떤가? 어렵게 이룩한 개혁의 성과들마저 무색할 만큼 개혁의 깃발은 낡은 전설처럼 퇴색하였다. 개혁을 한층 전진시키기 위해서는 국민과 함께, 즉 국민 속에서 우러난 광범한 개혁의 우군과 연대하는 것이 반드시 필요한 일인데, 현 정부는 연대는커녕 정부 바깥의 개혁세력을 공격하는 형국을 취하고 있으니 딱한 일이다. 수구파의 복귀로 마감된 갑오경장의 실패를 다시 반복하는가?

나는 최근 우리나라 30대들 사이에 이민 풍조가 일어나고 있다는 이야기를 듣고 깊은 충격을 받았다. 30대의 표류는 문민정부가 추진했던 개혁이 실종되어가는 작금의 사태에서 비롯된 커다란 실망감의 확산에 뿌리박고 있을진대 이 점에서도 노동법 사태에 대한 정부의 슬기로운 대응을 다시 한번 촉구하고 싶다.

언론·출판의 자유를 다시 생각한다

최근 『시사저널』 사태가 세인의 큰 관심을 끌고 있다. 지난 월드컵 유치 때 청와대가 북한에 밀가루 5천톤을 제공했다는 보도와 관련하여 잡지 간부들이 검찰에 소환되고 급기야 기사 작성자 이교관 기자가 긴급 구속되는가 싶더니, 법원이 12월 2일 영장을 기각하여 기자가 인신 구속 상태에서 풀려났다. 일단 다행스러운 일이 아닐 수 없다. 홍기종 판사가 밝히고 있듯이, "악의로 명예훼손을 하려는 의사를 가지지 않았다면 보도자를 처벌하려는 공권력의 개입은 신중"해야 한다는 법원의 판단을 우리는 높이 평가한다.

국민의 알권리를 빙자하여 구태여 아무것이나 무차별적으로 까발리는 일부 언론의 황색주의에 대해서는 나도 우려하는 사람 가운데 하나다. 그러나 이번 사건은 다르다. 그것이 사실이라면 말할 것도 없고, 그런 의혹이 풍문으로 혹시 돌아다닌다면 오히려 백일하에 드러내 정부로서 당당히 국민을 설득하는 것이 정도가 아닐까?

경전을 읽다가 감탄한 대목이 있어서 잠깐 인용해본다. "남이 내 뜻

* 『불교신문』, 1996.12.10.

대로 순종해 주기를 바라지 마라. 남이 내 뜻대로 순종해 주면 마음이 교만해지나니 그래서 성인聖人이 말씀하시되 '내 뜻에 맞지 않는 사람들로써 원림園林을 삼으라' 하셨느니라." 물론 어떤 비판이든지 비판은 당하는 사람에게 아프다. 그러나 아픈 비판을 좋은 약으로 삼을 때 개인도 성숙하거늘, 나라를 책임지고 있는 정부야 더 말할 나위도 없을 터. 이 지혜로운 말씀을 거듭 새겨보기를 나는 정부 당국자들에게 간절히 권유하고 싶다.

그런데 최근 정부가 출판계에 대해서도 무리수를 두고 있는 점에도 유의해야 한다. 지난 10월 열음사가 아나이스 닌Anais Nin의 소설『에로티카』등을 출판했다가 음란도서 제재라는 명목으로 출판사 등록이 취소되었던 것이다. 등록 취소는 일종의 사형선고다. 나는 이 책들을 읽지 않아서 그 음란성에 대해서 판단할 수는 없지만, 설령 그것이 사실이라 할지라도 이 조치는 지나치게 가혹하다. 출판사에 딸린 식구들의 생계도 문제거니와, 그 출판사와 관계를 맺고 있는 그 많은 저자들은 어쩌란 말인가? 열음사 사건 이후 요사이는 또 장정일 씨의 소설『내게 거짓말을 해봐』를 출간한 김영사에 대한 사법 제재가 조여오고 있다. 김영사의 상무 김영범 씨가 11월 13일 전격 구속되고, 현재 파리에 체재중인 작가도 귀국하는 즉시 구속하리라는 엄포가 삼엄하다. 솔직히 말해서 장정일의 소설은 읽다가 말았다. 아주 실망했다. 그럼에도 나는 이 소설의 저자와 출판 관계자에 대한 구속에는 반대하지 않을 수 없다. 출판계의 양식良識에 맡기는 것이 최선이기 때문이다.

한편 언론·출판계도 차제에 냉정하게 자기 스스로를 점검해야 한다. 우리 언론, 특히 재벌언론 또는 언론재벌로 통칭되는 거대언론은 과연 남을 비판할 만큼 투명성과 공정성을 갖추고 있는가? 남에게 비판적인 만큼 자기에게는 관대한 것이 아닌가? 편집권의 독립이 그 언론의 모체가 되는 기업, 종교, 그리고 집단으로부터 충분히 보장되고 있는가? 세간의 비아냥처럼 오늘날 우리 사회에서 개혁의 무풍지대로 대학, 종교계와 함께 언론계가 꼽히고 있다는 사실을 염두에 둘 때, 거대언론을 비롯한 언론계 전체의 맹성猛省이 요구된다고 하겠다. 또한 최근 점점 노골화하는 출판계의 상업주의가 정부의 개입을 자초하고 있다는 점에서 천박한 상업주의를 어떻게 극복하는가가 현안 중의 현안이 아닐 수 없다.

그렇다고 하더라도 역시 더욱 중요한 책임은 정부에 있다. 언론·출판의 자유가 우리 사회의 민주화의 완성을 위해서 선차적으로 확보되어야 한다는 확고한 인식을 정부가 가질 때, 아니 당장은 아프고 불편하더라도 언론·출판을 원림으로 삼는 것이 장기적으로 나라 전체의 이익으로 된다는 적극적 사고를 실천할 때, 정부와 언론·출판이 동시에 거듭나는 활계活計를 찾을 수 있을 것이다.

반구反求의 정신

“옛 학자들은 자기를 위하더니 요즘 학자들은 남을 위하도다古之學者爲己 今之學者爲人.”(『논어』) 예전에는 심상히 지나쳤던 이 구절을 요즘은 자꾸 곱씹게 된다. 얼핏 보면 위기지학爲己之學이 이기적이고 위인지학爲人之學은 이타적인, 그래서 ‘위인’이 옳은 학문의 길처럼 보인다. 그런데 공자는 위인지학을 은근히 질타하고 있다. 왜 그랬을까? ‘위기’는 자기완성을 스스로에게 다짐하는 것이고, ‘위인’은 남에게 알려지기를 원하는 것이라고 정자程子는 해석하였다. 그렇다. 입만 열면 나라와 백성을 걱정하며 지식을 방패로 실제는 남의 눈을 위해, 타인의 칭송을 낚기 위해, 더 나아가서 아주 노골적으로 정계와 관계로 나아가기 위해 분주한 학자들이 횡행하는 요즈음의 부박한 세태를 상기할 때, 공자가 왜 이런 말을 했는지 비로소 깨닫게 된다. 아, 그 시대에도 그랬구나. 남이 알아주지 않아도 노여워하지 않으며 자기 마음의 밭을 가는 노고를 기쁘게 받아들일 수 있는 학자. 말은 쉬워도 실천하기는 그지없이 어려운 일이 아닐 수 없다. 그런데 위기지학이 끝내 자기 하나만 닦는

*주간 『인천시민의 신문』, 1995.7.1.

데서 그치는 것이 아님은 물론이다. 정자는 다시 이어 가로대, “옛 학자의 자기를 위함爲己은 그 끝이 물物을 이루는 데 이르고, 요새 학자의 남을 위함爲人은 그 끝이 자기를 망치는 데 이른다.” 진정한 ‘위기’는 옳은 이타행利他行으로 저절로 넘쳐날 것이다.

다른 사람을 위한다고 내세우면서 결국 다른 사람을 위하기는커녕 자기자신마저 망치는 일이 꼭 학계에만 국한되는 것은 아니다. 우리 사회의 모든 부문에 특히 지도층에 이런 사람들이 요소요소에 꼭꼭 박혀 있는 실정이다. 낙후한 한국 정치의 한심한 작태는 그 대표적인 예일 것이다. 도대체 그처럼 대형 참사들이 줄을 잇고 있어도 여전히 강압적 밀어붙이기를 까딱없이 해치우는 정부·여당의 강심장이나, 그 와중에서도 이전투구泥田鬪狗의 계파싸움을 열심으로 끈질기게 벌여나가는 야당들의 낯두꺼움에는 어안이 벙벙할 수밖에 없다. 우리 국민은 정말 팔자도 기박하다.

그런데 기실 팔자란 자신이 만드는 것이다. 그 나라 정치는 그 국민 수준을 반영한다는 말이 있듯이, 한국 정치를 한심한 수준으로 만든 데에는 우리 국민의 책임도 아주 없지는 않을 것이다. 아니 정치 탓, 남의 탓 할 것 없이 아예 그 모든 책임을 우리 국민 스스로 감당함으로써 발상의 대전환을 도모하자. 『중용』에 이런 구절이 있다.

> 공자 가로대, “활쏘기는 군자의 태도와 비슷한 점이 있다. 과녁을 맞추지 못하면 돌이켜 자신에게서 원인을 찾는다.”

위로 하늘을 원망하지 아니하고 아래로 다른 사람을 허물하지 아니하는 반구反求(허물을 자신에게서 찾는 것)의 정신. 문제를 근원적으로 풀기 위해서는 무엇보다 먼저 이 아름다운 정신을 회복하는 것이 급선무다. 연전에 천주교에서 벌이다 이제는 소식이 끊긴 '내 탓이오' 운동도 이와 상통하는 면이 없지 않다.

우리 사회같이 지도층의 부패와 무능과 태만이 만연한 곳에서 반구의 정신을 내세우는 것은 자칫 오해를 받기 쉽다. 왜냐하면 그 정신의 아름다움에도 불구하고, 그것이 하마 지도층의 부패에 대한 성급한 면죄부로 전락하여, 가뜩이나 희박한 책임의 소재를 가리는 일을 더욱 부실하게 만들 염려가 있기 때문이다. 그가 인간인 한 누구나 과오를 저지를 수 있다. 그런데 우리 사회에서는 자기 과오를 솔직하게 인정하는 진정한 용기를 보여주는 사람이 드물다. 6공 초기의 광주 청문회를 기억하라. 광주항쟁을 잔인하게 압살했던 그 수많은 책임자들이 청문회에 나와 온갖 핑계를 대가며 책임을 떠넘겼던 장면들의 연속, 분노라기보다는 아득한 절망이 앞섰다. 책임으로부터의 자유를 솔선수범하는 지도층의 도덕적 양심의 마비는 아래로 퍼져 일반 국민의 도덕적 마비를 불러일으킨 것은 어쩌면 당연한 일인지도 모른다. 양심이야 어찌 되었건 법망을 빠져나가기만 하면 장땡인 사회적 분위기. 오늘날 우리 사회가 겪고 있는 총체적 혼란의 근원적 원인은 바로 여기에 놓여 있는 것이다.

네탓, 내탓을 가리며 책임을 떠넘기는 이 악순환의 고리를 끊기 위해서, 우리 국민이 먼저 반구의 정신을 용기있게 선언하자. 자기의 무지를 고백하는 것이 지혜에 대한 누를 수 없는 갈망의 단초가 되듯이, 나의 허물을 과감히 인정하는 것이 공동선共同善으로 나아가는 진정한 기초가 아닌가? 의로운 인간만이 사람을 미워할 수 있다. 반구의 정신에 무한히 다가가기를 다짐하고 다짐한 사람만이 다른 사람에게 사랑의

돌을 던질 수 있다. 이것이야말로 총체적 혼란 속에 개혁이 표류하는 우리 사회를 밝힐 수 있는 시민운동의 도덕적 원천의 하나인 것을!

국민은 계보원이 아니다!

세상이 온통 아수라장이다. 지난 4월 말, 100여 명의 무고한 생명을 앗아간 어처구니없는 대구 가스폭발 사고 이후 국민은 정말 불안하다. 도시에 살고 있는 사람은 누구나 실감하는 바이지만, 도시의 땅 밑은 쉴 새 없이 파헤쳐지고 끝없이 덮어진다. 그런데 대도시의 땅 밑에 혈관처럼 뻗어있는 도시가스관, 통신케이블, 전기, 전화, 상·하수도 등 각종 지하매설물들의 위치와 규격을 자세히 기록한 '지하지도'가 없다니! 지도도 없이 이처럼 거대한 도시들을 기적같이 일으켜 세운 한국의 행정가, 건설업자 들은 귀재鬼才인가, 천치인가? 첨단을 뽐내는 도시의 외관은 맹목盲目의 지하 위에 연옥煉獄처럼 떠있으니 한국사람들은 실존주의자가 아니라면 신경이 동아줄처럼 굵음에 틀림없을 것이다.

이런 참사가 빈발하면 옛날 왕조시대에도 임금을 비롯한 대소 벼슬아치들이 백성을 위무하고 정치를 일신하여 정성스런 마음을 가다듬는 법인데. 어찌된 셈인지 요사이는 대강 사태를 수습하기가 무섭게 거꾸로 국민을 더욱 위압한다. 최근 도하都下 언론을 살벌하게 장식하

* 『내일신문』, 1995.6.7.

고 있는 현대자동차와 한국통신 노동자들에 대한 정부의 강경 일변도 밀어붙이기를 걱정 속에 들여다보고 있노라면, 더구나 이 와중에 노동부 장관이란 사람이 억대 수뢰受賂 혐의로 고개를 빳빳이 들고 구속되는 기막힌 일이 발생했는데도 정부의 강공이 도를 더해가는 것은 일반 국민에게는 도무지 요해了解가 되지 않는 일이다. 나는 노동자들의 파업을 무조건 지지하는 자는 아니다. 그러나 노동자들이 저처럼 나섰을 때는 무언가 절박한 곡절이 있을 터인데 이에 대해 '국가전복음모'라는 낡은 언사를 휘두르며 공권력 투입으로 거칠게 해결하려는 정부의 태도는 아무리 생각해도 지나친 것이 아닐 수 없다.

이밖에 언론의 주목도 받지못한 채 묻혀버린 사건은 또 얼마나 많을 것인가? 굴업도 핵폐기장 반대투쟁은 그 대표적 예의 하나이다. 지난 5월 20일 동인천역 앞에서 열린 인천시민 궐기대회에 참가한 학생·시민들에 대한 경찰의 무차별 진압으로 40여 명의 중·경상자가 발생한 사건은 충격적이다. 평화적인 시위자들을 백골단이 잡아다 구타하는 것도 모자라서 최루탄 발사기 개머리판으로 머리를 내려치는 장면을 비디오로 보면서 나는 정말 분노하지 않을 수 없었다. 이제 문민정부라는 말은 입에 올리지도 말자.

그런데 이러저러한 국민의 고충을 대변하고 해결해야할 우리 정치는 지금 어디에 있는가? '회의는 춤춘다'는 말이 있더니, 1995년 5월 한국 정치는 한창 무도舞蹈중이다. 6월 지방자치선거를 앞두고 여당은 여당대로 야당들은 야당들대로, 중앙은 중앙대로 지방들은 지방들대로 이런 난리법석이 없다. 후보자들이 하도 많아서 그 면면을 제대로 알기는 거의 불가능하지만, 대강만 훑어봐도 받아들이기 어려운 후보자들이 적지 않다. 『논어』에 이런 대목이 있다.

애공哀公이 물어 가로대, "어떻게 하면 인민이 심복하리까?" 공자 대답해 가로대, "마음이 곧은 인재를 등용하여 마음 굽은 소인 위에 놓으면 인민이 따르고, 마음 굽은 소인배를 등용하여 마음 곧은 인재 위에 올리면 인민은 복종하지 아니하리다."

정치의 요체란 사실 이처럼 간명하다. 정치가들도 이 이치를 뻔히 알면서도 '정치는 현실'이란 말로 방패막이한다. 물론 애공도 공자의 충고를 듣지 않았다. 공자는 제후들을 달래서 그를 개명군주開明君主로 만들어 자신의 이상적 정치를 실현하려는, 말하자면 위로부터의 개혁을 꿈꾸었지만 결국 실패하고 말았다. 우리 국민도 그동안 공자처럼 옳은 정치를 펼 진정한 정치가를 대망해왔지만, 아마도 그런 꿈은 한 자리 어지러운 봄꿈으로 전락할 가능성이 현재로선 불행한 일이지만 거의 확실해지는 것 같다.

길은 하나다. 이번 지자제 선거에서 국민이 정치 보스들의 계보원이 아니라는 사실을 똑바로 보여주자. 그들의 일거수一擧手일투족一投足에 헛되이 일희일비一喜一悲할 게 아니라, 그들로 하여금 국민의 일거수일투족에 일희일비 하게 만들자. 사실 그동안 기성 정치판이 국민을 마치 계보원처럼 우습게보게 된 것도 따지고 보면 국민의 책임도 없지 않다. 이번 선거를 통해 보스들의 낙점과 관계없이 마음 곧은 젊은 인재를 우리 손으로 마음 굽은 소인배 위에 올려놓음으로써 우리의 낙후한 정치를 쇄신할 수 있는 굳건한 계기를 마련하는 일이 애국시민의 명예임을 다시금 다짐하자.

화급한 대학개혁

지난 여름에는 웬 신부 총장이 언론과 합작하여 쓸데없는 공안소동으로 온 세상을 휘젓더니, 이번 겨울에는 어느 명문대학의 총장이 국적 시비로 세간의 이목을 집중시키고 있다. 그 시비곡직을 떠나서 최근 대학이 연출하는 이 원시적인(?) 풍경은 재단비리다, 부정입학이다 등등으로 날개 없는 추락을 계속해온 대학의 권위를 여지없이 떨어뜨리는 작태가 아닐 수 없다. 아니, 우리는 흔히 대학의 권위라는 용어를 자주 쓰지만 과연 우리 대학이 진정한 의미의 권위를 가져본 적이 있었던가? 만약 있었다고 한다면 그것은 우리나라 학부형들의 이상한 교육열이 빚어낸 허명虛名의 권위이지, 대학자치의 고매한 이상 아래 진리를 탐구하고 더욱이 그 진리를 견결히 수호함으로써 권력 따위에 오연傲然히 특립特立하는 데서 자연히 우러난 대쪽 같은 선비의 위엄으로 빛나는 진정한 권위는 결코 아니었다. 대학을 흔히 민족의 두뇌라고 일컫는다. 그런데 우리나라 대학이, 두뇌는커녕, 어찌하여 이 지경에 이르게 되었는지 대학에 몸담고 있는 사람의 하나로서 부끄러움을 금할 길

---

*『내일신문』, 1994.12.7.

없다. 대학이 스스로 비리에서 벗어나지 못하고 있는데 어떻게 일반 사회에 돌을 던질 수 있을 것인가? 샘물의 근원이 맑으면 언젠가 강 전체가 맑아질 날을 기대할 수 있지만, 근원이 흐리면 그야말로 백년하청百年河淸도 난망難望이다. 이 때문에 대학개혁은 정치개혁보다 더욱 근원적인 처방의 하나인 것이다.

여기서 잠깐 우리 대학사를 되돌아볼 필요가 있다. 역시 문제의 근원은 성균관을 경학원經學院으로 격하함으로써 전통대학을 조직적으로 파괴한 일제에 있다. 고구려의 태학, 신라의 국학, 고려의 국자감의 전통을 이은 조선왕조의 성균관은 비록 관학이었지만 관학의 테두리 안에서도 신진 선비의 의기를 양양하게 북돋우는 것이 곧 나라의 기운을 새로이 할 것이란 섬세한 배려 속에 옛 대학생들은 뜻밖의 자율과 자치를 누렸으니, 이 성균관을 근대 대학으로 개혁하지 못한 우리 역량의 모자람도 아울러 기억할 일이다. 성균관의 파괴와 함께 우리 대학사에서 또 하나 뼈아픈 사건은 3·1운동 직후 타올랐던 민립대학운동의 좌절이다. 조선의 두뇌를 조선인의 손으로 기르겠다는 이상 아래 좌우합작으로 광범한 민중의 호응 속에 추진되었던 이 운동은 일제가 전격적으로 경성제국대학을 설립하는 선수를 침으로써 용두사미龍頭蛇尾로 주저앉고 말았던 것이다. 해방이 우리의 왜곡된 대학상을 바로잡는 절호의 기회였지만 그것이 상황의 악화 속에서 어떻게 낭비되었는지는 여기서 되풀이하기도 괴롭다. 특히 6·25를 겪으면서 좌우파를 막론하고 유수한 지식인들의 많은 부분이 사망, 납북, 월북 등으로 한국의 대학사회에서 빠져나감으로써 한국의 대학은 올바른 이념의 정립은 고사하고 역량있는 대학교수의 태부족이라는 심각한 후유증을 남겼던 것이다. 저 거대한 학문적 공백은 차치하고라도, 교수요원의 태부족과 대학의 양적 성장이 맞물려 교수의 질적 하향화가 야기되었으니, 이는 또한 초·중등교육의 부실도 초래했던 것이다. 이런 사태는 60년대 이후 개발독재 아래 대학이 더욱 외형적 성장에 치중한 시기에 다시 반복되어, 이미 고인이 된 소설가 한남규韓南圭(필명 韓南哲) 선생은 삼라만상이 다 대학교수가 됐더라는 뼈진 농담을 한 바도 있을 정도이다.

대학개혁은, 다시는 대학사회가 어용교수, 무능교수 시비에 말려들지 않는 교수 자신의 가일층의 갱신 노력으로부터 시작되지 않으면 아니된다. 교수가 실력과 양심에 부끄러움이 없을 때 비로소 학생에 대한 진정한 지도력이 우러날 터인데, 그렇지 못한 교수를 단지 교수이기 때문에 존경하라는 것은 인간의 본성에 비추어보아도 무리한 일이다. 그렇다고 경솔하게 교수 자격 시비를 들고 나오는 일부 학생들의 행태를 무조건 옹호하는 것은 결코 아니다. 학생들에 대해서도 할 말은 많지만 한 가지, 무능교수는 무능학생이 만든다는 사실을 지적하는 것으로 그치겠다. 다시 강조하건대 대학의 핵심적 구성요소인 교수의 자기쇄신이야말로 대학이, 권력과 자본으로부터 자유로운 대학자치의 회복을 통한 학문공동체, 진리공동체로 거듭날 수 있는 최소한의 바탕으로 될 터인데, 이 바탕이 견실할 때 비로소 전환기의 한국사회에서 대학이 나아가야할 이념이 올바라질 것이고 구체적인 제도개혁이 옳은 결실로 마무리될 수 있을 것이다. 솔직히 말해서 대학 안에 있건 밖에 있건 어떻게 해야 대학다운 대학을 만들 수 있을지에 대해서는 알만큼 안다. 문제는 바로 그 일을 광범한 동의 속에 책임지고 끌고나갈 사람이다. 이상화는 "갈테면 끄을려 가지말고 우리가 가자"고 노래하였다. 그렇다. 남의 탓은 그만두고 교수들 자신이 먼저 변화하자.

대통령선거를 맞으며

대통령 선거가 드디어 3주 앞으로 다가왔다. 1년 만에 대통령을 직접 선출하는 국민적 권리를 국민의 이름으로 회복했으니 일말의 감회를 누를 길이 없다. 16년 전 20대 초반의 대학생이었던 필자의 나이, 이미 마흔을 코앞에 두고 있다. 돌이켜 보면 그사이 얼마나 많은 사람들이 연속되는 수난 속에 고통 받았던가?

결국 역사란 발전하는 것이다. 현상적으로 어떤 강제에 의해 명백한 역사적 후퇴가 이루어진다고 하더라도 마침내 역사는 질곡을 뚫고 정의의 실현을 관철하고야 만다. 비근한 예로 일제 식민지 시대를 보자. 특히 일제말기 맥아더가 지키고 있던 필리핀의 미군 및 동남아시아의 영국 · 프랑스 · 화란 등 막강한 백인종의 군대를 물리치고 승승장구했던 대일본제국이 그처럼 허망하게 붕괴되리라고 누가 짐작이나 했겠는가?

일제 말에 친일을 했던 어느 시인이 해방 후 사석에서 '그때는 정말 일제가 나치와 함께 천하를 제패하리라고 꼭 믿었고, 그 때문에 일제

* 『경인일보』, 1987.12.2.

에 협력해서 그 이익을 나눠 갖는 것이 조선민족이 살 수 있는 유일한 길임을 진심으로 믿었노라'고 고백했다는 얘기를 전해 듣고 고소苦笑를 머금었던 적이 있다. "미영귀축米英鬼畜을 격멸하자"고 외치면서 일본군국주의에 협력했던 인사들이 해방 후에는 미군을 해방군으로 열렬히 환영하면서 재빨리 '독립만세'를 불렀던 것을 생각하면 그 시인은 그래도 솔직한 편이다.

아다시피 많은 인사들이 그때는 호구糊口 때문에 어찌하는 수 없이 일제의 위협에 끌려 강제로 친일행각에 나설 수밖에 없었다고 변명하면서 자신들의 친일행각에 대해 시치미를 뚝 떼버렸던 것이다. 그런데 최근 그 인사들이 남긴 친일적인 글들을 일독하면서 필자는 그것이 결코 강제에 의한 것만이 아님을 깨닫게 되었다.

아세아의 세기적인 여명은 왔다
영미의 독아毒牙에서
일본군은 마침내 싱가폴을 뺏아내고야 말았다

동양침략의 근거지
온갖 죄악이 음모되는 불야不夜의 성城
싱가폴이 불의 세례를 받는
이 장엄한 최후의 저녁
싱가폴 구석구석의 작고 큰 사원寺院들아
너의 피를 빨아먹고 넘어지는 영미를 조상하는 만종을 울려라.

1942년 일본군의 싱가포르 함락에 헌정된 이 시의 작가가 유명한

「사슴」의 시인이라고 그 누가 믿으리오? 이 시를 휩싸고 있는 섬뜩한 광기, 그것은 결코 강제에 의해서라고 변명하기 어려운 깊은 자발성에 말미암는다.

일제 말 친일인사들은 일종의 집단적 광기에 함몰되었으니, 해방 후 그 집단적 광기를 본격적으로 분석하여 진정한 극복을 꾀하지 않았던 것은 우리의 불행이다. 그 시대에는 어쩔 수 없었다는 막연한 감상으로 그냥 이 문제를 엎어둠으로써 집단적 광기는 역사의식이 아니라 추억으로 침잠되고, 추억이 대개 그렇듯이 언제든지 적절한 사회적 환경을 만나면 불쑥불쑥 소생되곤 했던 것이다. 자유당 말기의 소위 만송족晩松族은 그 대표적 예의 하나일 터이다.

그러나 일제 말의 그 엄중한 상황 속에서도 밤이 깊으면 새벽이 오고 겨울이 깊어지면 봄이 머지않다는 천고불변의 진리의 빛 속에서 끝내 집단적 광기에 함몰되지 아니한 많은 분들이 있었다. 그런 분 중에서 유독 드러난 육사陸史, 이 고결한 민족시인은 그의 유작 「꽃」에서 다음과 같이 노래하였다.

> 북北쪽 툰드라에도 찬 새벽은
> 눈 속 깊이 꽃맹아리가 옴작거려
> 제비떼 까맣게 날라오길 기다리나니
> 마침내 저바리지 못할 약속約束이여

육사인들 안정에의 유혹에 시달리지 않았을 것인가? 그러나 빤히 일제의 패망과 민족의 해방을 예감하고 있는 시인은 그 유혹을 끝내 뿌리치고 말았으니 역사의 진보는 주관적으로 아무리 저버리고자 해도 "마침내 저버리지 못할 약속"이었던 것이다.

그런데 우리는 역사의 진보가 일직선으로 한꺼번에 성취되는 것이 아님을 똑똑히 인식해야 한다. 역사가 정의를 실천하는 과정의 복잡성을 낭만적으로 추상할 것이 아니라 과학적으로 냉엄히 직시해야 할 것이다. 최근 야당 후보의 단일화가 이루어지지 않는 데 대한 비난이 비등하고 있다. 물론 단일화가 이루어지면 좋은 일이지만 실패하더라도 환멸에 빠지지는 말자. 돌이켜 보면 정치에 뜻을 둔 인사라면 대통령을 꿈꾸는 것은 당연한 일이다. 지금은 때 늦었지만 개헌과정에서 대통령에 출마할 사람은 모두 나오게 하고 1·2위끼리 다시 결선투표를 하는 프랑스식이 좀 더 적극적으로 검토되었더라면 하는 아쉬움이 남기는 한다.

물론 이 얘기는 지금 시점에서 하릴없는 일이고 현재 중요한 것은 그저 탄식하고 환멸에 빠질 것이 아니라 대통령 후보 중 누가 우리나라 민주주의 실현에 가장 적합한 인물인가를 끝까지 냉정하게 관찰하여 선택하는 일이다. 6월항쟁을 획기로 우리 역사는 이제 새로운 단계로 진입하였다. 다시 말하면 후보들이 아니라 국민이야말로 우리 민주주의 확고한 근거지다. 금번 대통령선거가 완전한 민주주의를 향한 긴 도정의 한 출발점이라는 점을 인식하면서 투표 당일까지 두 눈을 크게 뜨고 지연地緣·학연學緣·혈연血緣이라는 봉건잔재가 아니라 빛나는 이성理性의 눈으로 후보들을 감시하기로 하자.

5부

비판적 지역주의로서의 인천학

비판적 지역주의로서의 인천학

인천학의 대상은 인천이다. 따라서 인천을 어떻게 보는가 또는 어떻게 보아야 할 것인가가 인천학의 구성에서 핵심적 위치에 있다.

'인천은 없다'는 주장이 있을 수 있다. 공간적 중심이 부재한 채 인천 부평 강화 옹진 검단(김포)이 모래처럼 흩어져있는 인천광역시를 조감할 때 이 견해가 아주 틀린 것처럼 보이지는 않는다. 예컨대 80년대 인천의 지역운동은 대체로 '없다'론에 가깝다. 이 시기 많은 활동가들이 인천의 노동계로 하방下放하였다. '인천'을 앞에 건 많은 단체들이 공개적으로 또는 비공개적으로 조직되었다. 그런데 대부분의 경우, 인천은 그 단체들의 조직대상으로 조정되었으니, '지역운동'에서 오히려 그 지방의 구체적 고려가 실종되거나 또는 최소의 참조 사항에 그치기 일쑤였다. 요컨대 민중운동의 일환으로 전개된 80년대 인천지역운동은 중앙운동의 지방판을 크게 넘어서지 못했다. 그래서 중앙지향적이라는 역설이 성립하는 것이다.

이에 대해 '인천은 있다'고 반박하는 견해도 강하게 존재한다. 이 주

*인천학연구원 8회 월례회 강연, 2003.3.28.

장에는 옛 인천의 영화를 그리워하는 향토주의가 짙게 배어있다. 과거와 절단된 인천의 현재에 즉물적으로 대응했던 지역운동은 주로 토박이들을 중심으로 하는 향토운동적 지역운동에 비판적이었다. 좋았던 옛시절의 인천을, 개발독재 아래 마구잡이로 비대해진 삭막한 대도시 현재의 인천과 대비함으로써 전자를 낭만적으로 이상화하면서 정체성의 회복을 꿈꾸는 향토운동에는 강렬한 향수鄕愁가 배어있다. 그들은, 이승엽 조봉암 장면 곽상훈 등 거물 정치인들을 배출하고 고유섭·김활란·김은호·유희강·현덕·함세덕·김동석·배인철 등 일세의 지식인 문인 예술가들이 활보했던 옛인천을 그리워했다. 이 향수에는 분단 직후부터 시작하여 5·16쿠데타를 결정적 계기로 서울의 변두리로 몰락이 가속화했던 60년대 이후 인천의 낮은 위상에 대한 은밀한 불만이 작동하고 있었던 것이다. 민중운동적 지역운동은 이 향수의 양면성을 제대로 분간하지 못했다. 물론 과거의 망령에 지핀 향토운동의 한계는 분명하다. 향수를 인천 르네상스의 자원으로 전화시킬 현실대처능력이 부족했던 것이다.

그런데 이 두 견해를 곰곰이 살피면 양자 모두 상상된imagined 것에 가깝지 않을까? 전자가 인천을 '과거가 없는sans passé' 도시로 보고 싶은 국외자의 시각에 사로잡혀 있다면, 후자는 단일한 정체성의 간단없는 지속으로서 인천을 꿈꾸는 토박이의 향수에 지펴있기 때문이다. 어떤 점에서 양자는 동전의 양면, 즉 대립적 공존을 이루고 있는지도 모른다. 인천은 있고도 없다色卽是空. 이 관점에서 양자는 일종의 형이상학이다.

우리는 우선 이 '있다/없다'의 형이상학에서 탈주해야 한다. '인천은 있다/없다'가 아니라 '인천은 어디에 있는가'라는 질문에서 출발하자.

형이상학에서 현상학적 환원으로! 인천학은 무엇보다 인천이라는 장소를 과거 현재 미래의 통합으로서 파악하는 균형을 회복해야 한다. 사물의 양면성에 대한 성숙한 인식을 바탕으로 단순한 양분법을 넘어서는 훈련이 좌우의 대립이 격렬했던 인천에서만큼 절실히 요구되는 곳도 드물기 때문이다. 개항을 둘러싼 찬반 양론도 마찬가지다. 개항찬미론에 대해 외세에 의해 주도된 치욕으로 치부하는 부정론이 맞선다. 그런데 이 역시 양분법으로 해결될 문제가 아니다. 근대 인천은 개항 이전의 중세 인천과 강제로 분리된 채, 외세의 진출 루트, 즉 일종의 식민도시로 개발되었지만, 전세계에서 다양한 인종이, 국내 각지에서 다양한 인간집단이 모여들면서 독특하게 재창안되었던 한국근대도시의 실험실이었다. 이 젊은 실험정신은 외형적 성장을 내적 충실로 전환시켜야 할 도전에 직면해 있는 오늘의 인천이 귀한 자산으로 삼아도 좋을 아름다운 전통이다.

인천은 지방이다. 그렇다. 그런데 이 엄연한 사실이 자주 몰각되곤 한다. 인천은 서울=중앙이 아니라 지방적 차이를 지우는 서울의 마력에 저항하여 인천의 지방적 독자성을 발견해야 한다. 그를 위해서는 지방사람인데도 마치 서울사람인 듯 행동하는 인천사람들의 자기기만, 그 의식/무의식을 잘 살피는 일이 중요하다. 다시 말하면 이 자기기만으로부터 벗어나 지방사람으로서의 자각을 제고하는 것이 관건이다. 경인지역 또는 수도권 식으로, 이 애매모호한 수도권 의식에서 벗어나 인천을 하나의 독자적 지방으로 설정하는 인식의 전환이 시급하다. 그때 비로소 인천의 운명은 인천이 스스로 결정한다는 고도의 지방자치가 제고될 것인데, 이 바탕에서만 수도권의 중심의 하나라는 인천의 독특한 위상에 대한 더 성숙한 고려도 가능할 것이다.

그런데 인천은 과연 지방인가? 그렇지 않다. 서울과 가까운 지방이라는 특수성이 잘 고려되어야 한다. 지구화globalization가 간단없이 진행되는 21세기에 순수한 지방은 존재하지 않거니와 서울과 거의 맞붙은 인천은 이미 지방이 아니다. 그러니까 이제 서울과 마냥 분리되려는 순수한 향토주의는 불가능한 꿈이다. 인천사람/서울사람, 이중정체성 또는 다중정체성은 이제는 흔하디 흔하다. 여기서 상상력을 사용하자. 서울이라는 거대한 배후를 거느리고 있는 인천, 인천이 자기균형을 앨써 이루기만 한다면 이는 -가 아니라 +++가 아닐까?

또 하나 인천이 지방이 될 수 없는 결정적 요인이 항구라는 사실이다. 그것도 황해의 배꼽hub에 위치한 항구가 아닌가? 인천은 서해안 남북을 잇는 배꼽이다. 남북분단과 6·25가 인천 몰락의 서주序奏에 해당한다는 점을 감안하면 인천은 통일과 사활적 관계를 이루고 있다는 사실을 새삼 깨닫게 된다. 그것은 인천이 배출한 혁명가 또는 정치가들이 남북 양 독재정권에 의해 비극적으로 몰락한 사건들에서 단적으로 표현된다. 남로당의 2인자 이승엽은 6·25 후 북의 남로당 숙청의 일환으로 '미제의 간첩'으로 몰려 처형당했고, 공산주의운동의 원로로 해방 후 그로부터 이탈하여 진보당운동을 전개했던 조봉암은 이승만 독재에 의해 '북한 간첩'으로 처형당했고, 민주당 신파의 수령으로 4월혁명 후 내각수반으로 한국민주주의를 실험했던 장면은 5·16쿠데타로 실각했으니, 인천은 분단체제 최대의 피해자였다.

인천은 동아시아, 나아가 세계와 소통한다. 국제항구 인천은 환황해권環黃海圈의 중심 거점의 하나다. 중국대륙의 상하이上海를 비롯한 홍콩 마카오 등과 연결하여 번영했던 인천은 분단에 이어 1949년 중국혁명의 성공 이후 황해가 단절되면서 건너갈 대륙을 상실한 채 죽은 항구로 몰락하였다. 남한이 자본주의의 최전선으로 반공독재의 그물망 아래 고도孤島로 봉쇄된 상황과 맞물리면서 세계 인류의 전시장이었던 국제도시 인천은 졸지에 벽촌으로 떨어졌다. 한국 최대의 차이나타운 청관淸館을 비롯한 외국인거리 각국지계各國地界가 볼품없이 퇴락한 것은 그 단적인 상징이다. 인천이 환황해권 또는 동아시아를 숙고하지 않을 수 없는 것이 바로 이 때문이다.

인천이 지방이라는 사실을 잊지는 않되 향토주의 또는 지방주의localism로 인천학을 구성해서는 곤란하다. 그렇다고 세계주의cosmopolitanism로 접근하는 것도 부황하다. 물론 세계도시cosmopolis의 전망을 내다보면서 오늘의 인천에 걸맞은 중간단계로서 지역주의regionalism를 검토해 볼 필요가 있다. 동아시아를 하나의 통합적 사유단위로 설정하는 지역주의를 축으로 인천과 동아시아 항구들을 하나로 연결하여 생각할 것! 다만 동아시아 지역주의 또한 동아시아를 세계체제에서 분리된 독립단위로 생각할 위험을 배제하기 위해 비판적 지역주의critical regionalism로 수정하는 것이 어떨까?

최근 인천은 제2의 개항기를 맞이하고 있다. 탈냉전시대의 도래와 함께 분단체제가 균열의 조짐을 보이면서 단절의 바다 황해가 동아시아의 지중해로 부활한다. 지구화의 물결 속에 국민국가의 경계 안팎에서 의미있는 변화가 일어나고 있다. 그 밖에서는 지역화regionalization가 그 안에서는 지방화localization가 동시에 진행된다. 이 변화의 바람을 자상히 독해하면서 지방자치의 확충, 분단체제의 극복, 환황해권의 연계를 고리로 다중적 정체성의 인천학 또는 비판적 지역주의로서의 인천학을 모색할 바로 그때가 아닐 수 없다.

동아시아 속의 인천

꿈

드디어 비무장지대DMZ 동서 양쪽에 통문이 뚫렸다. 2002년 9월 18일, 끊어진 경의선京義線과 동해선東海線을 다시 잇는 착공식이 남과 북에서 동시에 열림으로써, 6·15 남북공동선언(2000) 이후에도 일진일퇴一進一退를 거듭하던 남북화해의 결정적 돌파구가 마련되었다. 백두白頭 미인송美人松의 향기와 압록鴨綠의 물결소리가 기차에 실려 인천 시민의 신선한 아침상에 배달될 날이 멀지 않았다. 남북철도의 연결은 '철鐵의 실크로드'를 완성할 것이다. 인천역에서 기차를 타고 경의선으로 환승換乘, 압록강 철교를 건너 중국횡단철도TCR로 상하이上海에서 내려 루쉰공원魯迅公園을 산책할 날이 다가오고 있다. '철의 실크로드'는 해저철도를 통해 일본으로 확장된다. 인천역에서 기차를 타고 경부선京釜線을 환승, 신칸센新幹線으로 요코하마橫濱에 하차, 태평양을 바라보고 아침을 맞을 날이 꿈결처럼 달려오고 있는 것이다.

비무장지대에 뚫린 두 숨구멍으로 남한은 비로소 고도孤島상태에서

*기조발제「동아시아속의 仁川」, 上海-橫濱-仁川 세 도시심포지엄, 인천발전연구원 2002.10.31, 올림포스호텔

해방될 중대한 계기를 맞이했다. 미소연합군美蘇聯合軍의 분할 점령으로 해방(1945)을 맞이하면서 한반도의 38도선에 운명의 금이 그어진 이후, '북괴北傀'(남한에서는 냉전시대에 '조선민주주의인민공화국'을 이렇게 불렀다.)와 '중공中共' (남한에서는 냉전시대에 대만臺灣을 중국이라고 부르고 '중화인민공화국'은 이렇게 불렀다.)과 '악의 제국' 소련의 위협에 맞서는 전세계 '자유진영'의 최전방을 자처한 남한의 역대 독재정권은 한반도의 남부를 하나의 거대한 감옥으로 만들어 버렸다. 엄격한 반공정책에 따라 휴전선과 삼면의 해안선을 철조망으로 둘러쳤다. 남한은 미군이 통제하는 섬 아닌 섬으로 격절되고, 이로써 남한 주민들은 우물 안 개구리 신세를 면하지 못하게 되었던 것이다. 베를린 장벽의 붕괴(1989)로 개시된 탈냉전시대의 도래 속에서 남한 민주화가 뜻깊은 진전을 거치면서 마침내 철의 비무장지대에 꿈의 틈새가 열렸으니, 이 숨구멍들은 한반도에 새로운 시대가 다가오고 있음을 고지告知하는 종요로운 지표가 아닐 수 없다.

인천은 한국근현대사의 축도다. 서울의 관문으로서 한반도 서해안의 중심에 위치한 인천은 서해 연안 지역들과 교통하는 한편 황해黃海를 통해 중국과 일본을 비롯한 세계의 항구들과 소통했다. 황해는 말하자면 '동아시아의 지중해'였다. 물론 이 바다에 평화의 교류만 존재했던 것은 아니다. 교류가 때로는 전쟁이라는 폭력적 형태를 취하기도 하였다. 특히 해양시대의 본격적 전개 속에서 서구가 이양선異樣船으로 도착하면서, 그리고 근대 일본이 서구의 모방자로서 황해에 출몰한 이후, 바다는 격동했다. 그 격동의 와중에서도 황해로 난 창窓, 인천은 자신의 역할을 너무나 충실히 감당했다. 그런데 냉전시대의 진군 이후 인천은 바다를 상실한 채 점진적 쇠퇴의 길을 더듬어갔다. 남북분단, 중국혁명(1949), 그리고 한국전쟁(1950~53)으로 인천은 넘어갈 땅(북)과 건너갈 대륙(중국)을 잃어버렸기 때문이다. 이데올로기의 금기망에 촘촘히 포박되면서 비폭력적이든 폭력적이든 교류의 장소였던 황해가 단절과 죽음의 기호記號로 떨어졌던 것이다. 탈냉전/통일시대의 도래 속에서 바다가 다시 들끓는다. 인천이 부활한다.

우리는 목하目下 21세기의 한반도, 나아가 동아시아 전체의 운명이 재편되는 중대한 시점에 서있다. 나는 여기서 근현대 인천이 통과한 지옥과 천국의 흔적들을 몇개의 결절점結節點들을 축으로 추상追想함으로써, 인천이 어떻게 21세기를 맞이할지, 아니, 상하이上海 · 요코하마橫濱와 함께 '새로운 도시와 시민들의 합창' 속에 인천이 어떻게 거듭날 수 있을지, 가늠해 보고자 한다.

개항

1875년 9월 1일 일본 군함 운요오호雲揚號가 인천 앞바다에 나타났다. 강화江華 초지진草芝鎭을 박살내고 이어 영종진永宗鎭을 유린한 일본은 이 사건을 빌미로 이듬해 병자수호조약丙子修好條約을 체결함으로써 조선의 오랜 쇄국은 종언을 고했다. 청淸이 대규모로 침략했던 병자호란丙子胡亂(1636)의 기억이 새로운 240년 만의 병자년에 다시 위기가 찾아왔다. 페리의 흑선외교黑船外交를 그대로 모방한 일본의 함포외교로, 병인양요丙寅洋擾(1866)와 신미양요辛未洋擾(1871)를 비롯한 서구의 직접적 개국요구에 끝까지 저항하던 조선도 중국(청은 아편전쟁阿片戰爭의 패배로 1842년 난징조약南京條約을 체결하고 개국함)과 일본(바쿠후幕府는 미 제독 페리의 위협에 굴복 1854년 조약을 맺고 개국함)에 이어 마침내 자본주의세계시장에 강제로 편입되었던 것이다. 일본은 임진왜란壬辰倭亂

(1592~98)의 실패를 반복하지 않았다. 이로써 비서구세계에서 유일하게 근대국가로 전환하는 데 성공(메이지유신明治維新 : 1868)한 일본에 의해 개국당함으로써, 조선은 비서구세력이 개국을 주도한 최초이자 최후의 국가라는 희귀한 기록을 보유하게 되었다.

조약에 따라 개항이 추진되었다. 체결 뒤 바로 부산釜山이 개항하였다. 부산은 원래 왜관倭館의 전통이 깊은 곳이다. 이어 일본은 러시아의 남하를 견제할 교두보로서 원산元山을 선택하였다. 1880년 원산이 개항하였다. 그리고 지리한 교섭 끝에 마침내 조선정부는 1883년 1월 1일 인천항을 열었다. 부산이나 원산 같은 변방과 달리 인천은 왕조의 수도를 겨누는 비수와 같은 곳이다. 조선왕조는 일본의 집요한 요구에 다시 굴복, 인천 개항을 승인하지 않을 수 없었다. 개국이 강제적이듯이 인천의 개항 역시 비자발적인 선택이었던 것이다. 이렇게 인천은 일본의 군사력을 앞잡이로 한 서구자본의 압도적 요구에 따라 근대로 호출되었다.

서양에서 만든 지도에는 인천이 흔히 'Jemulpo' 또는 'Chemulpo'로 호명되곤 했다. 인천은 제물포濟物浦인가? 아니다. 원래 인천의 중심은 문학산文鶴山 기슭이고, 제물포는 인천도호부仁川都護府 소속의 포구였다. 그런데 일본은 제물포를 개항장, 즉 새 인천의 근거지로 삼아 그 위계를 전복한다. 옛 인천은 제물포, 즉 새 인천에 지방정부의 모든 기능과 함께 그 이름마저 헌상함으로써 일거에 역사의 뒤안길로 물러앉는다. 이 역전 속에서 비류백제沸流百濟의 건국신화가 숨 쉬는 오랜 고을, 인천의 역사는 지워지고 제물포가 외세의 진출루트에 알맞게 '과거가 없는sans passé' 식민도시로 재창안되었던 것이다.

그런데 새 인천에서는 부산과 달리 일본의 독점이 용이하지 않았던 점이 흥미롭다. 서구열강은 일본을 후원하면서도 일변 견제하였고 청은 노골적으로 일본과 경쟁하였다. 인천의 국제적 면모가 강화되었다. 일본지계地界가 설정되고 청관淸館, Chinatown이 들어서고 서양인 거주지역이 획정되었다. 청·일·영·러 4개의 영사관이 들어섰다. 세계의 인종전시장으로 변모한 조선의 별천지, 인천에서 조선의 지배권을 둘러싼 열강의 각축이 치열해졌다.

청일전쟁淸日戰爭(1894~95)이 터졌다. 일본에 대항하여 형식적 속방관계屬邦關係를 넘어 조선을 실질적으로 지배하려고 한 늙은 제국, 청은 이 전쟁에서 패배하였다. 청은 '신선한 외기外氣에 쏘여 급속히 부패하는 미이라'(맑스)였다. 장구한 기간 동아시아를 지배했던 중화체제가 붕괴하고 '서양패도의 주구'(쑨원孫文), 신흥 일본의 도전이 거세졌다. 청을 대신해 러시아가 남하했다. 러일전쟁露日戰爭(1904~05)이 발발했다. 인천항에 정박중인 러시아군함에 대한 선제공격으로 시작된 이 전쟁에서 일본은 또다시 승리하였다. 조선을 둘러싼 열강의 각축에서 일본은 최후의 승자가 되었고 껍데기만 남은 대한제국大韓帝國은 1910년 일본제국주의의 희생양으로 바쳐졌다.

조선왕조가 식민지로 전락하는 전 과정을 지켜본 고통의 목격자였던 인천은 한편 (식민지)근대의 실험실이었다. 항구는 번성했고, 아시아에서 세번째로 철마가 달리기 시작했다. 1899년 9월 18일 경인선京仁線이 개통됨으로써 인천에 도착한 근대가 서울을 향해 질주했다. 조선에 대한 자본의 포섭력이 일층 강화되면서 구체제는 급속히 분해되기 시작하였고, 항로와 철도를 따라 전국에서 고향을 버린 사람들이 속속 모여들었다. 많은 사람들이 항구에서 배를 타고 세계로 흩어져 갔다. 상하이항로를 통해 혁명가들이 잠행潛行했고, 일본항로로는 쌀을 비롯한 조선의 자원이 수탈되었다. 떠돌이의 경험들 속에서 '모든 단단한 것들은 한줌의 연기로 사라진다'. "나의 靑春은 나의 祖國!/ 다음날 港口의 개인 날세여!"(정지용鄭芝溶). 항구를 조국으로 삼는 새로운 시민이 탄생하였다. 공장들이 속속 들어서면서 인천은 경인공업지대京仁工業地帶의 중심으로 발돋음했다. 벤또를 들고 긴 행렬을 지어 출근하는 노동자의 도시, 이것이 30년대 인천의 아침 풍경이다. 인천은 정녕, 빈곤 속에서도 풍요로운 우리 모더니티의 고향이다. 시간의 미묘한 발효작용 속에서 근대도시의 실험실, 인천은 해방의 서사敍事를 조직하는 이념들의 발신처로 들끓었다. 민족주의자·사회주의자·무정부주의자들이 새로이 탄생한 시민과 결합하여 합법적/비합법적 투쟁을 조직해 나갔다. 일본제국주의가 패망만이 구원인 확전의 캐터필러를 밟는다. 마침내 1941년 태평양전쟁太平洋戰爭이 발발했다. 제2차 임진왜란도 또 다시 실패로 돌아갈 운명이었다. 조선의 해방이 멀지 않았다.

전쟁

1950년 9월 11일 인천 앞바다에 거대한 함대가 고요히 출현하였다. 부산을 떠나 야간항해 끝에 도착한, 261척으로 이루어진 미국의 대함대다. 무지무지한 함포사격 속에서 9월 15일 한국 해병대 3개대대가 포함된 미 육해군합동 인천상륙작전이 개시되었다. 미군이 순식간에 인천을 장악함으로써 작전은 싱겁게 끝났다. 북조선 인민군은 '전략적 대후퇴' 속에 패주를 거듭했고, 개전(1950. 6.25) 이후 낙동강洛東江까지 밀렸던 미군은 일거에 승기를 잡았다. 9월 28일 서울을 수복한 미군은 기세좋게 인민군을 북쪽 끝으로 몰아붙였다.

왜 한반도는 해방 5년만에 다시 대규모의 전쟁에 말려들어갔는가? 1945년 8월 15일 일본의 항복으로 2차대전은 종결되었다. 민족의 해방을 위한 조선 혁명가들의 길고긴 투쟁에도 불구하고 조선의 해방은 미소연합군의 승리로 주어졌다. 꿈에도 그리던 해방이 38선을 경계로 한 미군과 소련군의 분할점령으로 실현된 이 통렬한 아이러니! 한반도 분할론의 연원은 깊다. 임진왜란 당시 명明과 일본의 외교협상에서 처음으로 거론된 한반도 분할론이, 조선의 지배권을 놓고 러시아와 일본이 경쟁하던 시기에 다시 부상하더니, 드디어 2차대전의 종결로 미국과 소련에 의해 악몽의 현실로 출현했던 것이다. 반파시즘의 깃발 아래 제휴한 미소는 2차대전이 막바지로 치달으면서 이미 오월동주吳越同舟의 형국을 폭로하였다. 종전終戰과 함께, 대영제국의 후계적 위치를 획득한 미국의 패권에 대한 소련의 도전이 은밀히 개시되면서, 냉전시대冷戰時代의 개막이 박두하였다. 세계 4강에 둘러싸인 한반도의 지정학적 위치가 조화造化를 부린다. 그리하여 통일국가 건설의 전민족적 염원에도 불구하고 1948년 남북 양쪽에 차례로, 미국에서 귀국한 이승만李承晩의 대한민국(한국 또는 남한, South Korea)과, 소련에서 돌아온 김일성金日成의 조선민주주의인민공화국(북한 또는 북조선, North Korea)이 출현하였다. 자유진영의 최전방을 자처한 남과 공산진영의 전진기지를 자임한 북, 이 적대 속에서 내전의 어두운 그림자가 짙게 드리워졌다. 1949년 중화인민공화국의 건국은 타는 불에 기름을 부은 격이다. 마오毛澤東의 승리에 당황한 미국은 동아시아정책을 수정한다. 후원자 미국에 도전한 일본 대신에 중국 국민당國民黨을 대對동아시아정책의 새 하위 파트너로 구사하려던 계획이 어그러지면서 미국은 일본의 전후청산을 유보하고 다시 일본 우익을 키우기로 결심한다. 냉전의 기운이 비등하는 가운데, 1950년 한국전쟁이 폭발하였다. '남조선해방南朝鮮解放'을 목표로 한 북의 전면적 남침으로 개시된 전쟁 초기, 인민군은 파죽

지세破竹之勢로 남의 국방군을 남쪽으로 밀어내었다. 그러나 북의 예상과 달리 미군이 참전하면서 한국전쟁은 대규모의 국제적 내전으로 발전하였다. 인천상륙작전으로 전세는 역전된다. 그러나 '북진통일北進統一'이 완성되려는 찰나, 이번에는 미국의 예상을 저버리고 중국 해방군이 항미원조抗美援朝의 깃발 아래 한국전쟁에 참여한다. 이제 막 탄생한 중국의 혁명정부는 자본주의와 국경을 맞대는 일을 기피하고 싶었다. 다시 전세는 역전되었지만, 전황은 38선 부근에서 교착하였다. 지리한 협상 끝에 1953년 휴전협정이 조인된다. 38선을 부분수정한 휴전선이 남과 북의 새로운 대치선으로 고정되었다. '북진통일'과 '남조선해방'의 비현실성을 깨닫자 미국과 중국은 남북분단의 현상유지에서 타협책을 찾았으니, 한국전쟁은 미국이 이기지 못한 최초의 전쟁으로 기록되었다. 이 전쟁에 책임을 공유한 남북 두 정권은 전후에 오히려 자신의 독재를 강화하면서 본격적인 체제경쟁에 돌입한다. 한반도에서 발진한 냉전체제가 전세계적으로 확대되었다.

한국전쟁의 양상을 바꾼 인천상륙작전, 그러나 이 작전으로 근대의 창, 인천은 폐허로 되었다. 작은 서양, 작은 중국, 그리고 작은 일본이 공존한 만국공원萬國公園 일대의 외국인촌의 기념비적 건물들이 대거 파괴되고 대신 매카서의 동상이 들어섰다. 만국공원은 자유공원自由公園, 정확하게 말하면 미국공원으로 바뀐다. 미군부대가 곳곳에 주둔하면서 미국의 현전presence이 도시 전체를 압도했다. 근대 인천의 폐허에서 현대 인천이 시작되었다.

현대 인천사는 반공도시로의 재편과정이었다. 이 도시에 뿌리깊은 사회주의그룹은 전쟁을 거치면서 거의 일소되었다. 영흥도靈興島 출신의 공산주의자 이승엽李承燁의 운명은 전형적이다. 남로당南勞黨의 2인자로서 월북, 북조선의 사법상을 역임하고 한국전쟁 당시 서울시임시 인민위원회 위원장으로 활동한 그는 1953년 북조선 당국에 의해 미국 간첩죄로 체포되었다. 남로당 숙청의 예고편이었던 것이다. 이승만의 반공독재체제의 강화 속에서 바다와 항구는 엄격히 통제되었다. 항구도시 특유의 인천의 개방성도 대폭 제한되었다.

그런데 이 재편 속에서 새로운 시민이 탄생하였다. 남북주민의 대이동을 야기한 한국전쟁으로 대규모의 피난민이 월남하여 인천에 정착하였다. 전후의 궁핍 속에서 이농민들이 속속 항구로 모여들었다. 원조물자의 유입과 함께 미국식 자유민주주의도 스며들었다. 민주당의 곽상훈郭尙勳과 진보당의 조봉암曺奉岩이 둥우리를 틀고 있는 인천은 50년대 내내 강력한 야도野都였다. 새로운 시민은 반공의 틀안에서도 민주주의의 열렬한 지지자였던 것이다.

1959년 조봉암을 처형하는 말기증상 속에 이승만 독재는 4월혁명(1960)으로 붕괴하였다. 인천 출신의 온건한 민주주의자 장면張勉이 새로 출범한 민주당 내각의 총리로 취임했지만 민주주의의 봄은 이듬해 박정희朴正熙의 쿠데타로 스러져갔다. 일본 자민당自民黨 정권과 유착癒着한 박정희의 개발독재가 본격적으로 발진하자, 일본통로인 부산과 경부선이 다시 부상하면서 원조경제의 창구, 인천의 몰락은 가속화하였다. 바다가 막힌 인천은 서울의 주변부로 종속되었다. 이 종속 속에서 대규모 공단이 건설되면서 새로운 주민들이 대거 유입되었다. 산업화 드라이브의 열풍으로 농촌의 분해가 격심해지는 가운데 농민의 자식들이 인천의 공단으로 몰려들었다. 고단한 공장의 불빛 아래 인천은 노동운동의 메카로 떠올랐다. 민주화투쟁의 고조 속에 박정희가 심복에게 살해되고(1979), 그의 희극적 후계자들, 전두환全斗煥과 노태우(盧

泰愚)가 출몰하는 사이, 북과의 경쟁에서 비교우위를 점한 남한은 세계 체제의 주변부에서 반주변부로 뛰어올랐다. 이 성장의 바닥을 받치고 있었지만, 인천은 여전히 익명匿名의 도시였다.

연대連帶

1990년 9월 15일 인천과 웨이하이威海 사이에 골든브릿지Golden Bridge호가 취항함으로써 거의 반세기만에 한중항로가 복구되었다. 남한의 경제대표단이 중국을 방문한 1988년 6월 양국의 합작으로 해운회사를 운영하기로 합의하면서 1990년 8월 위동항운유한공사威東航運有限公社, Weidong Ferry가 설립되었다. 그리고 한달 뒤 드디어 합의 2년만에 '금단의 땅' 중국으로 가는 배가 인천을 출발하였던 것이다.

배의 이름 그대로 인천과 중국 사이에 다시 '황금의 다리'가 놓여졌다. 첫배가 뜬 날은 공교롭게도 인천상륙작전기념일이었다. 40년 전 인천이 불바다에 떨어진 그 참혹한 전쟁의 날, 한중 사이를 가로지른 철의 자물통이 찰깍 열렸다. 냉전시대의 전쟁기념일이 탈냉전시대의 한중교류, 그 첫 열쇠를 연 날로 변신한 황금의 전환! 한중항로의 첫 기착지寄着地가 보하이만渤海灣 입구의 웨이하이란 사실도 역사적이다. 왜구倭寇 방어를 목표로 명대에 구축된 요새에서 출발한 이 도시는 청말 북양함대北洋艦隊의 근거지로서 재구축되었다. 황해에 출몰하는 일본해군을 견제하는 청의 방패요 칼이 바로 이 군항의 지정학이다. 1895년 2월 2일 일본 제2군은 북양함대의 요새, 웨이하이웨이威海衛를 점령하였다. 그리고 열흘 뒤 북양함대는 일본해군에 괴멸되고 제독 띵루창丁汝昌은 자결했다. 인천 앞바다 풍도豊島 근해에서 청일전쟁의 첫 해전이 발생(1894. 7.25)한 지 약 반년 만에, 이렇게 양무洋務의 쇼윈도

우, 북양함대는 소멸했다. 이처럼 전쟁의 고통스런 기억을 간직한 인천과 웨이하이, 두 도시 사이에 냉전시대의 단절을 넘는 첫 항로가 열렸던 것이다. 한국전쟁의 두 적대국 사이에 뚫린 이 작은 숨구멍을 통해 도래한 새 바람 속에 두 나라는 1992년 정식 수교 관계를 맺는다. 황해 항도航圖에 그어진 우정의 금을 따라 마침내 탈냉전의 물결이 동아시아에 도착하였다.

베를린장벽의 붕괴(1989) 이후 세계는 요동치고 있었다. 독일이 통일되고(1990), 동구의 점령공산주의체제들이 도미노 속에 붕괴되는 와중에 20세기 사회주의의 심장, 소련이 해체되었다(1991). 유럽에서 불어오는 폭풍 속에 한반도의 휴전선을 축으로 완강하게 대치했던 북방 삼각동맹(북조선 · 중국 · 소련)과 남방 삼각동맹(남한 · 일본 · 미국)도, 한소수교(1991)에 이어 한중수교가 이뤄짐으로써 본격적으로 이완되기 시작하였다. 물론 한반도 주변 4강의 상호관계는 이미 예전에 정상화되었다. 일본과 소련의 국교는 1956년에 회복되었다. 한국전쟁에서 맞서 싸웠던 중국과 미국은 핑퐁외교를 통해 1972년 극적인 관계정상화에 이르르니, 그 뒤를 따라 일본도 같은 해에 중국과 국교를 수립했다. 아시아에 대한 영향력을 강화하는 소련에 대처하기 위해서 중국과 미국과 일본이 일종의 반소연합을 결성하였던 것이다. 4강의 상호관계가 복잡한 변화를 보임에도 불구하고 미동도 않던 한반도 정세가 탈냉전시대에 들어서면서 남한이 북방 삼각동맹의 두 축과 새로운 관계를 맺음으로써 돌파구가 열렸다. 마침내 남북관계의 극적인 진전이 찾아왔다.

남북분단이 국제관계의 산물이었듯이 남북통일 과정도 당사자들 사이의 합의로만 이루어질 단순사안이 아니다. 주변 4강의 이해와 협력이 관건이다. 이 점에서 최근 북일관계의 새로운 국면은 의미심장하다. 남북관계의 진전에 냉소적인 태도를 취했던 일본정부가 북일관계 회복에 전향적인 자세로 전환한 것은 9·11테러 이후 강화된 미국의 일방주의 또는 국가주의공세 속에서 답보상태를 면치 못하는 북미관계에도 중대한 자극이 될 것이다. 북일관계의 진전은 한일월드컵 공동개최로 더욱 활발해진 한일 사이의 시민적 교류를 바탕으로 냉전시대의 한일관계를 넘어서 진정한 의미의 화해와 협력으로 가는 탈냉전시대의 한일관계의 연착륙에도 선순환善循環의 효과를 배가할 것이 기대된다.

21세기의 벽두에 모처럼 동아시아에 평화의 기운이 움튼다. 돌이켜 보건대, 20세기의 동아시아는 분쟁과 갈등으로 얼룩졌다. 그 중심에 취약한 한반도가 존재했다. 한반도의 분단이 주변 4강의 경쟁을 불러들인다. 남북분단의 평화적 소멸이야말로 동아시아 분쟁의 소실점消失點이다. 또한 남북분단의 점진적 해소과정은 현재 중국과 일본이 각기 추진하는 페레스트로이카의 안정적 바탕이 된다는 점을 잊을 수 없다.

이 중대한 작업을 정부에만 맡길 수 없다. 베이징北京과 도쿄東京와 서울만이 아니라, 지방정부들이 나서야 한다. 시민들이 나서야 한다. 바다로 열린 항구의 시민들이 민제협력民際協力의 길에서 아래로부터 또는 옆으로부터 동아시아의 평화와 연대의 시대를 개척할 때, 우리는 진정으로 20세기와 결별할 수 있을 것이다. 상하이·요코하마·인천, 세 도시회의가 그 명예로운 공동작업의 초석이 될 것을 희망한다. 아울러 북의 남포南浦가 이 회의에 함께할 날이 빠르게 실현되기를 기대한다.

인천발發 아시아 문화비평지 『플랫폼』

나이를 먹으면 그렇질 않은데 오늘은 이상하게도 가슴이 뜁니다. 아마도 젊은 비평가들의 에너지가 저에게 전달된 것 같습니다. 새로운 문화비평의 탄생을 목격하는 이런 자리에 동참하게 되어 정말 기쁩니다. 40여 년 전 『동아일보』 신춘문예 시상식장이 떠오릅니다. 그때의 감각을 상기시킨 이 자리가 나태한 저의 비평을 다시 깨우는 계기가 되었음을 새삼 새깁니다.

즐거운 잔치에 초청해주신 강광 대표님을 비롯한 인천문화재단 식구들에게 깊은 감사를 드립니다. 이제는 모르는 직원들이 더 많아도 재단은 제게 유사-가족입니다. 이때 '유사'는 물론 '가짜'가 아니라 '같다'는 뜻입니다. 제가 재단에 있을 때 가장 기억나는 일의 하나가 『플랫폼』 창간 전후입니다. 『플랫폼』 5주년을 축하합니다. 짧지 않은 세월입니다. 잡지란 원래 손이 많이 가는 물건입니다. 『플랫폼』은 격월간으로 간격이 밭은데다가 한국의 곳곳, 그리고 아시아 처처의 중요한 문화현상을 다루는 경輕비평지이기에 꼭지가 많아 품이 더욱 듭니다. 그 수고를 기

*2011년 제4회 플랫폼 문화비평상 및 『플랫폼』 5주년 기념식 기념강연, 2011.11.7.

꺼이 감당하면서 잡지의 생명인 지속성을 담보한 『플랫폼』의 5년이 자랑스럽습니다. 창간 당시 백지운 · 강경석 씨로부터 오늘의 유다진 · 이승욱 씨에 이르는 잡지팀의 노고를 치하합니다.

『플랫폼』은 혁신의 산물이었습니다. 1970년대는 '계간지 시대'라고 불릴 정도로 계간지의 역할이 컸던 시기였습니다. 저 역시 그 영향 아래 성장했습니다. 그리고 운 좋게도 『창작과비평』, 『실천문학』, 『황해문화』 등등, 계간지 만드는 일에도 관여했습니다. 이전의 월간지 시대를 대체한 계간지들은 민주주의와 민족통일 문제를 축으로 한국과 인천의 역사적 운명을 실천적으로 사유한 거대담론을 펼쳤습니다. 그 과정에서 한국은 크게 진화했습니다. 그런데 오늘의 한국을 만드는 데 크게 기여한 계간지가 성공 이후 약간의 피로현상을 겪고 있는 것도 사실입니다. 거대담론 중심주의를 해체하고 새로운 상황에 맞춰 재구축할 필요성이 제기된다는 점에서 특히 새로 창간하는 잡지들은 계간지와는 다른 형태로 독자와 소통할 필요도 증대하고 있다고 판단했습니다.

『플랫폼』이 격월간을 선택한 것은 그런 까닭이었습니다. 격월간 하면 『녹색평론』(1991년 창간)이 떠오를 정도입니다만, 『플랫폼』은 이미지들을 더 활용한 실험적인 잡지를 지향했습니다. 지금은 학술지 디자인 같다고 타박하지만 처음 발간되었을 때는 제 눈에도 이상할 정도로 낯선 잡지였습니다. 아마도 제가 직간접적으로 관여한 월간지 『마당』(1981~86)과 계간 『실천문학』(1985)의 경험이 작용한 듯도 싶습니다. 전자는 1980년대의 소집단문화운동을 중시했고, 후자 또한 문학계간지는 문학계간지로되 미술, 음악, 영화 등과 적극적으로 소통한 선구성이 있습니다. 문학 바깥으로 운동이 번진 80년대적 경험을 21세기의 상황 속에서 다시 우려낸 것이 『플랫폼』인 셈입니다. 이후로 『플랫폼』을 따라하는 잡지들이 더러더러 눈에 띄는 것을 보면서 새로운 트렌드를 형성했다는 자부심도 느꼈습니다.

『플랫폼』은 문화를 키워드로 삼았습니다. 인천문화재단에서 발간하는 잡지니까 당연한 것입니다. 그렇다고 해서 문학을 일방적으로 지양하지는 않았습니다. 문학과 문화의 호환성에 주목하여 문학과 문화를 서로 마주보는 거울로 세우려고 했습니다. '기우뚱한 균형' 즉 문화를 앞세우되 문학으로 균형을 맞춘다는 그런 생각이었습니다. 이 과정에서 민주화 이후 어떤 위기에 직면한 우리 문학의 새 길이 문화 또는 생활세계와의 호흡을 통해 열릴지도 모른다고 여겼습니다. 물론 그 역도 성립하길 희망했습니다.

생활세계의 문화적 고양을 목표로 삼은 인천문화재단은 기본적으로 시민에 대한 서비스 기관입니다. 덩치에 비하면 그 내면이 풍요롭지 못한 인천을 문화가 살아있는 도시로 들어올려달라는 시민의 염원을 받들어 재단은 설립되었습니다. 문화의 향수층을 넓히고 그 바탕에서 문화생산의 질을 높이는 것이 재단의 모토인데, 이 역시 '기우뚱한 균형'입니다. 현재로서는 전자가 더 중점입니다. 그러니까 『플랫폼』은 인천 시민과 함께 도시와 나라 안팎의 문화에 대한 눈을 예민하게 훈련하는 즐거운 공부방이 될 것을 사명으로 삼은 셈입니다.

인천은 원래 남북을 잇고 또 중국을 연결하는 배꼽 같은 곳이었습니다. 그런데 1949년 중화인민공화국의 탄생으로 건너갈 대륙을 잃고 6·25전쟁 이후 북쪽마저 막히면서 서해안 도시들이 그러했듯 도시의 위상 또한 낮아졌던 것입니다. 탈냉전의 물결 속에서 인천이 부활의 조짐을 보이는 것은 우리 모두 실감하는 바인데, 그 꽃은 역시 문화적 힘입니다. 역사를 돌아보건대 위대한 시대는 위대한 문화의 시대였습니다. 인천의 문화는 목하 어떻습니까? 문화에 비약은 없습니다. 서두르지 말고 착실히 기반을 두터이 쌓아나가는 긴 여정을 통과해야 하거니와, 『플랫폼』은 인천르네상스의 발진(發進) 역이라고 하겠습니다.

『플랫폼』의 또 하나의 키워드는 아시아입니다. 인천사람을 폐쇄적으로 정의해서 인천문화의 토박이적 성격을 강조하는 향토주의는, '인천은 없다' 식의 오만함으로 인천을 대하는 서울주의 또는 중앙주의만큼이나 곤란한 시각입니다. 이 두 편향을 함께 넘어서기 위한 제3의 선택으로서 아시아를 키워드로 세운 것입니다. 인천에서 아시아를 보고, 아시아에서 인천을 보는 쌍방향성을 통해 남북의 축이요 아시아로 난 창이라는 인천의 특성을 발양한다는 주지인데, 구경은 인천을 아시아의 허브로 재창안함으로써 인천을 문화도시로 나아가게 하고자 한 것입니다. 아시다시피 이 도시의 탄생과 발전에 '동아시아의 지중해' 황해가 지니는 의의는 지대합니다만, 그 사이 냉전시대를 거치면서 그 기억은 차단되었습니다. 문화는 기억을 선별하는 과정입니다. 서구주의의 횡행 속에 망각된 아시아를 정성스럽게 맞이하는 일로부터 인천문화 재건의 초석을 놓자는 것이 이 잡지의 뜻입니다.

부산영화제가 타산지석의 하나입니다. 이 영화제의 콘셉트가 아시아영화제입니다. 도쿄영화제를 누르고 대표적인 아시아영화시장으로 발전하자, 세계의 사람들이 아시아영화의 전시창 부산으로 몰려들었습니다. 이렇게 부산영화제는 세계영화제로 단숨에 올라선 것입니다. 처음부터 세계라고 날치지 않고 아시아로 집중하니 아시아의 부상과 함께 그냥 세계가 되었던 것입니다. 아시아는 이제 세계로 가는 지름길입니다.

비평 역시 키워드입니다. 잡지의 생명은 현장성의 다른 이름인 비평 또는 비판입니다. 여기서 비평이란 매슈 아놀드Matthew Arnold가 말하는 교양culture과 통합니다. "세상에서 생각되고 말해진 최선의 것을 아는 것to know the best that has been thought and said in the world." 제대로 알려면 비평적 또는 비판적 능력이 요구됩니다만, 잡지를 꾸려나가면서 문학에 비해 문화예술 분야는 비평의 부족/결여가 문제임을 새삼 실감했습니다. 문화생태계의 선순환에 열쇠고리라 할 문화비평의 구축이야말로 인천르네상스의 소중한 종자 『플랫폼』의 지향점입니다.

아시아, 문화, 비평이라는 키워드를 꿴 제호는 『플랫폼』입니다. 사람과 물건이 모이고 흩어지는 플랫폼이란 고정된 축을 가진 중심이 아닙니다. 모든 지식과 정보와 판단이 모이고 흩어지는 탈중심의 유연한 중심을 꿈꾸었던 것입니다. 그것은 아시아와 함께 세계로 나아가려는 인천문화재단의 이상을 표백하는 것이거니와, 그런 담론의 집산지요 저수지로서 자연스럽게 새 세상을 여는 집합적 담론의 생산적 장소를 자임하겠다는 나지막한 선언이기도 한 것입니다.

백범 김구는 「나의 소원」(1948)에서 "우리의 부력은 우리의 생활을 풍족히 할 만하고 우리의 강력은 남의 침략을 막을 만하면 족하다"고 했습니다. 우선 생활을 풍족히 할 만한 부력이란 한국의 경제력이 세계 최고가 되기를 바란다는 것이 아닙니다. 일등 가는 부자들이 한국에서 많이 나오기를 바란 것도 아닙니다. 나라 안이 빈부로 갈리는 것이 아니라 고루고루 잘 사는 것을 말합니다. '아랍의 봄'으로 시작해 '미국의 가을'로 마감 중인 2011년 대변동의 바탕에는 청년층의 불안과 분노가 내재되어 있습니다. 나라 안팎으로 진행된 양극화의 심화가 얼마나 치명적인가를 잘 보여주는 예입니다. 남의 침략을 막을 만한 강력이란 한국의 군사력이 세계최강이기를 바란다는 것이 아닙니다. 군사 제일주의가 군부독재를 불러온 경험에 의하건대 강력이란 적의 침략을 방어하는 데 그치면 족하다는 백범의 평화주의는 종요롭습니다. 요컨대 백범의 건국강령은 부국강병론이 아닙니다.

그 대안은 무엇입니까? 백범은 "오직 한없이 가지고 싶은 것은 높은 문화의 힘이다"라고 했습니다. 일각에서는 백범을 테러리스트라 여기기도 하지만 그는 평화의 소국주의자입니다. 그러고 보면, 최소한의 전쟁수단으로서 테러를 택한 것이 아닌가 하는 생각도 듭니다. 「나의 소원」을 꼭 한 번 읽어보셨으면 합니다. 한국이라는 나라 또는 인천이라는 도시가 어떻게 문화국가/문화도시로 나아갈 수 있을지 그 고갱이가 거기 있습니다. 골고루 잘 사는 사회 곧 높은 문화적 힘을 가진 나라/도시야말로 우리의 이상입니다. 인천문화재단의 사명이 그곳에 있을 것이며, 그 뜻을 시민과 함께 실천하는 장소가 바로 『플랫폼』일 것입니다.

앞서 『플랫폼』은 혁신의 산물이라고 말씀드렸습니다. 그런데 요즘은 『플랫폼』이 안정된 틀 속에 정체되고 있다는 생각이 듭니다. 『플랫폼』은 재단에서 발행하지만 단순한 기관지가 아닙니다. 잡지시장에서도 너끈히 살아갈 수 있는 그런 잡지를 상정했습니다. 그 이유는 그래야 잡지의 운명을 가르는 독자와 함께한다는 의식이 더욱 생생해질 것이기 때문입니다. 모험이 필요하다는 말씀을 드리고 싶습니다. 새로운 5년, 창간 10주년으로 나아갈 『플랫폼』의 진진한 모색을 기대합니다.

덧붙여 아시아에 지나치게 국한되지 않기를 바랍니다. 인간세상은 상대적인지라 비교가 필요합니다. 그러니까 아메리카대륙을 비롯한 다른 대륙과 나란히 놓을 때 아시아가 제대로 드러나게 됩니다. 그리고 아시아 내부의 복잡성에 주목하여 특히 동북아시아가 흔히 간과하는 동남아시아에 대한 배려가 더 커졌으면 합니다. 국경, 젠더, 민족/종족

등이 유동적인 동남아시아는 동북아시아를 상대화할 다른 상상력의 원천으로서 흥미롭습니다. 그것은 동북아시아사람들의 정치적 무의식을 해체하는 데 중요한 역할을 할 것인데, 분쟁과 갈등으로 얼룩진 20세기의 동북아시아를 넘어서는 종요로운 자양이 될 가능성이 풍부합니다. 대만과 오키나와와 같은 부분국가 또는 특수지방은 물론이고, 미우나 고우나 통일시대의 짝인 북에 대한 지속적 관심도 더욱 요구됩니다.

미국의 황혼 속에 세상이 (동)아시아로 오고 있습니다. 그것이 반드시 지금보다 더 좋은 세상이 되리라는 보장은 없습니다. 더 나은 새 세상의 출현 여부는 바로 우리에게 달려 있습니다. 아니 젊은 세대의 선택이 관건입니다. 『플랫폼』이 그 겸허한 디딤돌이 되기 바랍니다. 인천문화재단의 나날이 새로워짐日日新 또한 충심으로 기원합니다. 감사합니다.

축제의 뜻

바야흐로 축제의 계절이다. 죽음에서 깨어난 대지의 다산多産을 기원하는 봄축제를 대표하는 것이 단오다. 단오제는 음력 5월 5일, 홀수가 겹치는 날을 잡아 생생력生生力의 고조를 염원하는 유감주술類感呪術의 분위기가 물씬하다. 짝수는 음陰이고 홀수를 양陽으로 삼는 전통적 사유방식도 흥미롭다. 짝이 있어 자연히 자기충족적으로 되는 짝수는 움직임이 적은 음, 홀로 있어 짝을 찾아 움직이는 홀수를 양으로 파악한 것이다. 자기 안의 결핍을 자각함으로써 '다른 세상heterotopia'을 향해 안타까이 나아가는 에로스적 충동이야말로 축제의 기축이다. 춘향이와 이몽룡의 로맨스가 단오제를 배경으로 비롯되었다는 것은 축제적 충동이 영혼과 육체의 분리 또는 현실과 유토피아의 분절을 넘는 매개로서, 아니 그 상상적 실현으로서 사랑을 최고의 소통형식으로 삼았다는 증좌일 것이다. 올해는 묘하게도 단오날이 바로 5월 31일, 지방선거일이었다. 지방선거라는 자치의 축제가 역탄핵의 바람 속에 무서운 정치심판으로 종결된 후, 그것을 잊어버리기로 작심한 듯 전국 도처

* 『경인일보』, 2006.6.14.

에서 6월축제가 열리고 있다. 그리곤 벌써 나라 안은 온통 월드컵축제다. 6월을 물들일 붉은 축제가 시작되는 입구에서 열린 부평풍물축제가 벌써 10주년을 맞이했다. 10주년을 기념하는 심포지엄에 참석하면서 새삼 축제의 근본을 반추한다.

전통축제는 대개 농업노동의 계절적 순환에서 중요한 마디로 되는 시기들에 치러진다. 근대 이전 농업생산이 가지는 결정적 의의를 상기할 때, 이 계절제들에 기울이는 지배층의 직간접적 배려를 간취하게 된다. 그들은 축제적 충동을 어디까지나 통제하고 싶어하는 것이다. 그런데 축제는 항상 질서 밖으로 탈주한다. 아니 축제는 현존하는 질서에 대한 반란을 그 자체로 머금고 있다. 축제의 군중이 농민이라는 사실은 차치하고라도 농업은 달원리lunar principle에 기초한다. 달원리란 대지와 여성과 물과 달을 한 세트로 하는데, 이는 하늘과 남성과 불과 해를 세트로 하는 해원리solar principle의 대척에 있다. 전자가 유구한 모계제의 기억과 연동된다면 후자는 수평적 모계제를 전복하고 들어선 수직적 부계제를 상징한다. 하느님의 아들 환웅이 신단수 즉 우주목cosmic tree을 타고 태백산 즉 우주산cosmic mountain에 내려 신시神市 즉 신성한 도시국가를 건설한 후 웅녀와 결혼하여 단군을 낳았다는 우리 건국신화에서 웅녀는 숨은 중심이다. 웅녀는 모계제시대의 대지모신Great Earth Mother을 상징한다. 웅녀가 가리키는 곰이 겨울에 죽었다가 봄에 다시 부활하는 달원리에 연계된 달동물lunar animal이라는 사실에 주목하면, 부계제가 모계제를 대체하는 과정에서 국가가 탄생했다는 사실을 실감하게 된다. 그래서 축제에는 부계제 아래 억압된 모계제적 여성원리가 문득 귀환한다. 이러매 축제에는 아무리 지우려해도 지울 수 없는 현존질서에 대한 불온한 반역이 맥맥하기 마련인 것이다.

축제 속에 내재된 부계제와 모계제의 대립은 흔히 겨울과 여름의 투쟁 또는 검은색과 붉은색의 대조로 표상된다. 이 투쟁에서 여름은 겨울에 승리한다. 그래야 대지가 다산성을 구가하게 될 터이니 그 어떤 권력도 겨울의 승리를 지지할 수 없다. 겨울의 승리는 바로 지배층의 위기로 전화되는 흉년을 가리키매, 자신의 패배로 되는 여름의 승리를 농민과 함께 기원한 것이다. 바로 이 균열을 계기로 평민적 성격이 강화되는 조선후기로 내려올수록 축제적 충동은 더욱 첨예한 사회성을 띠게 된다. 그러나 이 소중한 근대축제의 싹은 식민지시대와 분단시대를 거치며 사위고 만다. 이 맹아를 다시 살려낸 것이 1970년대의 민족문화운동이거니와, 절차적 민주주의가 일단 이루어진 요즘, 나라 또는 지방정부가 주도하는 축제만들기 열풍 속에 다시 위기에 빠진 것은 참으로 역설이 아닐 수 없다. 여름과 겨울의 투쟁이라는 축제적 충동의 근본을 복원하되 다른 세상을 꿈꾸는 에로스적 충동 속에 통합하는 현대한국도시축제의 모형을 어떻게 창발적으로 재창안하는가, 이것이 문제다.

문화라는 새 동력

며칠 전, 고건 전 총리가 서울시장의 자격요건에 대해 언급한 기사를 흥미롭게 읽었다. “최근 최악의 황사사태에서 볼 수 있는 것처럼 문화만 가지고는 윤택한 삶을 살 수가 없다”고, 시장이라면 문화보다는 환경을 중시하는 마음가짐이 더 긴요하다는 요지다. 일리가 있는 지적이다. 사실 요즘, 광역 또는 기초를 막론하고 지방정부들은 경쟁적으로 문화관계 대형 건축물을 지어댄다. 일단 세워놓으면 내용은 차츰 채워질 게 아닌가 하고 느긋이 생각할 수도 있지만, 충분히 준비된 내용과 잘 짜여진 기획 없이 덩그러니 건물들만 세워서는 소기의 성과를 얻기 어렵다. 건축업자 좋은 일만 시키기 십상인 중복적 신축투자와 함께 축제를 비롯한 각종 이벤트만들기도 대유행이다. 이 종작없이 불어제치는 문화바람 속에 자칭 타칭 문화전문가들이 도처에 횡행한다. 솔직히 말하면 한국에 진짜 문화전문가는 거의 없다고 해도 지나친 말이 아닐 것이다. 물론 문화 각 분야, 예컨대 문학 · 미술 · 음악 · 무용 · 연극 · 영화 등등에서 이론가 · 창작가 그리고 행정가 들이 배출되었지만 이들이

* 『경인일보』, 2006.4.19.

문화전문가와 바로 등치(等値)되는 것은 아니다. 적어도 문화전문가라면 좁은 의미의 문화 즉 문학예술은 물론, 넓은 의미의 문화 즉 생활세계에서 영위되는 삶의 방식들 전체를 함께 아우르는 시야에서 통합적으로 '문화'를 사유하고 실천하는 자라야 한다. 대학원 석사과정에 이어 이제야 학부에 문화론 관계 과들이 속속 태어나는 형국이니 이 새싹들이 크려면 적지 않은 시간을 요할 것이다. 더구나 과를 창설하는 초창기인지라 교수 교재 교학 등등의 어려움으로 당분간 시행착오를 면치 못할 터이니 문화의 가수요假需要를 따르지 못하는 준비부족이 뼈아프다. 이 점에서 문화로 폭주하는 세태를 비판한 고건 전 총리의 일갈은 우리 사회의 이상한 문화열을 해독解毒하는 효과가 없지 않다.

그러나 그 부작용 때문에 문화를 뒤로 돌려야 할까? 문화보다 환경을 더 중시해야 한다는 그 발언 속의 '문화'는 좁은 의미의 문화다. 즉 예술가들이 작품을 창작하고 매개자들이 작품을 공연물로 가공하고 그리하여 시민들이 비로소 향수하는 과정에 한정되는 문화다. 도서관 극장 음악당 미술관 박물관 등에서 이루어지는 독서회(또는 낭송회)와 공연과 연희와 상영 그리고 전시회로 구성되는 이 문화활동은 자연히 고급문화 중심이니 투여되는 자본에 비해 향수층은 비대중적일 수 있다. 이 점에서 좁은 의미의 문화보다는 시민생활 전반에 긍하는 환경이 선차적일 것이다. 그런데 이 양자는 삶의 질에 대한 요구와 연결된다는 점에서 기원을 공유한다. "입고 먹는 것이 족해야 예절을 안다(衣食足而知禮節)"는 옛말처럼 일반적 궁핍에서 해방됐을 때 예절을 따지게 되는 것이다. '예절'을 요새식으로 풀면 인간다운 삶을 영위하는 데 필요한 콘텐츠인데, 문화와 환경에 대한 관심이 그 핵심일 것이다. 돌이켜보건대, 우리의 경우 환경이 먼저 제기됐다. 민주화가 대세로 자리잡은

6월항쟁(1987) 이후 환경운동이 정식의제로 채택되어 문민정부 출범(1993)을 고비로 시민운동의 주류로 부상했던 것이다. 환경운동의 발전은 문화운동의 굴기崛起를 이끌었다. 민주주의의 진전 정도와 긴밀하게 호응하는 현재의 문화열은 한국인들이 다른 삶을 꿈꾸고 있다는 증표다. 세상은 변했는데 특히 정치를 비롯한 우리 사회의 제도는 아직도 구태다. 천만이 넘는 관객을 모은 영화들의 행진은 탈냉전시대에 걸맞은 새로운 생활세계의 건축을 요구하는 문화혁명에 대한 요구라고 보아도 좋다. 그러니까 환경이 문화보다 선차적이라는 지적도 낡은 것이다. 수명을 다한 개발독재시대의 엔진을 교체해야 한다는 주장이 진작부터 제기되곤 했다. 나는 문화가 새로운 성장동력이라고 자신있게 말할 수는 없다. 그러나 광의의 문화를 축으로 탈냉전시대 한국사회의 밑그림을 새로이 마련하는 과정에서 새 동력動力의 단초가 드러나지 않을까 하는 강한 예감을 지닌다. 4월혁명이 문화혁명의 진정한 출발이었다는 점을 새삼 새기며 문화라는 동력에 대한 좀 더 적극적 재인식을 촉구하고 싶다.

6부

인천사람, 인천문화

애기애타愛己愛他 민주주의

추위를 무릅쓰고 호락호락 잔치에 참예해 주신 선후배 여러분께 깊은 감사를 드립니다. 정말 신경림 시인의 절구 "못난 사람들은 얼굴만 봐도 즐겁다"가 절로 흥얼거려질 정도로 호 신부님 덕에 이 해가 가기 전에 반가운 얼굴들 두루 뵙게 돼 더욱 고맙습니다.

호 신부님의 범상치 않은 사제 생활 40년을 기념하는 시선집 『목련이 질 때』(분도출판사, 2016)는 곳곳에 마음을 움직이는 시들이 숨어있는 좋은 시집입니다. 단적으로 「말지나 수녀님」(2006)을 한번 읽어보겠습니다.

세상에 눈물 많다 많다 그렇게 많은 사람 보셨습니까
경기도 용인시 삼계리 무의탁노인 전문요양원
행복한집 원장
귀먹은 할머니 불쌍하다고 울고

---

*호인수 출판잔치, 2016.12.15, 인천 남구청.

춤을 너무 예쁘게 잘 춘다고 울고
시집간 딸 면회 와서 엄마 붙들고 운다고 울고
자식 없는 할머니 일 년 열두 달 찾는 이도 없다고 울고
맛난 복숭아 사다드리니 잘 잡숫는다며 울고
추석빔 입혀드리니 부잣집 어른 같다며 울고
한밤중에 119 불러 응급실 가며 울고
돌아가실지 모르겠다며 울고
할머니들 운다고 슬퍼서 울고 웃는다고 기뻐서 울고
이야기하다가 울고 듣다가 울고
크지도 않은 눈에 늘 그렁그렁 눈물을 매달고 삽니다
내 한 팔로도 거뜬히 들어 올릴 것 같은 몸집
어느 구석에서 눈물이 그토록 솟아날까요?
그래도 실은 울기보다 웃기를 더 잘하는
연못 바닥 진흙에 얼룩진 작은 맨발이 예쁜
말지나 수녀님

이 작품은 가장 낮은 곳에서 가장 높은 인간적 진실을 호흡하는 최고의 시입니다. 발문을 쓴 박경미 교수의 근사한 말을 빌리면 "바닥으로 바닥으로 내려가 최선을 다하는 사람들과 함께 살며 스스로 거룩해지는 데 밑거름이 될 수 있다면 그보다 나은 삶은 없을 것입니다"라는 경지가 그대로 전달되는 시가 아닐 수 없습니다. 더구나 약간은 해학적인 어조에 실어 거침없는 가락으로 펼친 그 언어적 실현은 단연 돋보입니다. 아무리 사상이 좋아도 가락이 살지 않으면 소용없습니다만, 「말지나 수녀님」은 사상과 가락이 함께 가는 시적 경지 또는 종교적 경지를

보여준 절창이라 해도 지나치지 않습니다.

좋은 시는 먼저 온 미래 또는 언어적으로 선취先取된 새로운 세상입니다. 이 시는 지금 이곳 명예혁명의 촛불을 예감하고 있습니다. 스스로가 스스로를 존중하는 호시절입니다. 이제 누가 누구를 가르치는 계몽주의는 끝입니다. 서로가 서로에게 스승이 되는 상호교육의 대화 속에서 성숙한 애기애타愛己愛他 민주주의가 한국사회를 일찍이 가보지 않은 길로 이끌고 있습니다. 애기애타는 도산島山의 말씀입니다. 이전에 누구도 '나'를 이야기하지 않았습니다. 우리 운동, 우리 혁명은 '나'를 생략해 왔습니다. 나를 사랑하라는 것은 나를 남에게, 다시 말하면 현재를 미래에 바치라는 것이 아닙니다. 현재가 현재로서 존중되는 것입니다. 그렇게 충만한 현재가 자연스럽게 넘쳐서 미래를 모양지을 터인데, 그런 혁명이 지금 눈앞에 진행되고 있습니다.

새로운 혁명을 잉태한 2016년 말, 아마도 한국사의 새로운 시작으로 기록될 이 예감적 시점에 열리는 호인수 신부님의 호락호락 잔치를 다시 축하하며 이 자리가 인천과 한국이 다른 세상으로 가는 출구가 될 모임의 씨앗으로 진화하길 기원합니다.

미리 축원합니다.
2017년 새해 복 많이 받으십시오.

감사합니다.

혜미 씨와 금희 씨

지난 4월 8일(금)에는 좀 바빴다. 정보산업고에서 사전투표하고 상경해서 인사동 여자만에서 구중서 정희성 두 선배들 모시고 즐거운 점심을 들고 여자만 앞 〈인사동사람들〉에서 차도 한잔 하노라니 벌써 오후 다섯시, 일정 때문에 먼저 일어서 낙원표구에 가 표구 맡기고 6시에는 홍대 앞 카페 꼼마에서 열린 문학동네 시상식에 참석했다. 제자 김금희 군이 제7회 젊은작가상 대상을 수상한 덕으로 오랜만에 젊은 문단 공기를 쐰 셈인데 예정에 없는 즉석 축사까지 하곤 대학 은사 정병욱 선생의 사모님이 수를 다하셨다는 전갈에 강남성모병원으로 문상을 갔다. 빈소에서 임형택 선배를 비롯한 대학 선후배들과 담소하다가 길이 멀어 10시반쯤 서둘러 인천 길을 더듬어 귀가했다.

그뒤 시상식에서 받은 수상작품집을 틈틈이 뒤적거리다가 장강명의 소설 「알바생 자르기」에서 나도 모르게 멈췄다. 칙릿chick lit의 기풍이 물씬한 이 단편 역시 대도시 서울의 젊은 직장여성들을 생생하게 포착할 줄 아는 작가답게 은영(최 과장)과 혜미(비정규직)의 밀당을 실감나게

* 인천문화통신3.0 1호, 인천문화재단, 2016.

그려냈다. 갑을관계임에도 두 여성이 상투형으로 단일화되지도 않았거니와, 특히 후자의 생존술은 놀랍게 치밀해서 자칫 밉상으로 보이기도 할 만큼 리얼하다. 그런데 그녀는 인천 산다. 서두에 "혜미 씨는 집이 멀어요" 할 때 왠지 불길하더니 기어코 "혜미 씨가 인천에서 1호선 타고 오거든요"에 이르러 하릴없다. 야간대학을 나온 비정규직 신세로 퇴근하면 종로에 있는 영어학원에 출석해야 하는 이 시대 청춘의 평균적 초상! 그녀가 바로 인천인 것이다.

서두에 어느 날의 서울 일정을 개관했지만 새삼 인천과 서울의 문화적 거리를 실감한 바, 상경하기 전 투표하러 들른 정보산업고는 옛 인천고 자리다. 볼품없는 파싸드 너머에 엎드린 정보산업고를 보니 절로 인천고 교사校舍가 그립다. 불 타기 전 송림학교와 마주본 인천고 역시 붉은 벽돌 집이었다. 그나마 지금도 여전한 창영학교가 위안이다. 붉은 벽돌의 이 세 학교가 배다리 철교를 마주보고 건재했다면 절로 배다리 일대가 향기로웠을 것이다. 정말이지 이제는 더 이상 근대건축물들을 부수지 말아야 한다. 이러구러 상경해 인사동에 오니 더욱 그렇던 것인데, 내가 가져간 두점의 글씨(廣山과 南田)를 알아보고 장황을 추천하는 표구사 주인의 응대에 내심 놀랬다. 빈소에서 나눈 대화조차 죄송하지만 재미있고 유익했으니 긴 하루가 길지 않았다.

오늘의 인천은 어디에 있는가? 외형적으로는 대구를 넘어 한국 제3의 도시라고 자랑해도, 과연 인천은 제3의 도시일까? 대구보다 아니 광주보다도 인천의 위치에너지는 낮다. 정치적 후순위는 그렇다쳐도 문화는 어떤가? 정치는 낮은데 문화가 높을 수도 있겠지만 인천은 아니다. 인천정치의 현주소는 인천문화의 현주소다.

이 곤경에서 벗어날 길은 어디 있을까? 갑자기 문화 문화 한다고 될 일이 아니다. 아시다시피 문화에 비약은 없다. 교양의 원말인 독일어 Bildung이 '형성'이듯 일상의 지속적인 축적 위에서 문화로 가는 길이 스스로 열릴 것이다. 그러니 예전에는 뭣도 있었고 또 뭣도 있었고 또 뭣도 있었는데, 하며 자대自大하지 말 일이다. 자대하면 곧 지금은 왜 이 모양, 이 꼴이냐고 자소自小하게 되니 헛애만 키일 뿐이다. 옛일을 아는 건 물론 좋은데, 그게 오늘과 연계되지 않는다면 그저 복고에 그칠 것이기 때문이다. 공연히 사라진 옛것을 애도하지 말고 혜미 씨를 여여如如히 즉 지금의 간난을 포옹하고 미래로 투척할 일이다. 중요한 것은 이제부터다. 그리고 그 도전은 이미 시작되었다. 혜미 씨가 등장하는 이 작품집의 맨앞에 인천 작가 김금희의 「너무 한낮의 연애」가 위치한다. 부산에서 태어나 인천에서 자란 그는 인천을 살며 인천을 사유한다. 혜미 씨이면서 혜미 씨가 아닌 우리의 김금희들이 바로 인천 문화의 오늘이요 내일이 아닐까.

주인은
먼저 온 손님

토박이와 떠돌이에 대해 어떤 관점을 조정하느냐가 인천 사람들에겐 항상 문제적입니다만, 최근 김금희의 단편집 『센티멘탈도 하루이틀』(창비, 2014)을 읽다가 재미난 대목을 발견했어요. 「아이들」이라는 단편인데, 토박이와 떠돌이라는 열쇠말에 대해서 새롭게 생각할 만한 대목입니다. 읽어보겠습니다.

> 생활비가 빠듯할 때면 엄마는 "버려진 농가도 많다던데 고향으로 갈까?" 했고 (……) 아버지는 금의환향 못할 바에야 안 돌아가겠다고 했다. (……) 나는 그 말에서 아버지가 이 도시를 떠날 곳으로 여기고 있음을 깨달았다. 이곳에 정주하지 않겠다는 다짐이 오히려 타지에서의 삼십년을 견디게 했음을, 정주와 이주 사이의 그 아슬아슬함이 생의 부력이었음을.(135면)

이 비슷한 대목이 「사북舍北」이란 단편에 또 나옵니다.

---

* 최원식 강연록(발췌), 농부와 뱃사람, 『작가들』 50호(2014년 가을).

그도 백작처럼 사북을 떠나고 싶었던 적이 있었다. 하지만 많은 돈을 잃은 사람들일수록 사북에 오래 남는 법이었다.(……) 그들을 사북에 붙들어 놓는 건 아이러니하게도 사북을 떠날 수 있다는 희망이었다.(231면)

인천에 사는 사람 대부분은 토박이들이 아니에요. 떠들어 온 사람들이죠. 이 때문에 인천이 문제라고 얘기하는 사람도 많지만 또 한쪽에서는 인천은 토박이들의 저항이 없어서 좋다고도 해요.

실제 인천사람들은 고향에 대한 생각이 별로 없어요. 바깥에서 인천티를 잘 안 내죠. 인천 티를 내 봐야 별로 도움될 게 없어서 그럴지도 모르는데, 인천 사람들의 중요한 특징은 전부 자수성가형들이에요. 돈 있고 빽 있고 그런 사람들이 아니고 그야말로 팔도에서 몰려온 사람들이 자기 재능과 노력으로 올라간 사람들이거든요.

이런 사정 때문에 인천을 이대로 떠돌이들의 난장판처럼 만들어서는 안 되겠다, 뭔가 도시의 주체를 세워야겠다는 향토주의가 출현한 겁니다. 그러다 1990년대에 탈냉전시대로 들어오면서 금기의 바다였던 서해, 황해가 다시 열리고 인천의 중요성이 급속히 높아지게 되었습니다. 그냥 향토주의로는 제대로 감당할 수가 없는 지경에 이르렀어요. 그럼에도 탈향토주의를 예찬하자는 건 결코 아닙니다. 한창 노마드인지 뭔지 하며 포스트모던 난장을 예찬하는 소리가 높았는데, 요즘은 좀 드뭇합니다. 엄격한 토박이주의가 인천의 대안이 될 수 없듯이 무책임한 탈향토주의 또한 인천의 대안일 수 없는 거죠. 인천의 위상이 상대적으로 높아지면서 향토주의와 탈향토주의를 어떻게 하면 조화시킬 수 있을지 고민한 끝에 동아시아와 연계된 '황해'가 떠오른 셈입니다.

제3회 동아시아문학포럼의 제 기조발표 「문자공화국의 꿈」은 데리다의 『환대에 대하여』라는 짧은 강연집에 영감을 받은 것입니다.

> 주인과 손님이 기실 둘이 아니라 하나라는 이 기묘한 호환성互換性은 주인의 내부성과 손님의 외부성/적대성을 슬그머니 해체한 바, 이로써 주인과 노예의 순환하는 적대성을 변주變奏한 주객이원론으로부터 기쁘게 해탈할 수 있습니다. 그렇습니다. 주인은 먼저 온 손님입니다.

'주인은 먼저 온 손님입니다.' 그러니까 늦게 온 손님들을 환대해야 되죠. 자기가 주인이라고 뻐길 게 아닙니다. 그 주인이라는 사람들도 좀 먼저 온 사람에 지나지 않습니다. "주인은 먼저 온 손님"이라는 활구를 얻으면서 이 주제를 둘러싼 저의 오랜 고민으로부터 벗어날 수 있었습니다.

그런데 김금희의 『센티멘탈도 하루이틀』은 이 활구를 다시 깊이 볼 수 있게 할 한 측면을 열었어요. 그동안 욕했거든요. 인천은 떠돌이들이 들어와서 여전히 떠나야 할 곳으로 생각하기 때문에 뭐가 안 된다고요. 고향으로 돌아가지 못하는 것은 근대인의 숙명입니다. '그대 다시는 고향에 돌아가지 못하리.' 근대인들은 고향을 떠나게 마련인데, 한번 고향을 떠난 자들은 다시 고향에 돌아갈 수 없어요. 이미 내 마음이 고향을 버렸어요. 끝내 고향에는 가지 못해요. 귀향을 꿈꾸는 그럼에도 귀향은 끝내 지연되는 떠돌이의 꿈도 인천에 살게 하는 힘이라는 점을 드러낸 김금희의 작업은 중요한 지적이에요. 정주성과 탈정주성이 단순 대립이 아니라 긴장 속에서 서로 포옹하는 관계라는 깨달음이 종요롭습니다.

인천은 근대도시의 실험실이었습니다. 전국에서 떠돌이들이 들어와 인천의 영광과 실패에 동반했습니다. 그러구러 시간은 쌓여 이제 인천은 아이들의 도시가 되었습니다. 이 아이들이 어떤 삶을 꾸려갈지, 다시 말하면 어떤 이야기를 만들어갈지, 정말 궁금합니다. 아마도 이제 성년의 문턱에 들어선 인천문학도 그 모든 전승들을 혼종하여 그 무엇보다도 다른 삶, 다른 이야기, 다른 문학을 울퉁불퉁 창조할 시점에 이르렀다고 믿습니다. 인천작가회의의 건투를 지지합니다.

산강山康의 귀환

반갑습니다. 산강 선생 전집 출간을 기념하는 학술회의를 그 분의 연고지인 인천에서 가지게 된 것을 정말 기쁘게 생각합니다. 어떤 도시는 전통의 무게가 버거워서 탈이고, 또 어떤 도시는 전통의 무게가 가벼워서 문제인 경우가 있는데 아마도 인천은 후자에 속할 것입니다. 그런데 오늘 인천이 아주 오랜만에 산강 선생 덕분에 전통의 향기가 복욱합니다. 한문학계의 태두이신 벽사 이우성 선생을 비롯해서 임형택 선생, 김시업 선생, 그리고 여러분들이 인천에 오셨습니다. 정말 큰 감사를 드립니다.

산강 선생에 대해서는 무지하기 때문에 오늘의 심포지엄을 계기로 열심히 공부를 하려고 합니다. 다만 한 문제를 언급하고 싶습니다. 그것은 왜 인천에서 또는 부평에서 산강 선생이 거의 잊혀졌는가 하는 문제입니다. 밀양 변씨의 세거지인 고강동이 현재는 부천시의 소속입니다. 그런데 식민지시대 이전에는 고강동이 부평 소속이었습니다. 인천도호부에 딸린 제물포에 일제는 새 인천을 건설하고, 1914년 대대적인

*산강 변영만 심포지엄 개회사, 2006.6.16.

행정구역 개편을 통해서 구 인천도호부와 구 부평도호부 관내에 있는 거의 대부분의 지역을 신설 부천군에 편입시켜 버렸습니다. 부천군은 아시다시피 부평의 '부'자와 인천의 '천'자를 따서 만든 것인데, 그야말로 구질서 또는 구 토착중심을 해체하기 위해서 전통적 행정구역을 흔들려는 일제의 의도 속에서 만들어진 것입니다. 그 뒤에 새 인천이 확장되면서 인천도호부와 부평도호부의 영역을 다시 회복을 했지만 고강동 일대는 그냥 부천군으로 남아 있다가, 부천군이 부천시로 승격하면서 지금은 부천시 소속입니다. 그 바람에 산강은 졸지에 부천사람이 되어버린 것입니다. 그런데 산강山康 변영만, 일석逸石 변영태, 수주樹州 변영로(그의 호 수주 역시 원래는 산강의 것이었는데 수주란 부평의 옛 이름), 이 세 형제를 일찍부터 '부평삼변富平三卞'이라고 일러왔습니다. 부평이 낸 세 분의 뛰어난 형제 명사라는 뜻이지요. 이점에서 현재의 경계 때문에 산강 선생을 부천사람이라고 얘기하기는 어려울 것입니다. 그분을 키운 풍토는 부평의 자연, 부평의 역사, 그리고 부평의 문화이기 때문입니다. 이점에서 오늘 학술회의는 산강이 원토原土로 귀환하는 뜻 깊은 사건으로 기록될 수 있겠습니다. 산강에 대한 본격적 연구, 또는 그 단초를 여는 이 회의가 한편으로 문화도시건설을 당면의 과제로 삼고 있는 인천에서도 큰 반향을 가져올 것으로 기대합니다. 감사합니다.

인천에서 왜 지금 우현又玄을 다시 기리는가

우현又玄 탄생 백주년을 기념하는 이 심포지엄에 참여해 주신 내빈과 청중 여러분께 먼저 재단을 대신해서 깊은 감사를 드립니다. 특히 바쁜 일정에도 불구하고 이 심포지엄을 축하하기 위해서 내인來仁하신 유홍준 문화재청장님, 감사합니다. 그리고 무엇보다 이 심포지엄을 더욱 뜻깊게 만들어주신 국내외의 발제자와 토론자 분들께 심심한 감사를 표합니다.

저는 재단이 이 회의를 준비한 근본뜻을 말씀드리고 싶습니다. 경북 감포에 우현기념비가 있습니다. 신라 문무왕의 수중능을 모신 대왕암을 바라보는 곳입니다. 그 기념비에 새긴 글귀는 "나의 잊히지 못하는 바다"입니다. 일찍이 문헌을 더듬어 대왕암을 발견한 우현은 왜 그처럼 간절히 이 바다를 기렸을까? 그 숨은 뜻은 통일의 영웅 문무왕을 추모함에 있습니다. 통일전쟁은 2차에 걸쳐 진행됐습니다. 나당연합군이 백제와 고구려를 파한 1차전쟁과 고구려 백제 유민들과 힘을 합쳐 신라가 당을 물리친 2차전쟁, 문무왕은 바로 2차전쟁을 승리로 이

*우현심포지엄 개회사, 2005.8.12, 인천종합문화예술회관.

끈 분입니다. 만약 2차통일전쟁에서 우리가 당에 패배했다면 생각만해도 아찔한 일입니다. 아마 일본도 위험했을 것입니다. 백제가 위기에 빠졌을 때 왜(일본)는 대규모의 지원군을 파견했습니다. 백제·왜 연합군이 백강전투에서 나당연합군에 패배함으로써 백제는 최종적으로 멸망했습니다. 하다다 다카시라는 일본의 사학자는 몽골제국의 일본 침략을 저지한 것이 가미가제가 아니라 몽골에 장기간 저항한 고려를 비롯한 아시아 여러 민족의 투쟁이라는 흥미로운 견해를 제시한 바 있습니다만, 아마도 신라가 당을 물리치지 않았더라면 그 여세를 몰아 당이 일본을 침공했을 것입니다. 예나 이제나 한반도가 안정되면 동아시아에 평화가 깃듭니다. 그런데 통일의 위업을 달성했을 뿐만 아니라 동아시아 평화의 균형추 역할까지 감당한 문무왕은 화려한 능 대신 화장을 택했습니다. 재를 동해에 뿌리면 일본을 경계하는 용이 되겠다는 서원을 세운 것입니다. 대왕암은 문무왕의 혼이 서린 화장터입니다. 우현의 한국문화탐구는 한갓 호사가의 취미가 아닙니다. 나라 잃은 지식인 우현은 문무왕의 고매한 정신이 깃든 이 바다를 추모함으로써 자신의 학문적 실천이 민족해방의 숨은 등불이고자 다짐했던 것입니다.

지금 우현이 생존하신다면 중국과 일본에 대해 어떤 생각을 가질지 궁금합니다. 경제적으로 중진국에 도달한 바탕에서 정치적 민주화를 성취한 한국의 현재에서 우현은 편협한 민족주의에만 갇혀있지 않으리라고 저는 판단합니다. 우현이란 호가 노자의 『도덕경』에서 유래한 데서 알 수 있듯이 그는 중국고전에 대한 풍부한 이해를 갖췄습니다. 또한 그의 학문적 이력에서 짐작되듯이 근대일본의 학풍으로부터 자양을 섭취했습니다. 말하자면 우현은 한중일에 두루 통하는 동아시아 교양인입니다. 이 교양적 감각으로부터 우현은 우리가 갈등과 분쟁으로 얼룩진 과거의 동아시아가 아니라 공존과 공영의 다른 동아시아를 꿈꾸었을 것입니다. 오늘날 인천은 그런 동아시아를 실현하려는 새로운 꿈을 꾸고 있습니다. 모쪼록 우현 탄생 백주년을 계기로 한중일의 미학자들이 함께 모여 서로의 경험을 나누는 이 심포지엄이 동아시아 21세기 프로젝트의 겸허한 출발이 되기를 저는 희망합니다.

감사합니다.

살아있는 검여劍如

제 집 안방에 검여劍如 선생의 우수서右手書 한 점이 걸려있습니다. 서법을 잘 모르는 제 눈에도 무언가 범상치 않은 기운이 서려, 바라보기만 해도 괜스레 기분이 좋습니다. 제가 검여의 유묵을 일상으로 접하는 복을 누리게 된 것은 장인 덕입니다. 검여가 장인 병원에 입원했다가 퇴원한 뒤 여러 점의 글과 그림을 보냈답니다. 말하자면 입원비 대용인데, 그런 한 시대의 풍경이 아름답습니다. 서체도 충일하지만 그 뜻도 음미할 만합니다. "징심묘관澄心妙觀." 마음을 맑혀 묘처를 보다, 대강 이렇게 새길 법한데 '묘'가 핵입니다. 마음밭[心田]을 갈아 삶의 구경을 엿본다는 선비의 심법心法을 드러내는 것으로 해석해도 되겠지만 혹 불교와 연관될지도 모릅니다. 묘처는 열반의 외화外化로서의 불국토가 아닐까. 그것은 갈등과 분열을 넘어 자연과 사람, 사람과 사람, 사람과 귀신까지도 조화로운 상태에서 살아가는 인류의 이상향입니다. 이 글이 쓰여진 때가 경자년庚子年 단오절, 즉 4월혁명(1960) 직후라는 점에 유의하면, '묘관'이 혁명으로 열린 새 세상에 대한 강렬한 염원의

* 검여유희강전劍如柳熙綱展 인사말, 2006.11.6.~16.

표현이라고 봐도 크게 어긋지지는 않을 듯합니다.

검여는 그저 단순한 서예가가 아닙니다. 검여라는 호는 얼마나 날카롭습니까? 칼처럼, 그는 한 획에 자신의 삶을 걸고 한 획에 한 시대를 겨눈 도道의 검객입니다. 그러나, 모습은 어린이처럼 천진난만하고 화기和氣가 애애합니다. 가슴에 칼을 품은 사람만이 진정으로 양명亮明한 것인가? 삶과 글씨의 간격을 부단히 응시하면서 그 일치를 향해 나아가는 앨쓴 구도자求道者, 검여는 세상에 처하는 장부의 길이 무릇 어떠해야 하는지를 침묵 속에 가리킵니다.

검여의 서법이 이처럼 우뚝한 것은 어디에서 연유한 것일까? 그것은 무엇보다 그의 서법이 유교적 교양의 뿌리로부터 솟아났다는 데 있을 것입니다. 시시내 유씨가문은 북인北人 반가班家의 풍모를 충실히 보여줍니다. 아다시피 북인은 광해군光海君 몰락 이후 일찍이 권력투쟁에서 탈락한 당색黨色입니다. 그럼에도 검여의 집안은 나라를 근심하는 재야의 선비로서 올곧게 체통을 견지한 드문 가문의 하나입니다. 학문을 통해 자기를 닦아 그 연마의 자연스러운 흘러넘침으로 세상을 널리 이롭게 하는 데로 나아가는 선비의 삶 속에서 서법은 수기修己의 종요로운 방편의 하나입니다. 중국 서체를 뿐으로 베끼는 일을 능사로 삼는 그런 서예와는 격을 달리하는 것입니다.

또한 전통과 드문 연속성을 보이는 그의 서법이 단지 그 추수追隨가 아니라는 점입니다. 그의 글씨는 두텁습니다. 그럼에도 날렵합니다. 이 형용모순은 그의 서법이 전통에 충실하면서도 그를 가로질러 살아있는 현실과 소통하는 독특한 곳에 자리잡고 있기 때문이 아닌가 합니다. 피카소니 마티스니 그런 서양화가들의 화집을 즐겨 찾았다는 검여의 다른 면모에는 상해上海에서 양화洋畵를 공부하던 시절의 열정이 얼비칩니다. 요컨대 그는 모더니즘의 깊숙한 세례를 받았던 것입니다. 서구적 생활양식이 '즐거운 지옥', 도시의 무한확대 속에 근대 이후 우리들의 삶을 지배하고 있는 세태 앞에서 모더니즘과 대결하지 않는 예술 또는 예술가는 어쩌면 직무유기인지도 모릅니다. 모더니즘의 유혹에 정직하게 직면하면서 서법의 갱신을 기도한 검여의 글씨작업은 그래서 전통과 탈전통의 경계에서 성취된 새로운 프로젝트일 터인데, 이 점에 우리 서예계가 유의했으면 작히나 좋겠습니까.

전통에 충실하되 현실의 변화에도 예민했던 검여의 예술의욕Kunstwollen은 어디에서 기원한 것일까? 그것은 나라 잃은 식민지 지식인의 자의식에 근본적으로 말미암은 것이지만, 검여의 중국체험에 주목할 필요가 있습니다. 중일전쟁의 와중에 격동하는 거대중국과 접촉하면서 검여의 타고난 선비의식은 지식인의 현대성으로 다시 주조되었던 것입니다. 그래서 검여 선생과 각별했다는 고은高銀 시인의 말씀을 듣고 저는 놀라지 않았습니다. 검여는 그 엄혹한 유신시절 대표적 반정부인사로 지목된 고은 시인과 깊은 교분을 나눌 수 있는 그런 분입니다. 시대에 대한 예민한 의식을 서법 안에 녹여 새로운 길을 개척한 검여는 이렇게 진부한 당대 서예계를 일신하였던 것입니다.

검여의 고제高弟 남전南田선배의 제안으로 드디어 서거 30주년을 기념하는 전시회가 인천에서 열리게 되었습니다. 인천은 검여의 예술을 양육한 고향이요, 그의 예술적 자취가 곳곳에 자욱한 고장으로, 검여의 예술적 자부심의 원천입니다. 선생의 귀향을 온 시민과 함께 감축하오니, 혼이여, 명목瞑目하소서.

남전南田 선배를 추모함

나는 서법을 모른다. 포명抱溟 권오돈權五惇, 우전雨田 신호열辛鎬烈 문하에서 찔끔찔끔 고문을 배웠지만 택도 없는 일이고 게다가 졸필까지 겸했으니, 이 방면에는 젬병이다. 그럼에도 감히 강잉히 도록집의 한 귀퉁이를 어지럽히는 일을 수락한 데는 이정박 선배와 이준선 후배의 간곡한 부탁도 부탁이고, 시계서회柴溪書會 제자들의 정성에 흔들린 탓이다. 남전南田 원중식元仲植(1941~2013) 선생이 끼친 흔적들을 찾는 간난한 작업을 기꺼이 수행하는 서회 제자들의 모습에 새삼 남전을 다시 뵈었던 것이다. 뒤늦게나마 술잔을 대신하여 졸문으로 곡하고자 하는 마음 간절할 뿐이다.

길 교장의 음덕으로 나는 처음으로 남전을 만났다. 인중·제고를 중창重創하신 길영희吉瑛羲(1900~84) 교장이 돌아가시자 묘비명을 찬하라는 심재갑沈載甲 은사의 명을 받자왔거니와, 덕산에 세운 추모비의 서書가 바로 남전이었다. 비명碑銘을 지은 것도 영광인데, 내 글을 남전이 쓰셨으니 더욱이 생광스럽다. 심재갑 선생님께서 두 제자를 부려 묘비

*남전전시회, 인천, 2014.6.

일을 주선하신 덕이건만, 그때는 '선배 중에 글씨 하는 분도 계시구나' 하는 정도였다. 내게 팔년 장長이니 워낙 대선배시고 서울대 동문이라 해도 농대와 문리대는 거의 별개인지라 남전과 거의 교분이 없었던 탓도 작용했을 게다.

남전과 재회한 건 그 20여 년 뒤 검여劍如 전시회 즈음이었다. 나는 그때 인천문화재단 초대 대표이사로 잠깐 학교를 떠나 있었다. 교단으로 시종한 단조로운 일생에 처음이자 마지막 외도인 셈인데, 인천대표인물조명사업을 기획한 일은 보람이라면 보람이었다. 검여 유희강柳熙綱(1911~76) 선생 서거 30주년을 기하여 전시회를 연 게 2006년 11월이었다. 그 전해에는 우현又玄 고유섭高裕燮(1904~44) 선생을 모셨으니, 검여는 그 두번째였다. 1992년 지용택 선배의 발의로 우현 동상을 건립하는 데 말석에 참예하면서 새삼 우현 근처를 짐작하게 되었거니와, 우현의 한국미술사는 국립박물관장을 역임한 개성의 황수영, 진홍섭(그는 경주분관 관장을 지냈다), 최순우가 잇고, 우현의 미술평론은 국립현대미술관장을 역임한 인천의 이경성, 임영방에 뻗은 바다. 2005년의 우현 전시는 그의 민족미학을 서구와 일본을 축으로 한 국제적 맥락 속에서 다시 확인하는 귀중한 발견의 장場으로 되었거니와, 이에 용기를 얻어 검여를 다음 주제로 선정한 것이다. 걱정도 없지 않았다. 우현에 비해 검여는 더 비실체적이었기 때문이다. 그 일말의 의구심을 깨끗하게 날려준 분이 남전이었다. 고교 미술반 시절, 당시 인천시립박물관장으로 봉직하던 검여가 주최한 미술실기대회에서 수상한 인연 따라 검여 문하에서 줄곧 정진한 남전은 중년에 풍을 맞은 스승을 기쁘게 시봉했으니, 남전은 거의 검여의 아드님 폭이다. 남전은 검여에 관한 한 걸어다니는 백과사전이라 해도 조금도 지나치지 않다. 덕분에 검여 전시가 성공적이던 것인데, 그럼에도 남전은 언제나 뒤쪽에 묵묵히 계셨다. 나중에야 깨달은 바이지만, 남전은 남을 세우고 남을 이르게 하는立人立達 어진 군자에 가까운 분이었다.

과연 검여는 여초如初 김응현金膺顯(1927~2007)과 쌍벽을 이룰 우리 서법의 거목이다. 여초가 경화사족京華士族, 장동 김씨에서 나왔다면 검여는 시시내始川洞 류씨, 근기近畿 북인의 계보다. 그러니까 두 분은 글씨가 목적으로 된 전문서예가가 아니라, 서가 유교적 생활교양의 도구로 되는 일종의 소인素人서법가다. 비유컨대 전문서예가를 화원畵員에 비한다면 소인서법가는 서권기書卷氣와 문자향文字香이 복욱馥郁한 문인화가라 이를 수 있을까? 물론 문인화가만 높이고 화원은 낮추어서는 공평치 않다. 화원은 화원대로 문인화와는 다른 경지를 펼칠 수 있어, 단원檀園이나 혜원蕙園은 대표적인 예다. 그런데 그림과 달리 서법에서는 배움에 바탕한 인격이 종요롭다. 반상班常에 구분없이 우국憂國의 길에 정진한 안중근, 김구의 서가 높은 기림을 받는 반면, 이완용의 글씨는 아무리 보기 좋아도 값이 없다. 요컨대 여초와 검여는 이조 5백년 선비문화의 대미를 장식하는 최후의 서법가일 테다.

이 점에서 남전이 검여의 의발衣鉢을 이었다는 뜻이 도탑다. 그럼에도 남전은 검여의 묵수墨守가 아니다. 물론 남전은 꿈에도 스승을 넘어서겠다는 불경不敬의 생각을 머금지 않으셨겠지만, 우리 같은 문외한의 눈에도 꼭 그런 것만은 아니라 여겨지기도 하던 것이다. 알다시피 검여는 안타깝게도 1968년 그만 우수右手를 놓치셨다. 이는 음악가가 청각을 잃은 것에 비견되는 바, 그 불운을 딛고 2년 뒤 좌수서左手書로 기적같이 재기하신 일은 인구人口에 회자膾炙되는 터다. 그런데 서에 밝은 분들은 한편 우수서右手書가 한창 성숙할 즈음의 횡액인지라,

물론 그로써 좌수서의 새로운 경지가 열린 것에 경탄하면서도, 우수서의 진경進境이 문득 멈춘 점을 못내 아쉬워하였다. 아마도 남전의 위치는 1968년 끊긴 검여 우수서의 맥에서 찾아질 것이다. 다시 말하면 그 맥을 계승·발전시킬 책무가 자연스럽게 남전에 떨어졌다는 뜻이다. 1990년 오랜 공직생활을 벗고 귀거래歸去來를 읊조리며 시골에 은거, 오직 서법에 몰입한 일은 그 책무의 표현일 것인데, 마침 한중수교(1992)가 도왔다. 서법의 본고장으로부터 그동안 새로 발견된 자료들이 답지하는 데다가 대륙으로 건너가 실사구시實事求是의 견문조차 넓어진 것이다. 검여의 글씨를 보노라면 기운이 돈후敦厚하달까 토종과 다르다는 느낌을 얼핏 받게 된다. 이는 검여의 중국체험과 관련있을 터인데, 남전 또한 스승을 이어 새로 열린 중국 서법의 세계에 투신한다. 해방 전 중국 서화에 기초한 검여를 바탕으로 해방 후 중국 서화에 대한 남전의 독자적 접근이 더해짐으로써 스승을 진정으로 계승할 진경이 이렇게 이루어진 것이다.

그런데 남전의 서법에는 검여로 표상되는 전문영역만 관여한 것은 아닌 듯싶다. 나는 남전에서 길영희 선생을 뵙는다. 심재갑 선생님 덕분으로 길 교장이 수많은 휘호를 남긴 점이 널리 알려졌거니와, 나는 교장선생님의 글씨를 좋아한다. 그분의 연설처럼 거침없는 붓놀림에서 드높은 자유인의 기개를 엿보는 기쁨도 크지만 마치 말을 건네는 듯 따듯해서 그 동지적 관계의 환상이 주는 뜻이 더욱 각근하다. 서법가도 전문가이기는 마찬가지여서 어딘지 가까이 하기 쉽지 않은 바 없지 않거니와, 교장선생님 글씨에는 도무지 그런 구석이 없다. 끝내 호 없는 서명을 견지하신 속셈이 아름답다. 선생은 서북인이라 서울로 대표되는 남쪽의 관습, 특히 반상을 가리는 일에 비판적이셨다. 그럼에도 선생은 이상적 의미의 선비와 소통한다. 그때그때 제자들과 어울려 시국과 인생을 토론하는 그 느낌 그대로 일필휘지하신 흔적들이 저 유묵들이니, 서가 수양/우국憂國과 하나로 되는 실천유학자들의 풍모에 오히려 가까운 것은 흥미로운 역설이 아닐 수 없다. 남전의 서법에는 길교장의 풍모가 다른 차원에서 살아있다. 시계서회는 그 표본이다. 사제사이에서만 그런 것이 아니다. 심재갑 선생님께 직접 들은 바에 의하면, 가좌농민학당 현판을 검여에게 말씀하니 흔쾌히 허락하셨고, 현판이 헐어 남전에게 다시 청하니 또한 검여체 그대로의 서를 기쁘게 증여했다며, 그 스승에 그 제자라고 기리셨다. 뜻이 좋으면 서는 얼마든지 무상으로 증여하는 그런 무사기無邪氣한 풍모야말로 서가 동지적 대화의 높은 도구로 되는 길교장과 닮았다. 이 저류가 검여와 만나 아름답게 합류한 지점이 바로 남전 서법이 아닌가 한다.

마침 나는 집에 장인이 물려주신 검여의 글씨 한점과 심재갑 선생님이 내리신 길 교장의 유묵 두점을 모시고 있다. 검여의 횡서 '징심묘관澄心妙觀'에는 '경자庚子 포화절蒲花節'이란 묵서가 보인다. 아마도 1960년 단오 무렵 휘호하신 듯한데, 우수서의 기운이 반듯하면서도 날씬하고 깨끗하면서도 두터워 배견하면 묘처를 본 듯 정신일도精神一到다. 갈필渴筆로 거침없이 종서한 '허심순리虛心循理'에는 길 교장의 호연지기浩然之氣가 액자 밖으로 돌출하는 듯하거니와, 서명도 재미있다. '一九七九年 元旦 八十翁 吉瑛羲'. 간지 대신에 서력을, 호 대신에 '팔십옹'을 내세운 길 교장의 저 당당함은 보는 이로 하여금 저절로 미소를 머금게 한다. '一九七七 元旦 吉瑛羲'로 서명한 '백금매택 천금매린百金買宅 千金買隣'은 크기는 작아도 구성은 더 째였다. 이 액자는 아들놈 방에 걸었다.

안타깝게도 나는 남전 글씨가 없다. 내가 이사장으로 있는 세교연구소에 한점 있는 게 그나마 다행이다. 창비 서울사무소가 말하자면 세교연구소인 셈인데, 세교細橋는 서교동의 옛 이름으로 '잔다리'의 한자명이다. 연구소 이름을 정할 때 갈라진 흐름들을 잇는 작은 다리라는 뜻이 좋아 취한 바, 남전에게 그 현판 글씨를 부탁했다. 횡서의 한글서로서도 이채롭거니와, 마치 다리 밑으로 냇물이 흐르듯, 세, 교, 연, 구, 소, 다섯 글자가 길쭉하니 늘어선 모양이 우리 연구소의 지향을 한눈에 표상한다. 2006년 개소식 땐 이 글씨를 응용한 현대식 현판을 달았던 기억이 새롭다.

추모전 덕에 길 교장, 검여, 그리고 남전의 서를 다시 배견하며 남전의 서법에 대해 추모하는 마음 새록새록타. 전시회 열리기를 고대하노니, 남전이시여, 명목瞑目하소서!

이종구 화백 인천전에 부쳐

나는 그림의 문외한이다. 그래도 그림 보는 걸 즐기기는 한다. 그렇다고 체계적으로 또는 지속적으로 그러지는 못한다. 문학과 그림이 워낙 인접적이다 보니 문학을 더 잘 이해하기 위해서 그림에도 기웃거린다고 하는 편이 정확할 것이다. 상허尙虛 이태준李泰俊과 정지용鄭芝溶의 문학에 깃든 반근대反近代의 포즈를 제대로 접수하려면 근원近園 김용준金瑢俊의 화론과 산수화를 더듬어야 하고, 이상李箱은 '조선의 로트렉' 구본웅具本雄과 마주세울 때 숨은 면목이 드러나기도 한다. 아마도 나의 그림취미는 이런 실용성에서 움텄는지도 모르겠다. 그럼에도 하냥 실용성에만 속박된 것은 또 아니다. 한때는 나름으로 그림 보는 데 빠진 적도 없지 않았으니까. 그러니까 나는 그림에 관한 한, 시각적 쾌락을 탐하는 딜레탕트였던 것이다.

이런 나의 딜레탕트습에 일격을 가한 것이 우리 민중미술이다. 1970년대 말 염무웅廉武雄 선생이 건네준 김지하金芝河의 「현실동인선언」을 읽고 나는 전율했다. 80년대 초, 출옥한 지하 형님의 난蘭 치는 모습을

*국립현대미술관 2005 올해의작가 선정기념 인천전, 2005.7.16.~30.

눈동냥하고, 대학시절 강의실에 뵈었다가 창비에서 다시 만난 김윤수金潤洙 선생의 글과 활동에서 계몽받고, 우리 민중미술의 본격적 출범을 알리는 『현실과발언』 동인의 성완경成完慶·최민崔旻·오윤吳潤 선배와 때로 어울리며 그림에 다시 개안開眼하였다. 그림을 온전히 이해하기 위해서는 심미성을 받치고 있는 사회성을 함께 독해해야 한다는 소박한 깨달음이 동튼 것이다. 70년대 민족문학운동은 미술을 비롯한 각 예술분야에서 새로운 운동이 흥기한 80년대의 민족예술운동과 만나면서 확장과 심화를 동시에 경험했던 바, 나는 그 교차점에서 눈동냥과 귀동냥을 통해 보배우는 행운을 누린 터이다.

이 과정에서 이종구 화백을 만나게 되었다. 80년대 말 전교조가 창립되어 풍파가 많았던 시절, 인천지부 후원의 일환으로 나는 그의 그림 한점을 떠안았다. 쌀푸대에 농민부부를 그린 초기작이다. 처음에는 이 그림의 강렬한 사회성만 눈에 들어왔다. 그런데 보면 볼수록 이 화가의 뛰어난 눈썰미가 도드라져 보이는 것이다. 자기 주제를 효과적으로 장악하여 미학적으로 표현할 형식에 대한 새로운 탐구가 돈독하기 짝이 없다. 그는 단순한 사실주의 화가가 아니다. 과연 그의 이름이 차츰 높아갔다. 이름이 날리면 안주하기 십상인데 그는 예술세계의 영토를 끊임없이 이동한다. 더욱 감탄스러운 것은 인품이다. 예술적 자존심을 염결히 지키면서도 초심을 잃지 않고 겸허 그 자체라고 해도 지나친 말이 아닐 만큼 진국이다. 예술과 인간 양면에서 진정 그는 우리 시대의 화백이다.

그런 이 화백이 국립현대미술관이 선정한 2005년 올해의 작가로 되었다는 기쁜 소식을 들었다. 인천 출신의 유명한 화가로 이당以堂을 꼽지만 이력과 화풍의 친일이 부담스러웠는데 인천은 이제 이종구라는 화백을 낳았노라고 자랑해도 좋을 것이다. 사실 나는 그와 자주 만나지 못한다. 그래도 언제나 마음 한 구석에는 인천의 한 하늘 아래 그와 같이 호흡하고 있다는 게 든든하고 흐뭇하다. 올해의 작가 선정 기념으로 인천민예총 주최로 인천전이 열린다. 이 전시회를 기틀로 그의 그림이 더욱 인천시민들과 소통하기 바란다. 온갖 모순이 다기하게 얽힌 인천이 한반도를 푸는 비밀의 열쇠인 것처럼 이종구 화백의 그림이 이를 계기로 새 단계로 발전하기를 기원하면서, 그가 걸어온 예술세계의 단계들을 한눈에 조망할 수 있는 이 귀중한 귀향전을 충심으로 축하하는 바이다.

든 자리,
난 자리

김학준金學俊 총장께서 임기를 마치고 인천을 떠나신다니 서운한 마음 누를 길 없다. '든 자리는 몰라도 난 자리는 안다'는 우리 속담이 있다. 필부匹夫의 떠나간 자리도 그 비어있음이 찡하거늘, 국내는 물론이고 국제적인 명사인 김 총장의 빈 자리는 어떠할까? 인천은 아마도 앞으로 그의 부재가 새록새록 아쉬울 게다.

혹자는 김 총장이 바깥일이 많아서 인천에 사셔도 정작 인천일에는 상대적으로 소홀하지 않을까 우려도 하였다. 나도 그런 생각이 든 적이 없었던 것은 아니다. 그러나 다시 생각해 보면 설령 김 총장이 인천에서 잠만 잤더라도 그 미치는 효과는 적지 않았다. 인천대는 정말 김 총장 덕분에 막대한 광고비를 절약했다. TV와 신문을 비롯해 온갖 모임에 김 총장 등장할 때마다 '인천대'는 자동으로 홍보되었거니와, 그 바람에 '인천' 또한 함께 선전되었던 것이다. 인천과 인천대는 김 총장의 이임으로 큰 광고원 하나를 잃게 되었다. 이 점 하나만으로 김 총장의 빈 자리는 휑뎅그러할 것이 틀림없다.

---

* 『김학준박사이임기념문집』, 인천대, 2000. 9.

그런데 김 총장이 인천에서 잠만 잤는가? 인천의 크고 작은 행사에 빠짐없이 참석하는 성의도 놀라왔지만, 인천은 물론이고 국내외를 누비는 그의 일정은 상상을 절絶한다. 그 일정을 감당하는 힘은 어디에서 나오는지. 그뿐인가? 내가 가장 놀라는 일의 하나는 그 와중에도 문필 활동이 끊임이 없다는 점이다. 글 쓰는 일은 시간의 일시적 중지를 요구하는 법이다. "미네르바의 올빼미는 황혼에 날개를 편친다"는 헤겔까지 들먹이지 않더라도, 글쓰기와 생활 사이에 확보되어야 할 최소한의 거리가 좀체 허용되지 않는 부산한 일정 속에서도 왕성한 필력이 샘솟는 걸 보면 참으로 불가사의한 일이다. 짧은 칼럼류類만이라면 이해가 되지 않는 바가 아니로대, 학술적 업적도 함께 나오니 기가 막힌다. 아무리 속독速讀과 속필速筆의 천재라 해도 그건 괴력이라고 할 밖에 없다.

새삼 1996년 인천발전연구원 초대 원장으로 인천에 내려온 때가 생각난다. 최기선崔箕善 시장의 간곡한 초빙을 흔쾌히 받아들인 그의 결단을 나는 높이 평가한다. 솔직히 서울에서 활동하던 지식인이 인천으로 내려온다는 것은 생각보다 어려운 일이기 때문이다. 모든 것이 서울 중심으로 돌아가는 한국사회에서 지방 거주는 일정한 기득권의 포기를 뜻한다. 그럼에도 그는 인천에 왔다. 왜? 답은 간단하다. 그를 낳고 키워준 고향 인천이 부르니까.

김 총장 하면 내게 떠오르는 한 장면이 있다. 나의 고교, 대학 선배지만, 정작 그를 처음 만난 건 저 엄혹한 시절 80년대 전반이다. 제고 출신 운동권 후배들을 그의 집으로 초청해 운동권도 아닌 나까지 묻어간 적이 있었다. 아마도 누군가의 출옥 기념을 겸한 모임이었을 것이다. 비감하면서도 유쾌하고, 은밀하면서도 방일한 이 모임의 인상은 눈총

이 두려운 그 시절의 아름다운 그림으로 내게 강렬하게 남아있다. 의지가지없는 후배들을 하나의 고리로 이어주었던 이 가든파티를 계기로 나에게 김 총장은 누가 뭐래도 존경하는 선배다.

그렇다고 그를 무슨 소박한 향토주의자로 오해하면 천만의 말씀이다. 인천 출신이건 아니건, 동문이건 아니건, 실력과 양심을 갖춘 인물에 대한 속깊은 애정이 그의 제1기준이다. 겉으로는 사람을 표나게 가리는 성품이 아니지만, 물론 내 짐작이긴 해도, 속으로는 이 기준을 지키려고 고심한다. 그러니까 그가 인천으로 내려오길 결심한 데는 고향의 부름을 대행한 사람들이 함께 일할 만한 동지라고 판단되었기 때문일 것이다.

김 총장은 의외로 의리파다. 낙선을 거듭했던 이호웅李浩雄 의원을 그토록 우직스럽게 민 것은 그 단적인 예의 하나다. 많은 유혹을 물리치고 인천대 총장 임기를 지킨 것 역시 또 다른 예이다. 그의 숨은 특기 중에『삼국지연의三國志演義』구연口演은 일품이다. 사계斯界의 일인자였던 고 이수인李壽仁 형님도 일찍이 인가했을 정도니까. 한번 맺은 어린 인연을 중시하고 그 의리에 충직한 그의 숨은 태도는 말하자면『삼국지』식이니, 그 화려한 외관 속에 구식 인물의 진면목이 오롯하다.

김 총장이 인천에 내려온 일에 대해 기쁘고 감사하면서도 정작 나는 인천에서 그를 거의 만나지 못했다. 원장으로 부임했다가 곧 인천대 총장으로 자리를 옮겨 대학을 추스려나가는 그 복잡한 속사정을 얼핏얼핏 귀동냥했어도 나는 믿거라 했다. 내가 우정 더 이런 태도를 지은 것은 인천대 시립화운동에 관여했던 사람이 그 운동 성공 이후에도 인천대 근처를 기웃거리는 것은 자칫 추해질 수도 있다고 생각한 때문이다. 물론 후세에 객관적 평가가 내리겠지만, 나는 김 총장의 재임기간에 인천대는 안팎으로 그 위상을 굳혔다고 판단한다. 이것 하나만으로도 인천과 인천대는 김 총장께 감사해야 마땅하다.

김 총장께서 어느덧 임기를 마감한다. 깨끗이 재임再任을 포기하고 훌훌 인천대를 떠난다. 어디에 가시든 인천과의 인연은 운명처럼 연면할 것을 나는 믿는다.

마지막으로 감히, 후배로서 대선배께 한 말씀 드리고 싶다. 가끔은 뒤를 돌아보시라고, 혹 뒤쳐지는 사람은 없는가 하고. 또 가끔은 옆도 둘러보시라고, 혹 숨차하는 사람은 없는가 하고.

저 80년대의 가든파티를 회상하면서 형님의 앞길에 오직 행복만이 가득하시길 기원하며 석별惜別을 대신한다.

인천문학을 위한 기원

요즘 인천에 고양이가 횡행하고 있다. 지난 연말에는 〈고양이를 부탁해〉란 영화로 인천이란 장소의 독특성이 부각되더니, 최근에는 소년소설 『괭이부리말 아이들』이 베스트셀러로 떠오르면서 인천의 정다운 지명地名 '괭이부리'가 집중적 조명을 받는 중이다.

인천과 고양이, 상통하는 바가 없지 않다.

사람을 따르는 개와 달리 장소에 집착하는 고양이는 사람과는 일정한 거리를 유지한다. 사람쪽에서도 왠지 고양이에게는 범접이 쉽지 않다. 개가 사육에 너무나 길들어 거의 야성을 잃은 반면, 고양이는 사육의 틀 안에서도 여전히 야생의 기억을 간직하고 있기 때문일 것이다.

인천은 묘한 곳이다. 외지인들은 인천이 토박이들의 텃세가 없어서 살기 편하다고 한다. 그러면서도 왠지 정이 들지는 않는다고 실토한다. 왜 그럴까? 인천과 인천사람들에 무언지 모르게 만만치 않은 구석이 복재伏在해 있다고 육감적六感的으로 느끼기 때문일 듯싶다. 별볼일 없는 듯하면서도 문문치 않은 게 인천이다.

* 『학산문학』, 2002년 봄호.

호동그란 눈매에 날카로운 발톱을 감춘 고양이, 좀체 곁을 주지 않는 깔끔한 이미지의 고양이에서 인천과 인천사람을 엿본 여성감독 정재은 씨와 여성소설가 김중미 씨의 눈이 보배다. 그럼에도 두 작품의 감각은 미묘하게 차별된다. 전자가 외지인이고, 후자가 인천사람이어서 그럴까? 나는 이 영화를 보면서 나에게 너무나 익숙한 인천을 새삼 낯설게/새롭게 읽게 되었다. '아, 저게 인천이구나!' 감탄을 금치 못했다. 그럼에도 특히 여주인공들이 비행기를 타고 지긋지긋한 인천을 떠나 외국으로 날라버리는 마지막 장면에서 '숨은 신'처럼 강력한 타자의 시선을 발견하고 흠칫 놀랐다. 이 영화에서 인천은, 그리고 나는 발견당하고 있는 것이다. 그런데 후자에는 타자의 시선이 감지되지 않는다. 사실 나는 이 소설에 그려진 만석동萬石洞을 잘 모른다. 인천의 빈민촌이라는 추상적 지도만 입력되어 있는 내게 이 소설은 하나의 발견이었다. 작가의 붓끝을 통해 생생하게 살아난 인물들의 절망과 희망에 동참하면서 나는 만석동이 지도에서 걸어나와 가장 깊은 '사람의 동네'로 변신하는 극적인 체험을 하게 되었던 것이다.

며칠 전 어느 모임에서 김중미 씨를 만났다. 그녀도 만석동 사람이 아니었다. 그런데 빈민운동을 할 장소를 물색하러 만석동에 들렀다가 그 장소가 한눈에 운명처럼 쏙 들어왔다는 것이다. 그렇다. 그녀는 운동을 하러 만석동에 들어간 것이 아니라 그 장소에 반해 살러 간 것이다. 운동이 곧 생활이 되는 지극한 경지에 있었기에 그녀의 소설에는 타자의 시선이 부재한다. 우리가 이 소설을 읽고 하나의 세계를 발견하고 소통하는 드문 체험을 공유하게 되는 원인이 거기에 있었던 것이다.

임오년壬午年이 밝았다. 새해에는 인천에서 이런 작가, 이런 작품 들이 죽순처럼 솟기를 기원한다.

인천문학의 재건

냉정히 바라볼 때, 인천문인의 한 사람으로서 이런 말을 하지 않을 수 없는 현실이 가슴 아프지만, 인천문학은 낙후하였다. 오늘 나는, 인천문학의 높은 발전을 염원하는 인천문인의 한 사람으로서 그 낙후의 원인을 분석하고 앞으로의 발전방향에 대한 모색의 일단을 제시하여 함께 토론해 보고자 한다.

1883년 개항과 함께 시작된 인천의 근대사는 개항의 타율성으로 말미암아 옛 인천과 단절되면서 시작되었다. 서울로 향하는 외세진출의 루트로 개발된 근대 인천은 이 때문에 개항 이후 지금까지, 도시의 외형적 성장과는 걸맞지 않게 문화적으로는 거의 서울에 종속적인 위치에 있어 왔다고 해도 지나친 말은 아닐 것이다. 경인선 기차통학생은 인천의 한 상징이다. 경인선(1899년 개통)의 존재는 인천의 독자적 인문계 교육기관의 오랜 부재를 가능하게 했고, 그 때문에 인천의 지식인들은 일찍부터 서울을 그 주요한 활동무대로 삼게 되었던 것이다. 변영로, 함세덕, 현덕, 김동석, 배인철 등등이 배출되었지만, 그들 또한 인천

*인천문협 발제문, 1993.10.16.

을 독자적인 활동의 장으로 설정하지 않았다.

해방 직후에는 독자적인 인천문학의 맹아가 싹트는가 싶더니 6·25 이후 분단의 고착과 함께 그나마 배출된 인천문인들의 월북 또는 암살 등으로 인천문학은 다시 불모화하기에 이르렀다. 분단 이후, 특히 5·16 이후 인천의 정치·경제적 몰락과 함께, 인천문화를 지키려는 향토문인들의 고투에도 불구하고 문화적 황폐화는 더욱 심화되었던 것이다.

그런데 최근 국제정세의 변화 속에서 인천의 위상은 주목되기 시작하였다. 탈냉전시대의 전개 속에서 죽었던 황해가 되살아나면서 황해의 거점도시의 하나인 인천은 그 전략적 요충성을 회복하게 되었다. 한편 5·16 이후 역대정권의 군사적 성격과는 일정하게 구별되는 새 정부가 출범함으로써 획일적인 중앙통제방식을 넘어서는 지방자치의 문제가 핵심적 현안의 하나로 부상하였다. 이와 같은 바깥의 요인과 함께, 아니 그보다도 더욱 주목해야할 것은 내재적 요소이다. 그것은 서울 종속의 심화 속에서 해체된 인천의 구심점을 재건하려는 크고 작은 지역운동단체가 속속 결성되어 인천의 새로운 시대를 맞이하려는 힘찬 움직임이다. 지금이야말로 인천문학의 재건을 진지하게 숙고하고 구체적인 추동에 나서야할 바로 그때인 것이다.

먼저 인천의 문학인 전체가 노선의 차이를 넘어서 하나의 협동을 이루어야 한다. 인천의 문인들을 대체로 문협계와 민족문학작가회의계로 나눌 수 있을 터인데, 열악한 환경 속에서 지역문학활동에 정진해온 전자에 대해서 나는 깊은 경의를 표하지만 지역성의 한계를 어떻게 넘어서느냐가 문제이고, 독재에 저항하면서 예술적 고투를 전개해온 후자에 대해서도 존경을 금할 수 없지만 그들의 문제점은 지역사회와의 관련이 희박하다는 점이다. 이 때문에 두 계열은 지금까지 거의 교섭이 없이 지내왔던 것이 사실이다. 그런데 새로운 상황은 새로운 시각을 요구한다. 보편성이 부족한 향토주의와 지역적 토대 없는 보편주의를 동시에 넘어설 때, 다시 말하면 특수와 보편을 통일하는 높은 문학정신만이 문학의 진정성을 담보할 수 있기 때문이다. 따라서 두 계열의 협동은 각기 한계에 부딪친 두 계열의 자기쇄신을 위한 생산적 대화가 될 것이고, 이 협동의 기초 위에서 문화에 대한 관의 무지와 홀대를 교정하고 시민과 함께 자기갱신 속에서 전진할 것을 다짐할 때 인천문학 재건의 중요한 기초의 하나가 단단해질 것을 믿어 의심치 않는다.

그럼 두 계열은 어떤 작업을 통해서 만날 수 있을까? 우선 인천의 근대문학사, 해금문인들을 포괄하는 온근 의미의 문학사를 완벽히 복원하는 작업에 착수하자. 여기에는 인하대, 인천대, 인천교대의 문학부 교수, 대학원생들의 역량도 함께 조직될 수 있을 것이다. 인천 출신 문인들뿐 아니라 인천을 무대로 한 비인천출신 문인들의 작품도 함께 검토한다면 훌륭한 인천문학지도를 만들 수 있다. 더 나아가 인천의 고전문학사까지 포괄한다면 비단에 꽃을 더한 격이 될 것이다.

인천의 문학전통을 학습하는 공동작업의 기초 위에서 문학청년시절의 치열한 비평정신이 회복될 것을 기대한다. 현재 인천문단에 가장 절실히 요구되는 것이 상호비판을 통한 절차탁마의 격려가 아닌가 싶다. 무조건 감싸고 무조건 매도하는 비평의 부재시대는 지나갔다. 다시 한번 강조하건대 인천문학이 일차로 욕구하는 것은 노선이 아니라 그 무슨 노선이든 혹독한 예술적 단련을 통한 일정한 수준의 확보이다.

우리는 전형적인 과도기에 처해있다. 20세기를 지배했던 패러다임은 무너지고 21세기의 새로운 패러다임은 아직 뚜렷한 모습을 드러내지 않고 있다. 그러나 다시 생각해 보면 이런 시기야말로 창조적일 수 있기 때문에 우리 문인들은 모든 진정한 것이 태어나는 바로 그 자리, 백척간두百尺竿頭에 선 간절한 마음으로, 그리고 예민한 촉수로 이 시대를 겪자. 그 겪음을 혼신의 예술적 조탁 속에 파악할 때 오늘날 우리 문학이 당면한 어떤 위기를 타개할 한 통로가 열릴 것이다. 이 과정에서 인천문학이 독특하게 기여할 것을 기대하면서 인천문인들의 건투를 삼가 기원하는 바이다.

7부

주민자치를 위하여

인천과 언론
ㅡ브 나로드 운동 다시 보기

인천시민의 한 사람으로서 『경인일보』 창간 51주년을 진심으로 축하한다. 더구나 인천언론의 귀감일 뿐만 아니라 한국 지역언론의 희귀한 선구로 되는 『대중일보』의 의미를 오늘에 되새기는 시민토론회로 창간을 기념하는 경인일보의 기획은 참신하고도 뜻깊다.

솔직히 나는 이 자리에 나오는 것을 극구 사양했다. 진정한 지역언론의 길을 모색하는 이런 모임에는 역시 전문적 시야를 갖춘 인사가 제격이기 때문이다. 그런데 시민의 입장에서 인천언론의 상像을 비판적으로 그리는 직정적 발언이 이 모임에는 더욱 필요하다는 강권에 굴복하고 말았다.

그만큼 인천언론이 위기라는 뜻인데, 시민의 눈으로 인천의 언론을 바라볼 때 우선 눈에 띄는 것은 신문이 과다하다는 점이다. 언론이 과소한 독재시대와 달리, 지금은 언론이 넘친다. 그 과다에 비하면 선뜻 신뢰할 만한 신문은 많지 않다. 밀라노시티다 월미은하레일이다 크고 작은 사고뭉치들이 널린 인천을 바라보노라면 인천의 그 많은 언론들

*경인일보 창간51주년 기념토론회 대표발제, 인천종합문화예술회관, 2011.9.1.

이 무엇을 감시했는지 강한 의문이 드는 것을 어찌할 수 없다.

잠깐 일본과 비교해보자. 일본은 신문천국이라 일컬어진다. 일본인은 신문중독자이기 때문이다. 그런데 희한한 것은 신문 종류가 많지 않다는 점이다. 진보적 『아사히朝日신문』와 보수적 『요미우리讀賣신문』 등 네댓종의 중앙지가 있을 뿐이다. 그리고 지방에는 각 지방지가 애독된다. 중앙지와 지방지를 같이 구독하는 것이 아니라 지방지만 보는 독자가 대부분이라는데, 한국으로 말하면 『부산일보』가 비슷하다고 하겠다. 나의 소망은 소박하다, 『부산일보』처럼 지역여론의 구심점으로서 우뚝한 그런 인천의 신문을 보고 싶다는 것.

이런 주도적 지역신문이 부재하기 때문에 과다한 지방언론들은 각자도생各自圖生으로 시정부를 비롯한 각급 기관들이나, 기업연합 및 각 기업들이나, 정당 및 정치인들이나, 종교계 및 학계와의 적절한 공생을 꾀할 수밖에 없는 형편이다. 그렇다고 내가 지방의 엘리트그룹과 언론이 무조건 상극적이어야 한다고 주장하는 것은 물론 아니다. 민주와 공화는 길항하면서 보완하는 동전의 양면이다. 시민의 입장에서 엘리트들이 자기 역할을 제대로 할 수 있도록 살펴, 잘하면 격려하고 못하면 비판해서 광정匡正하는 것이 민주와 공화를 함께 실천하는 언론의 고귀한 임무가 아닌가? 그러니 시민을 무조건 두둔해서도 아니된다. 러시아 인민의 고통에는 깊은 연민을, 그 불굴의 낙천성에는 최고의 찬양을 바친 고리키는 그 이기성과 노예성에 대해서는 가차없이 비판했다. 시민의 대의를 옹호하되 그에 아첨하지 않는 용기 또한 지역언론의 자유실현에 있어서 핵심적인 자질이 아닐 수 없는 것이다.

그럼 그런 지역언론을 어떻게 구성할 수 있을까? 예전처럼 일도일지제一道一紙制를 통한 강제적 방법은 가능하지도 않고 바람직하지도 않다. 인천을 대표하는 진정한 신문을 건설하겠다는 큰 희망을 품은 어느 신문사가 스스로 시작하는 수밖에 없다. "교육의 질은 교사의 질을 넘어서지 않는다"는 교육계의 금언이 있다. 이를 응용해 말한다면 "신문의 질은 기자의 질을 넘어서지 않는다." 우수한 교사를 많이 초빙하는 것이 좋은 학교 만드는 첩경이듯, 우수한 기자를 많이 초빙하는 것이 우수한 신문을 만드는 첩경일 듯싶다. 내 제한된 경험에 의하더라도, 인천 기자들 중 기자의 사명을 몰라서 제대로 기자 노릇 못하는 기자는 드물다. 요는 환경이 문제다. "무항산無恒産이면 무항심無恒心"이라고 기자가 자부심을 지니고 자신의 사명에 매진할 수 있는 최소한의 여건이 마련되어야 한다. 경영진의 심기일전心機一轉이 스타트다. 이렇게 경영진과 기자들이 합심하면 필연 지역언론의 진정한 주인인 지역주민들이 속속 모여들 것이다. 위로부터의 개혁으로 시작된 지역언론 창조운동이 이 단계에 오면 대중운동으로 황홀하게 변모할 터, 상상만 해도 즐겁다.

이 대담한 꿈에 다리를 놓을 중간단계를 생각해보자. 상층과 하층을 잇는 '유기적 지식인'이라는 개념을 응용하여 중간층을 겨냥하는 것이다. 1930년대 신문의 '브 나로드'운동을 다시 보자. 인천의 실정에 맞춘 새로운 버전의 '브 나로드' 운동을 통해 인천 안팎에 살아움직이는 중간층들과 작고도 탄탄한 네트워킹을 구축하는 것이 담대한 시작이 될 수 있다. 솔직히 말해 기자들은 알 건 대개 다 안다, 인천 어디에 문제들이 있는지. 문제들 가운데로 기자들이 하방하여 대화 속에 문제를 발견, 함께 해결하는 과정들을 지면에 반영하는 쌍방향성을 일관되게 실천한다면 이야말로 진정한 지방자치의 실험실로서 지역언론의 진정한 장소가 발견될 길이 마련될지도 모른다.

한국사회의 고질 중의 고질이 중앙주의다. 이 중앙주의는 멀쩡하게 딛고 사는 자기 땅을 저주하게 만든다. 그럼 지방주의가 답인가? 아니다. 자칫 토호주의와 제휴하곤 하는 지방주의는 사실 중앙주의의 짝패다. 이 곤경에서 벗어날 길은 미우니 고우니 해도 지방자치가 지금으로서는 최선이다. 그동안의 지방자치는 환멸적이다. 사실 중앙주의의 짝퉁에 가깝기 때문이다. 지방자치를 주민자치의 고매한 이상 아래 실질적인 지방분권으로 점진적으로 이행시키는 과정이 절실하다. 서울 가지 않고 자기 동네에서도 충분히 인간 다운 삶을 실현할 길이 열리면 중앙주의는 서서히 내려갈 것인데, 핵심은 크든 작든 권력이 저 먼 곳이 아니라 바로 자기 곁에 있다는 실감이다. 권력이 시나브로 작아져서 권력에 대한 주민의 애증이 해소되는 그날 지방자치는 최고의 민주주의로 자리잡을 것이다.

신판 '브 나로드' 운동을 통해 지방자치를 실천하는 민주주의의 훈련장으로서 지역언론이 인천지역에 깊이 뿌리 내릴수 있다면 이는 인천도 괜찮은 지역언론을 새로 지니게 되었다는 데 그치는 것이 아니라 그야말로 오랜 고질인 중앙/지방 이분법으로부터 자유로운 지역언론의 새로운 모델을 창조했다는 뜻이 더욱 새로워질 터다. 모쪼록 경인일보가 중간층과의 크고 작은 연대를 통해 이룩될 중도의 지방자치지라는 명예로운 개척자가 되기를 기원한다.

새해 복이 소복소복

참으로 아슬아슬한 연말을 보냈다. 그래도 교훈적이었다. 연평도 사태는 우리가 그동안 누린 한반도의 평화가 얼마나 취약한 것인가를 생생히 체감케 했기 때문이다. 1953년 휴전 이후 냉전은 한반도의 남과 북 사이에서 첨예했다. 반공웅변대회와 반공글짓기대회와 반공포스터 그리기대회로 점철된 1950년대의 소년시절을 보낸 내 경험에 비추건대 표면적으로는 갈등이 노골적이었다. '북괴'를 비롯한 '중공'과 '소련'은 뿔 달린 붉은 도깨비들이었다. 그런데 이런 무서운 이미지의 홍수에도 불구하고 한반도와 동북아시아에는 드문 평화의 시간이 이어졌다. 바로 그 평화를 먹이로 일본은 패전의 충격에서 벗어나 경제대국으로 부활하고 한국은 민주화와 산업화를 동시에 달성하고 결국 중국도 개혁개방의 길로 질주하게 되었던 것이다. 이 호황기에 북한을 괄호에 넣은 평화가 얼마나 사상누각沙上樓閣일 수 있는지를 깜빡 잊고 말았는데, 연평도 사태는 이 무서운 진실을 백일白日 아래 드러내었다.

진실의 벌거벗은 모습을 목격한 한국사회는 과연 어디로 얼굴을 돌

---

* 『굿모닝인천』, 2011.1.

릴 것인가? 물론 북에 대한 가차없는 공격을 주장하는 강경파적 대응을 주문하는 사람들도 없지 않겠지만, 어리석은 치킨게임의 위험을 목격했기에 더욱 평화를 염원하는 마음이 한층 강렬하게 대두하는 게 아닌가 싶다. 누가 뭐라 해도 이제 남쪽이 형이요 누나다. 우리가 남쪽의 양극화를 걱정하듯 남북의 격차에도 공감적 눈길을 돌리는 그런 형과 누나의 마음을 지니고 북쪽과 세상을 볼 수 있기를 간곡히 기원한다. 아, 마음들아 모여라. 이런 마음들에 2011년 새해 복이 소복소복 내려 온 누리에 강물 같은 평화가 함께 하시기를!

> "사람으로써 만물을 보면 사람은 귀하고 만물은 천하다. 만물로써 사람을 보면 만물은 귀하고 사람은 천하다. 하늘로부터 보면 사람과 만물이 같다. 以人視物 人貴而物賤 以物視人 物貴而人賤 自天而視之 人與物均也"

윗글은 위대한 실학자 담헌湛軒 홍대용洪大容(1731~83)의 철학소설 『의산문답毉山問答』(1766)에 나오는 유명한 문장이다. 조선의 학자 허자虛子와 의산에 숨어사는 실옹實翁의 대화체로 구성된 이 소설은 곳곳에서 이런 논리로 허자 곧 우리의 외통수 생각을 전복한다. 사람들은 저절로 사람 중심이 되어 물物을 천시한다. 그래서 이번에는 물의 관점에서 본다. 이 자리에서는 거꾸로 사람이 천해진다. 그런데 작가는 다시 제3의 좌표를 마련한다. 사람과 물을 모두 상대화할 제3의 선택, 그것이 하늘이다. 하늘에서 보니 사람과 물이 평등하다. 이처럼 관점을 이동하는 훈련을 거듭하다보니 막힌 생각이 트인다. 생각이 막히면 인간이 옹졸해지고 생각이 트이면 정말로 사람 다운 멋진 인간이 탄생한다. 새해에는 우리 모두 담헌의 사유법으로 근사한 세상의 모체인 근사한 사람이 되었으면 좋겠다.

새해
아침편지

『경인일보』 독자 여러분, 드디어 21세기 첫 10년의 아침입니다. Y2K 문제로 21세기의 첫 아침을 약간의 공포 속에서 맞이한 기억이 새로운데 어느덧 새 세기도 벌써 10/1이 지나갑니다. 그럼에도 아직 21세기를 20세기와 가를 결정적 계기가 뚜렷하진 않습니다. 1989년 베를린장벽의 붕괴로 냉전시대는 끝났지만 새 시대는 아직 열리지 않은 연옥의 시간을 우리는 목하目下 통과 중입니다. 과연 21세기의 향방을 고지告知할 기틀은 어떤 모습으로 도래할까요?

일극으로 군림하던 미국의 시대가 서서히 황혼에 물들고 있습니다. 20세기에는 유럽의 변방, 미국이 19세기의 영국을 이어받았듯이, 세계의 중심은 부단히 움직입니다. 그렇다면 21세기의 중추는 어디일까? '대서양 미국'보다 '태평양 미국'을 중시하는 흑인대통령 오바마가 출현한 미국을 보거나, 탈아입구脫亞入歐를 줄기차게 추구한 일본이 최근 아시아로 유턴하는 형세를 보거나, 그리고 무엇보다 중국을 비롯한 동아시아의 급격한 상승을 보건대, 오랫동안 구미의 변방으로 굴종한 동

* 『경인일보』, 2010.1.1.

아시아가 그곳일 가능성이 높아지는 형편입니다.

이 가능성을 현실로 불러오기 위해서는 동아시아, 특히 동북아시아의 평화가 종요롭습니다. 미 · 중 · 일 · 러 등, 대국들이 각축하는 동북아에서 한반도는 분쟁축의 하나입니다. 남 탓하기 전에 우리가 먼저 평화를 실천하는 것이 '지루한 성공'으로 가는 지름길입니다. 그럼에도 한반도의 남과 북은 차치하고, 한국 안에서도 정당한데도 복종을 거부하는 일보다 정당하지 않으면서 복종을 요구하는 일들로 소란했던 것은 안타까운 일입니다. 갈등 없는 사회는 죽은 사회입니다. 그러나 갈등이 합리적 토론을 통해 해결되지 않음으로써 음습한 뒷공론만 불길한 덩굴처럼 번창하는 사회 역시 죽은 사회입니다.

'조간신문을 읽는 것은 세상을 만나는 현실주의자들의 아침기도'라고 헤겔은 말했습니다. 그렇습니다. 신문은 중지를 모아 문제를 해결하는 공공적 토론의 광장이요, 지도자와 시민이 토론을 통해 상호진화를 시험하는 민주와 공화의 마당입니다. 동아시아로 다가오는 세계사의 기운을 제대로 맞이하기 위해서, 한반도의 중추에 자리한 경인지역 시민들의 분발이 더욱 절실히 요구되는 이때, 창간 50주년을 맞은 『경인일보』가 지방과 나라를 함께 살리는 양명한 토론의 허브로 거듭나기를 기원하는 마음 그지없습니다. 새해 복 많이 받으십시오!

배다리의 눈물

배다리 문제가 아직도 해결되지 않았다니 어처구니가 없다. 시장이 공사현장을 찾아 재고를 약속한 게 재작년(2007.6.19)인데 여전히 그 모양이면, 인천시정에 탈이 나도 크게 난 것이다. 그후 시장의 생각이 달라졌나? 나는 그렇게 믿고 싶지 않다. 동구 출신의 안 시장이, 혹 현안이 산적한지라 배다리 문제가 우선순위에서 밀렸을 수는 있을지언정, 배다리 일대의 문화적 가치를 간과할 리 없다. 그렇다면 시장은 재고를 요구했는데 '부하들'이 듣지 않았다는 것인가? 이것도 무리한 상상이기 쉽다. 그분들도, 인천을 아끼는 사람이라면 누구나 반대하는 이 불합리한 공사를 무슨 영화를 보겠다고 밀어붙일 맛이 나겠는가?

배다리 문제는 사실 간단하다. 1998년에 어떤 개발주의 관료가 도시계획의 큰 그림 그린다고 산업도로를 중구 신흥동 삼익아파트부터 동구 송현동 동국제강까지 인천 지도 위에 시원하게 그은 것이 화근禍根이다. 그 도로가 관통하는 배다리 일대가 고서점과 근대문화재가 몰려있는 근대문화의 보고인지는 아마 꿈에도 몰랐을 것이고 또 안다 한

* 『경향신문』, 2009.6.19.

들 그게 수정의 요인이 될 리도 없다. 그사이 시장이 바뀌고 그 틈에 죽어있던 그 사업을 누군가 2006년 말 슬그머니 시작한 것이다. 이를 뒤늦게 인지한 동네주민들이 문제를 제기하자 바로 인천 전체의 쟁점으로 부상한 바, 운동의 발전은 정말 눈부시다. '배다리를 지키는 인천시민모임'의 출범(2007.5)과 함께 인천작가회의를 비롯한 문화예술단체들이 속속 배다리로 이사가는 놀라운 실천들이 이어지고(모두들 구도심을 뜨지 못해 안달난 시대가 아닌가) 마침내 '배다리문화선언'(2009.4.10)이 선포되기에 이르렀으니, 지속성에 동반한 진화의 면모가 약여하다.

배다리가 뭐 길래, 보수와 진보를 막론하고 뜻있는 인사들로 하여금 이 운동에 기꺼이 동참하게 만드는 것인가? 토박이들이 철로문다리라고 즐겨 부른 철교(이제는 그 정든 철교도 철거되고 대신 베를린장벽 같은 흉물의 옹벽구조물이 떡하니 버티고 있다)가 가로지르고 구청이 갈려서 그렇지 배다리 일대는 동구라기보다는 중구의 연장이다. 내 개인적 경험으로 비춰 봐도 송림학교나 창영학교 학생들 가운데 중구에 사는 학생들이 적지 않았다. 일제 때는 더해서 영화학교 부설 유치원 원생들은 바로 철길 건너 조선동네 어린이들이 주였다고 부친께 들은 바 있다. 중구에 도착한 근대가 철길 건너, 황굴고개 건너, 쇠뿔고개로 번져 배다리 일대의 독특한 역사문화를 일구어 냈으니, 와중에 살아남은 창영학교와 영화학교 교사校舍, 그리고 여선교사 기숙사가 그 시대의 일각을 증언하고 있다. 그런데 그중에서도 최고의 콘텐츠는 고서점이다. 식민주의의 교두보로 개발된 덕에 서양지계地界·일본지계·청국지계가 발달한 인천은 그 어느 도시보다도 외국서적이 흔했다, 양서는 물론이고 한적漢籍과 일서日書까지. 외서가 풍부하다는 것은 그만한 식자층을 전제하노라니 한서韓書가 알찰 것은 불문가지不問可知다. 배다리 고서점가는 내 가난한 영혼을 먹인 '지상의 양식糧食' 창고였다. 이 일이 어찌 내게만 그칠 것인가?

사람은 스스로 모욕한 뒤 남의 모욕을 받는다고 했다. 인천시가 자신의 보물인 배다리 일대를 관통하는 산업도로 건설을 강행하여 인천, 아니 한국근대문화의 한 요람을 훼손한다면 이야말로 스스로를 모욕하는 일이 아닐 수 없다. 근대문화재 분과에서 문화재위원으로 일하면서 보니 전국에서 등록문화재 신청이 답지하는데 인천은 적막강산이어서 얼굴이 뜨뜻해진 적이 한 두번이 아니었다. 인천은 얼마나 많은 근대문화재를 파괴해 왔는가? 뒤늦게 복원한다고 법석을 떨 게 아니라 지금 남은 것이나마 잘 추스르는 일이 급선무다. 걸핏하면 일제가 우리 문화를 파괴했다고 비판하지만 정작 우리는 어떠했는가? 지금이라도 늦지 않다. 3구간 공사를 즉각 중단하는 대승적 결단으로 시와 시민이 함께, 배다리 일대를 우리 근대문화의 살아있는 박물관으로 일구고, 그 빛나는 근대의 스토리들을 21세기 인천의 풍요로운 자양으로 삼는 사업에 동참하는 전화위복의 계기가 되기를 기원하는 마음 간절하다.

지방분권과 지방방송

인천을 주 근거지로 둔 iTV 사태가 좀체 해결의 기미를 보이지 않고 있다. 퇴진을 요구하는 노조의 파업에 사장이 물러난 가운데 회장을 비롯한 경영진은 직장 폐쇄가 불가피하다는 엄살의 으름장 속에 갑신년 정초부터 파란이 중중하다. '지방화와 균형발전시대 선포식'이 1월 29일 대전 종합청사에서 대통령을 비롯, 각계인사 8백여 명이 참석한 가운데 성대하게 치러졌다는 보도를 보니 더욱 씁씁하지 않을 수 없다. 분권화를 향한 새 걸음이 내디뎌지는 이 시대에 지방여론의 구심점의 하나가 되어야 마땅한 지방방송이 분규에 휩싸여 파행을 거듭하는 것은 상서롭지 못한 일이다.

그런데 인천시민들은 운동단체들을 제외하곤 이 사태에 대체로 무심하다. 중앙과 지방의 언론·방송계가 이 현안에 깊은 관심과 높은 연대를 나타내는 것에 비하면 더욱 기이한 느낌이다. 이 심각한 사태가 시민들에게 잘 알려지지 않은 탓도 없지 않으나, 그 사이 아이티브이가 인천시민으로부터 탈출한 것이 더 큰 원인일 것이다.

---

* 『한겨레』, 2004.2.2.

돌이켜 보면 1997년 10월 아이티브이가 개국했을 때, 시민들이 은근히 가슴에 품었던 어떤 자부심은 어느 결에 가뭇없이 사라졌다. 대체로 지방의 사정이 그렇지만 특히 당시 인천의 언론상황은 열악했다. 박정희독재의 언론통제의 일환으로 강제 시행된 1도1지제一道一紙制에 의해 1973년, 언론의 전통이 오랜 인천은 신문을 수원에 넘겨줌으로써(당시 인천은 경기도 소속이었다), 신문 없는 암흑시대를 맞이했다. 6월항쟁(1987)을 고비로 민주화가 진전되면서 1988년 인천에 신문이 다시 발행되었다. 요즘은 지방지가 난립해서 문제지만 그 당시는 감격적인 일이었다. 문민정부의 출범과 함께 방송통제도 완화되면서 1994년 공보처는 지역민영민방 설립계획을 발표하였다. 그런데 광역시 가운데 인천은 제외된 채였다. 이에 분노한 시민들이 인천티브이방송 설립촉구 범시민대책협의회(인방협)를 발족하여 시 정부와 긴밀히 협의하면서 활발한 운동을 벌여 마침내 1996년 설립이 확정되었던 것이다. 이런 우여곡절 끝에 탄생했으니, 아이티브이에 대한 기대가 높을 수밖에 없었다. 아이티브이 역시 인천시민의 방송이 되겠다는 다짐을 각별히 두어, 아이티브이가 서울 기존 방송사들의 견제에 고전을 면치 못할 때마다 강력한 후원자 역할을 맡아 나서기도 하였던 터다.

아이티브이 출범 초기를 생각하면 후배가 생각난다. 당시 그는 서울의 잘 나가는 기획사에 근무하고 있었는데 어느 날 나를 찾아와 아이티브이에 지원할까 한다는 것이다. 지방을 가꿀 인재가 부족한 인천을 걱정하던 차, 그의 결단이 너무나 대견했지만 나는 선뜻 동의하기가 어려웠다. 서울을 버리고 인천에 온다는 게 쉬운 일이 아니니다. 그러나 젊음을 바쳐 일할 만한 마땅한 곳이 없어 인천을 떠났지만 이제 인천에 도전적인 일터가 생겼으니 인천으로 오겠다는 그의 뜻이 하도 결곡해서

나 역시 기쁘게 동의하였다. 그는 아이티브이에 입사해 참으로 열심히 일했다. 그러기를 한 이태 견디더니 어느 날 상경하겠다고 내게 말했다. 한편 서운했지만 어서 떠나라고 위로하는 수밖에 없었다. 그 후배의 아이티브이 퇴사 이후 아이티브이에 대한 나의 관심도 급속히 식어 갔다.

아이티브이는 왜 이 모양이 되었는가? 설립 초기의 다짐을 망각했기 때문이다. 시민운동의 결실로서 출범한 비상한 기원起源을 잊고 서울방송을 따라가려는 경영논리에 사로잡혀 오히려 게도 구럭도 다 놓친 형국이다. 시민들도 너무 소박했다. 설립에 급급하여 시민방송의 방향을 제도적으로 보장할 방책을 마련하는 일에 소홀했다. 이익을 좇는 자본의 맹목성을 제어할 공공성이 관철될 구조의 문제를 찬찬히 따지는 작업을 간과했던 것이다. 이제라도 늦지 않다. 아니 차라리 좋은 때다. 노·사와 시민이 함께 머리를 맞대고 공공적 민영방송이라는 새 모델을 창조함으로써 아이티브이가 거듭나는 길을 마련한다면 우리 방송 전체의 신기원을 이룩할 수도 있을 것이기 때문이다. 하루빨리 아이티브이가 시민운동적 출범의 기억을 회상하면서 분규를 넘어 분권화시대의 기수로 재생되기를 간곡히 기원한다.

아벨전시관에서 배우자

오랜만에 식구들과 창영동 헌책방 아벨서점에 들렀다. 막 나가려는 참에 딸애가 서가에 부착된 아벨전시관 전단을 가리킨다. 진즉 신문에 난 기사를 보고 간다간다 하면서 여직 미룬 터에 그날은 토요일이라 안성맞춤이었다. 이 전시관은 토·일요일에만 연다. 우리는 서점에서 조금 떨어진 옛 양조장 2층에 자리잡은 전시관까지 둘러보기로 하였다.

제2회 전시회니까 첫회는 놓친 셈이다. 전시관은 두 칸으로 구획되었다. 안쪽의 제2관에는 잡지를 전시하였는데 희귀본이 적지 않았다. 그중 『룽천검』(1930년 3·4월호)은 처음 보는 잡지다. 서지書誌를 보니 시천교 중앙종무부에서 1928년 12월에 창간한 잡지다. 시천교侍天敎는 악명높은 일진회一進會의 종교조직이다. 일제의 중국침략 전야에 창간된 이 잡지의 내용이 궁금하기 짝이 없는데 여러모로 귀중본이 아닐 수 없다. 나중에 영인본으로 만들어 학계에 제공된다면 잡지사·종교사·근대사·문학사 연구에 크게 기여할 것이다.

입구쪽의 제1관에는 영화학교永化學校의 사진자료들이 정성스레 배

* 『인천일보』, 2003.9.1.

치되었다. 아버지가 다녔던 영화유치원(1917년 설립) 사진도 유정有情히 살피며 빛바랜 흑백사진들을 짚어나가노라니 간난했던 인천근대사 아니 한국현대사가 자욱자욱 걸어나온다. 비록 일제말 친일행적의 오점을 남겼지만 우리 여성교육의 지도자로 우뚝한 김활란金活蘭 이화여대 총장을 배출한 영화학교(설립 당시의 이름은 제물포여자매일학교로 1901년에 영화로 개명)가 1892년 4월 30일 존스 여사(1869~1962)에 의해 창립된 한국최초의 여자소학교라는 사실이 흥미롭다. 또한 1892년 3월 12일 존스 목사(1867~1919)에 의해 설립된 제물포남자매일학교 역시 한국최초의 남자소학교라니 인천은 근대교육의 요람지였던 것이다. 이 학교의 교사진도 흥미로운데, 이필주李弼柱(1869~1942) 목사가 1907년 영화남학교의 체조와 성경을 가르치는 교사였다는 게 눈에 띈다. 이필주 목사는 33인의 한 분으로 2002년 3월 '이 달의 독립운동가'로 선정된 바 있다. 일제말의 엄혹한 상황에서 종교적으로 그리고 민족적으로도 훼절하지 않은 그가 인천 영화남학교의 교사로 재직하면서 애국교육을 고취했다는 점을 인천교육사는 명백히 기억해야 한다. 물론 가장 주목할 인물은 존스 목사부부다. 1888년 내한한 존스 목사가 엡워스청년회를 창립하여 총무로 활동했다는 사실도 흥미롭다. 감리교의 창립자 웨슬리 목사의 출생지 엡워스Epworth에서 이름을 딴 엡워스청년회는 1899년 미국 오하이오에서 발진한 미국감리교청년단체인데 한국에서도 계몽주의시기의 유력한 청년운동단체였다. 그런데 솔직히 나는 존스 목사를 그다지 좋아하지 않는다. 그는 1907년 대부흥회를 통해 한국기독교의 강한 사회성을 억압하고자 하였고 가난한 한국인들을 꼬여 가혹한 하와이 노동이민으로 내모는 데도 일조하였기 때문이다. 이 전시를 일별하면서 나는 존스 목사를 다시 보아야겠다고 생각했다. 이

부부의 전기를 엄정히 구축하여 그들의 공과를 총체적으로 조감하는 연구와 평가 작업이 학제적學際的으로 요구된다고 하겠다.

전시관을 나오면서 우리는 바로 앞에 있는 영화학교까지 들르기로 하였다. 사진에 나오는 아름다운 양관洋館들은 거의 사라졌다. 그래도 파란 지붕, 붉은 벽돌, 그리고 북구식 박공의 여선교사숙소가 반갑다. 역사를 지우는 데는 그처럼 능숙한 우리들의 불쌍한 초상! 그 파괴를 딛고 살아남은 저 양관이 정답다. 아니 남탓하지 않고 묵묵히 기억을 복원한 아벨전시관이 너무나 고맙다. 시정부나 구청의 도움도 없이 무슨 거창한 이름 팔기도 무관한 채, 시민의 편안한 생활감정의 요구에 즉해서 묵묵히 할 일을 뚜벅뚜벅 수행하는 아벨서점의 주인 곽현숙 여사야말로 진짜 인천문화계의 숨은 의인義人이다. 시청과 구청, 인천발전연구원과 인천학연구원, 문화재단과 문화단체, 대학과 종교기관, 그리고 무엇보다 이 땅의 정당들이여, 우리 모두 아벨전시관에서 배우자!

인천자치 로드맵을 준비하자

지난 달 말, 김두관金斗官 행정자치부 장관이 인천시민네트의 초청으로 내인來仁하였다. 참여정부가 내건 핵심정책의 하나인 지방분권이 과연 어떤 밑그림 아래 추진되고 있는지 궁금하던 차에 주무 장관과 인천시민 사이에 이루어진 허심탄회한 대화와 진지한 토론은 여러 모로 유익했다. 우선 확인된 것은 새 정부의 지방분권이 기대 이상으로 대담하다는 점이다. 아다시피 그동안 중앙정부가 추구한 지방자치는 권력의 분권화라기보다는 행정의 분권화에 머물렀다는 것이 중평이었다. 그런데 김 장관의 말을 믿는다면, 새 정부는 정말 권력을 지방에 넘길 마음을 먹은 듯싶다. 그는 3원칙을 표명하였다. 첫째 포괄성의 원칙, 이는 재정분권을 포함해서 권력을 포괄적으로 지방에 이양하겠다는 것이다. 둘째 보충성의 원칙, 즉 기초자치체가 못하는 것을 광역자치체가, 광역자치체가 못하는 것을 중앙정부가 한다는 원칙이다. 기초-광역-중앙으로 이루어지는 행정계층을 위계적으로 파악하는 것이 아니라 일종의 협동적 관계로 재배치하겠다는 획기적인 발상이다. 셋째 참

* 『인천일보』, 2003.7.7.

여의 원칙, 이는 생활하는 주민의 광범하고도 자발적인 동참을 통해 지방자치를 추진·완성한다는 원칙이다. 만약 이 약속이 문자 그대로 실현된다면 참여정부 아래 우리의 지방자치는 결정적인 전환기를 맞이한다는 점에서 고무적인 일이 아닐 수 없다.

정부는 7월 4일 지방분권 로드맵을 발표함으로써 김 장관의 인천발언을 뒷받침했다. 과연, 용도를 지정한 중앙의 국고보조금을 단계적으로 축소하고 지방정부의 자율성에 맡기는 교부금을 확대함으로써 지방분권의 물적 기초인 재정문제에서 큰 진전을 기대할 수 있게 되었다. 한편 지방의 정책을 주민들이 직접 결정하는 주민투표제와 단체장의 불신임을 제기할 수 있는 주민소환제를 도입함으로써 참여의 원칙에서도 큰 융통성이 허용되었다는 점이다. 그동안 지방선거에 대한 주민들의 낮은 관심에는 이런 쌍방향성이 보장되지 않은 데에도 원인의 일부가 개재되어 있다는 사실을 생각할 때, 이 제도들의 도입이 자치의 참여를 제고할 것은 불을 보듯 환할 터이다. 또한 지금까지 분리되었던 경찰자치와 교육자치와 일반자치가 그 연관성의 정도를 높여 함께 추진된다는 점이다. 특히 교육자치가 일반자치와 어울려 나아간다는 것은 탈지방의 원인제공자인 지방교육문제의 해결에 작지 않은 실마리가 될 것이다. 이미, 읍면동—시군구—시도—정부로 이어지는 4단계에서 1단계가 거의 폐기된 행정계층 축소와 재배치까지 감안한다면 참여정부의 지방분권은 거의 국가개조프로젝트라고 해도 지나친 말이 아닌 셈이다.

행정자치부의 전신은 역대 독재정권의 중추인 내무부다. 내무부의 전신은 일제 총독부의 경무국이다. 경무국의 전신은 조선왕조 육조六曹의 엄지인 이조吏曹다. 유구한 중앙집권의 화신인 내무부가 이제 최종적인 자기해체의 단계에 들어섰다. 이 종요로운 작업을 잘 수행하여 우리의 내무부가 미국의 내무부ministry of interiors처럼 국민의 사랑을 받는 부서로 거듭나기를 비는 마음 간절하다.

인천은 무엇을 준비할 것인가? 시정부와 구청과 시민이 함께 지방분권시대를 맞을 〈인천자치 로드맵〉을 작성하는 작업을 서둘러야 한다. 시정부 차원에서 중앙정부에서 이양받을 것은 확실히 목록을 작성하자. 특히 육지부와 항만과 바다가 각기 시와 해양수산부와 국방부에 의해 분리 통할됨으로써 인천 발전에 장애가 조성되고 있는 현실을 타개하기 위한 방안이 이 기회에 제대로 짚어져야 한다. 또한 인천 시 내부의 분권화에도 대책이 강구될 필요가 절실하다. 특히 상대적 소외감에 시달리는 부평지역과 충실히 대화하자. 인천로드맵 구축에서 인천의 대학들이 자기 몫을 온전히 감당하는 문제 또한 중요하다. 지역대학이 지방분권네트워크의 동반축을 이루었으면 좋겠다는 김 장관의 언급은 차치하고라도, 21세기 한국의 운명을 가름할 이 중대한 작업에 동참함으로써 인천과 대학을 함께 쇄신하는 것은 우리 대학인의 명예로운 임무가 아닐까?

스톡홀름에서 본 인천

5월 초순 스톡홀름대학 한국학과에서 주최하는 고은高銀문학세미나에 참석하였다. 스웨덴 한국대사관의 친절한 배려로 세미나 앞뒤로 스톡홀름시 구경도 잘하였다. 과연 '북유럽의 베니스'라는 명성에 걸맞게 섬들 위에 세워진 스톡홀름은 아름다웠다. 바이킹의 나라에서 고전적 건축들이 발트해의 검푸른 물결을 굽어보며 무한한 정밀감靜謐感에 고즈넉한 도시를 발견한다는 건 하나의 경이였다.

어떻게 바이킹들이 이런 도시를 건설할 수 있었을까? 스톡홀름이란 지명은 외부인들이 붙인 경멸적인 호칭이란다. 스톡은 통나무, 홀름은 섬, 그러니까 포구 입구에 통나무를 촘촘히 박아 적의 침입을 막았던 바이킹시대의 흔적이다. 유럽사람들은 이 바이킹들을 '통나무섬놈들'이라고 깔봤던 것이다. 그런데 스웨덴인들은 11세기에 질풍노도의 바이킹시대를 끝내고 뛰어난 항해능력을 밑천으로 새 시대를 열었다. 간난한 고투를 거쳐 그들은 풍부한 철 생산을 기반으로 국제무역을 통해 북구의 강국을 건설하였던 것이다.

---

* 『인천일보』, 2000.5.19.

그런데 스웨덴의 역사에서 주목할 변화는 20세기에 이루어졌다. 전쟁과 갈등으로 얼룩진 20세기에 그들은 철저한 중립을 통해 평화를 지키고 내부 민주화를 바탕으로 거의 완벽한 복지사회를 이룩했다. 스웨덴은 이른바 북구사회민주주의모델의 세계적 전시창展示窓이다. 이 호전적인 종족이 가장 평화로운 사회를 만들어냈다는 건 정말 역사의 아이러니가 아닐 수 없다. 한때는 중국을 위협한 강력한 군사적 강국이었던 티베트가 라마교로 개종한 이후 가장 비폭력적으로 변모한 것은 망명한 달라이 라마를 통해서 익히 아는 바인데, 스웨덴은 유럽의 티베트라고 할까? 물론 스웨덴은 티베트와 달리 평화를 지킬 영리한 현실적 계산에도 철저하다고 한다. 과연 전쟁과 평화는 동전의 양면이다. 전쟁은 평화를 낳고 평화는 전쟁을 낳는다. 그 어느 지역보다도 평화의 문제가 절실한 한반도 주민으로서 평화를 평화로만 접근하는 것이 아니라 전쟁과 함께 고려하는 냉철한 숙고가 요구된다는 점을 새삼 깨닫게 된다.

이 아름다운 평화의 수도 스톡홀름에서 불안한 평화 위에 분주하기 짝이 없는 내 고향 인천을 생각한다. 한편으로 부러운 마음이 샘솟는다. 도시 공간을 용도에 따라 알맞춰 배분하고 그에 따라 건축행정을 펴온 스톡홀름 시정부의 노력은 모범적이다. 나무보다 높은 건물, 옆집과 동일한 건물 짓는 것을 금지했기 때문에 다르면서도 조화로운 비전체주의적 통일성을 기할 수 있었던 것이다. 이런 정책에 호응하여, 아니 자발적으로 수백년에 걸쳐 알뜰히 가꿔온 도시를 정성들여 보존하려는 스톡홀름시민들의 애향심 또한 대단하다. 먹고 사는 문제가 절박했던 시절, 아름다운 고전적 건물들을 파괴하고 엉터리 건축을 때려지었던 인천시의 무대책의 건축행정은 이해한다고 쳐도 이제는 좀 달라져야 하지 않을까? 인천광역시 전체를 어떻게 가꿀지 그 종합적 청사진을 시민과 함께 마련하는 작업을 언제까지 미룰 것인가? 답답하기 그지없다.

스톡홀름에서 또다시 확인한 것은 바다를 살려야 한다는 점이다. 스톡홀름이 그처럼 안정적으로 아름다운 도시를 건설할 수 있었던 힘의 근원에 항구를 통해 축적된 부富의 존재가 종요로움을 감안할 때, 인천의 살 길은 오직 바다다. 개발독재 아래 빼앗긴 바다를 다시 찾을 때 그리하여 국제도시의 위상을 회복할 때 인천은 비상할 것이다. 물류대란을 통해 더욱 실감한 바지만, 부산항이 마비되면 나라경제가 흔들리는 독점을 풀기 위해서도 인천항의 육성이 시급한 현안이 아닐 수 없다. 스톡홀름이 완성된 도시라면 인천은 미완의 도시다. 완성되었기 때문에 나른한 권태에 싸인 스톡홀름에 살기보다는 미완의 도시에서 완성을 향해 고투하는 것이야말로 인천에서 사는 보람이 아닐까?

칼럼 1987~2017

파국론에 등을 돌리고

이분법을 넘어 우리가 걸어야 할 지루한 성공의 길을 토의하다

초판발행 / 2018. 4. 30.

지은이 / 최원식
펴낸이 / 윤미경
펴낸곳 / 도서출판 다인아트
출판등록 1996년 3월 8일 제87호
인천광역시 중구 개항로14 2F
tel. 032+431+0268 / fax. 032+431+0269
email. dainartbook@naver.com

인쇄 / 신우프린텍
제본 / 신우제책

값 / 15,000원
ISBN 978-89-6750-055-9 03300

이 도서의 국립중앙도서관 출판예정도서목록(CIP)은 서지정보유통지원시스템 홈페이지(http://seoji.nl.go.kr)와 국가자료공동목록시스템(http://www.nl.go.kr/kolisnet)에서 이용하실 수 있습니다.(CIP제어번호: CIP2018011413)